발행일 2021. 11. 25. **1쇄 인쇄일** 2021. 11. 18.

신고번호 제2017-000193호 **펴낸곳** 한국교육방송공사 경기도 고양시 일산동구 한류월드로 281

기획 및 개발 송아롬 김나진 윤영란 이상호 이원구 이재우 최영호

표지디자인 ㈜무닉 **편집** 더 모스트 **인쇄** 팩컴코리아㈜

인쇄 과정 중 잘못된 교재는 구입하신 곳에서 교환하여 드립니다.

수학 마스터

교재의 난이도 및 활용 안내

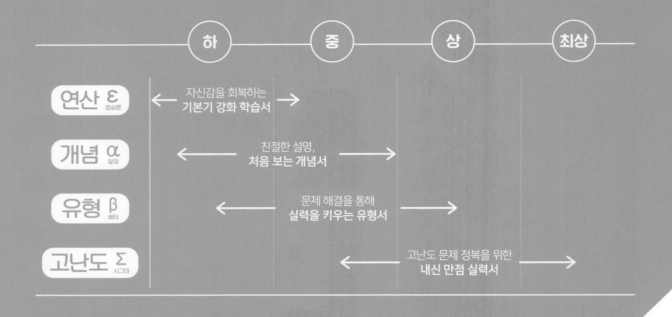

	하	중	상	최상
연산 ε 엡실론	← 자신감을 회복하는 기본기 강화 학습서 →			
개념 α 알파	← 친절한 설명, 처음 보는 개념서 →			
유형 β 베타		← 문제 해결을 통해 실력을 키우는 유형서 →		
고난도 Σ 시그마			← 고난도 문제 정복을 위한 내신 만점 실력서 →	

수학 마스터

중학 수학의 기초력 강화

연산 3 엡실론

중학 수학 **2·1**

| 교재 내용 문의 | 교재 내용 문의는 EBS 중학사이트 (mid.ebs.co.kr)의 교재 Q&A 서비스를 활용하시기 바랍니다. | 교재 정오표 공지 | 발행 이후 발견된 정오 사항을 EBS 중학사이트 정오표 코너에서 알려 드립니다. 교재학습자료 → 교재 → 교재 정오표 | 교재 정정 신청 | 공지된 정오 내용 외에 발견된 정오 사항이 있다면 EBS 중학사이트를 통해 알려 주세요. 교재학습자료 → 교재 → 교재 선택 → 교재 Q&A |

수학 마스터

중학 수학의 기초력 강화

연산 3 엡실론

중학 수학 2·1

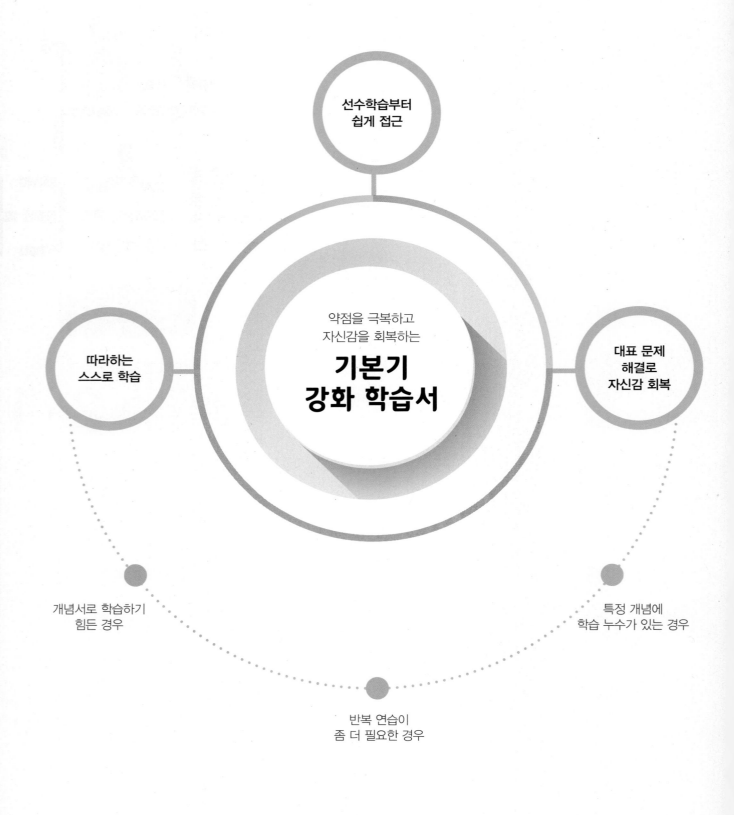

선수학습부터
쉽게 접근

따라하는
스스로 학습

약점을 극복하고
자신감을 회복하는
기본기
강화 학습서

대표 문제
해결로
자신감 회복

개념서로 학습하기
힘든 경우

반복 연습이
좀 더 필요한 경우

특정 개념에
학습 누수가 있는 경우

1 개별 문제 연습

❶ **개념 이해**: 학습의 누수가 없이 쉽게 따라갈 수 있도록 개념을 잘게 쪼개어 점진적으로 학습하는 스몰 스텝 학습

❷ **따라하기**: 유형별로 자세하고 친절하게 문제 해결을 안내하여 풀이 방법을 습득, 적용할 수 있게 하는 스스로 학습 시스템

❸ 유형별 집중 연습 문제

❹ **대표 문제**: 계산 연습으로만 끝마치는 것이 아니라 개념이 적용된 핵심 문제의 형태를 경험하고 학습하는 내공 다지기 시스템

2 소단원 확인 문제

교과서 핵심 실전 문제로 소단원별 개념 학습 수준을 파악하는 이해도 평가 문제

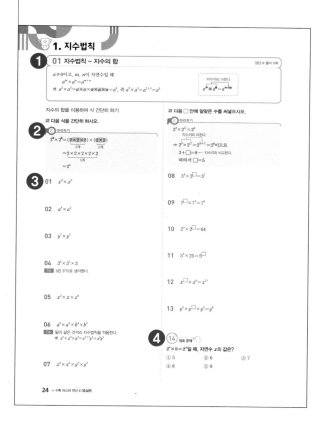

Contents 이 책의 차례

1

유리수와 순환소수

1. 유리수와 순환소수

01 유리수

정답과 풀이 2쪽

유리수는 분수 $\dfrac{a}{b}$ (a, b는 정수, $b\neq0$) 꼴로 나타낼 수 있는 수이다.

예 $\dfrac{1}{3}$, $-\dfrac{5}{7}$, $2=\dfrac{2}{1}$, $0.3=\dfrac{3}{10}$

$\rightarrow \dfrac{(정수)}{(0이\ 아닌\ 정수)}$ 꼴이므로 유리수이다.

유리수 $\begin{cases} 정수 \begin{cases} 양의\ 정수(자연수): 1,\ 2,\ 3,\ \cdots \\ 0 \\ 음의\ 정수: -1,\ -2,\ -3,\ \cdots \end{cases} \\ 정수가\ 아닌\ 유리수: \dfrac{3}{2},\ -\dfrac{1}{4},\ 0.8,\ \cdots \end{cases}$

유리수

❀ 다음 수를 보기에서 모두 고르시오.

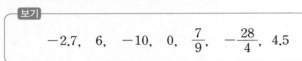

보기

$$-2.7,\quad 6,\quad -10,\quad 0,\quad \frac{7}{9},\quad -\frac{28}{4},\quad 4.5$$

01 자연수

02 정수

03 정수가 아닌 유리수

04 양의 유리수

05 음의 유리수

06 유리수

❀ 다음 중 옳은 것은 ○표, 옳지 않은 것은 ×표를 (   ) 안에 써넣으시오.

07 -1은 음의 정수이다. (   )

08 1.3은 양의 정수이다. (   )

09 5는 유리수이다. (   )

10 $\dfrac{54}{9}$는 정수가 아닌 유리수이다. (   )

11 0은 유리수이다. (   )

12 대표 문제

다음 보기 중 정수가 <u>아닌</u> 유리수는 몇 개인가?

보기

$$0,\quad 0.75,\quad -6,\quad -\frac{16}{8},\quad 1.8383,\quad \frac{1}{6}$$

① 1개   ② 2개   ③ 3개
④ 4개   ⑤ 5개

02 유한소수와 무한소수

정답과 풀이 2쪽

(1) 유한소수: 소수점 아래의 0이 아닌 숫자가 유한 번 나타나는 소수
예 0.4, -1.579, 16.88
(2) 무한소수: 소수점 아래의 0이 아닌 숫자가 무한 번 나타나는 소수
예 0.555⋯, $-1.7474\cdots$, 1.23456⋯

0.22 → 유한소수
0.222⋯ → 무한소수

유한소수와 무한소수 판별하기

✤ 다음 소수가 유한소수이면 '유', 무한소수이면 '무'를 (　　) 안에 써넣으시오.

따라하기
2.53 → 유한소수
└ 소수점 아래의 0이 아닌 숫자가 유한 번

01 0.7 (　　)

02 $-0.888\cdots$ (　　)

03 36.749 (　　)

04 $-9.5454\cdots$ (　　)

05 0.27 (　　)

06 1.121231234⋯ (　　)

07 -0.2020020002 (　　)

✤ 다음 분수를 소수로 나타내고, 그 소수가 유한소수이면 '유', 무한소수이면 '무'를 (　　) 안에 써넣으시오.

따라하기
$\frac{5}{3}=5\div3=1.666\cdots$ → 무한소수
(분자)÷(분모)　└ 소수점 아래의 0이 아닌 숫자가 무한 번

08 $\frac{1}{9}=$ ________ (　　)

09 $\frac{3}{4}=$ ________ (　　)

10 $-\frac{8}{5}=$ ________ (　　)

11 $\frac{3}{11}=$ ________ (　　)

12 $\frac{7}{2}=$ ________ (　　)

13 대표 문제

다음 분수를 소수로 나타낼 때, 무한소수가 되는 것을 모두 고르시오.

$\frac{7}{8}$, $-\frac{5}{6}$, $\frac{1}{5}$, $\frac{2}{9}$

03 순환소수

(1) 순환소수: 소수점 아래의 어떤 자리에서부터 일정한 숫자의 배열이 끝없이 되풀이되는 무한소수
(2) 순환마디: 순환소수의 소수점 아래에서 숫자의 배열이 일정하게 되풀이되는 한 부분
(3) 순환소수의 표현: 순환마디의 양 끝의 숫자 위에 점을 찍어 간단히 나타낸다.

예)

순환소수	순환마디	순환소수의 표현
$0.333\cdots$	3	$0.\dot{3}$
$0.151515\cdots$	15	$0.\dot{1}\dot{5}$
$2.5741741\cdots$	741	$2.5\dot{7}4\dot{1}$

순환소수

❈ 다음 소수가 순환소수이면 ○표, 순환소수가 아니면 ×표를 ( ) 안에 써넣으시오.

따라하기

$0.\underline{75}\,\underline{75}\,\underline{75}\cdots$ ➡ 순환소수
 └ 소수점 아래에서 75가 끝없이 되풀이된다.

01 $0.555\cdots$ ( )

02 $0.969696\cdots$ ( )

03 $3.414114111\cdots$ ( )

04 $0.2373737\cdots$ ( )

05 $1.100110011001\cdots$ ( )

06 $10.123456789\cdots$ ( )

순환마디

❈ 다음 순환소수의 순환마디를 구하시오.

따라하기

$1.\underline{36}\,\underline{36}\,\underline{36}\cdots$ ➡ 순환마디는 36이다.
 └ 숫자의 배열이 되풀이되는 한 부분

07 $0.111\cdots$

08 $6.595959\cdots$

09 $1.1474747\cdots$

Tip 순환마디는 소수점 아래에서 가장 처음으로 반복되는 부분을 찾는다.

10 $5.276276276\cdots$

11 $0.3888\cdots$

12 $0.101101101\cdots$

순환소수의 표현

�֎ 다음 순환소수를 점을 찍어 간단히 나타내시오.

 따라하기

- $0.131313\cdots \rightarrow \underline{0.\dot{1}\dot{3}}(\bigcirc), 0.1\dot{3}\dot{1}(\times)$
  └ 첫 번째 순환마디의 양 끝의 숫자 위에 점을 찍는다.

- $6.407407407\cdots \rightarrow \underline{6.\dot{4}0\dot{7}}(\bigcirc), 6.\dot{4}0\dot{7}(\times)$
  └ 첫 번째 순환마디의 양 끝의 숫자 위에 점을 찍는다.

13 $0.777\cdots$

14 $2.616161\cdots$

15 $0.9333\cdots$

16 $3.347347347\cdots$

17 $0.0626262\cdots$

18 $1.080808\cdots$

19 $1.47821821821\cdots$

✖ 다음 순환소수의 표현이 옳으면 ◯표, 옳지 않으면 ×표를 (　) 안에 써넣으시오.

20 $0.5444\cdots \rightarrow 0.5\dot{4}$　　　　　　　(　　)

21 $5.151515\cdots \rightarrow \dot{5}.\dot{1}$　　　　　　　(　　)

22 $4.197197197\cdots \rightarrow 4.\dot{1}9\dot{7}$　　　　(　　)

23 $0.2444\cdots \rightarrow 0.2\dot{4}\dot{4}$　　　　　　(　　)

24 $0.135135135\cdots \rightarrow 0.\dot{1}3\dot{5}$　　　(　　)

25 $9.289289289\cdots \rightarrow \dot{9}.2\dot{8}$　　　(　　)

26 $32.132132132\cdots \rightarrow 32.\dot{1}3\dot{2}$　(　　)

27 대표 문제 👉

다음 중 순환마디를 바르게 구한 것은?

① $0.666\cdots \rightarrow 66$

② $1.919191\cdots \rightarrow 19$

③ $0.2797979\cdots \rightarrow 79$

④ $8.768768768\cdots \rightarrow 876$

⑤ $0.154154154\cdots \rightarrow 1541$

✖ 다음 분수를 소수로 나타내고, 점을 찍어 간단히 나타내시오.

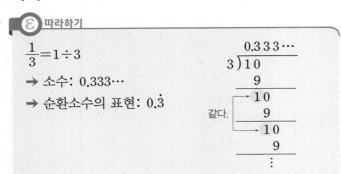

③ 따라하기

$\dfrac{1}{3} = 1 \div 3$

→ 소수: 0.333···

→ 순환소수의 표현: $0.\dot{3}$

$$\begin{array}{r} 0.3\,3\,3\cdots \\ 3\overline{)10} \\ 9 \\ \hline 10 \\ 9 \\ \hline 10 \\ 9 \\ \hline 10 \\ 9 \\ \hline \vdots \end{array}$$

같다.

28 $\dfrac{1}{6}$ → 소수: _____

→ 순환소수의 표현: _____

29 $\dfrac{5}{11}$ → 소수: _____

→ 순환소수의 표현: _____

30 $\dfrac{5}{9}$ → 소수: _____

→ 순환소수의 표현: _____

31 $\dfrac{11}{12}$ → 소수: _____

→ 순환소수의 표현: _____

소수점 아래 n번째 자리의 숫자 구하기

✖ 다음을 구하시오.

③ 따라하기

$0.\dot{5}\dot{7}$의 소수점 아래 10번째 자리의 숫자

→ $0.\dot{5}\dot{7} = 0.\underline{57}\,57\,57\cdots$

└ 순환마디의 숫자는 5, 7의 2개

$10 = 2 \times 5$이므로 소수점 아래 10번째 자리의 숫자는 순환마디의 2번째 숫자와 같은 7이다.

32 $0.\dot{4}\dot{9}$의 소수점 아래 15번째 자리의 숫자

33 $1.5\dot{6}\dot{7}$의 소수점 아래 20번째 자리의 숫자

✖ 다음 순환소수의 소수점 아래 55번째 자리의 숫자를 구하시오.

34 $8.1\dot{5}$

35 $0.\dot{2}8\dot{4}$

36 $1.\dot{5}12\dot{7}$

㉧ 대표 문제 👉

분수 $\dfrac{5}{22}$를 순환소수로 나타내면?

① $0.22\dot{7}$ ② $0.2\dot{2}\dot{7}$ ③ $0.\dot{2}2\dot{7}$

④ $0.2\dot{7}$ ⑤ $0.\dot{2}\dot{7}$

04 유한소수 또는 순환소수로 나타낼 수 있는 분수

(1) 유한소수의 분수 표현
  - 모든 유한소수는 분모가 10의 거듭제곱인 분수로 나타낼 수 있다.
  - 유한소수를 기약분수로 나타내면 분모의 소인수는 2 또는 5뿐이다.

  예) $0.7 = \dfrac{7}{10} = \dfrac{7}{2 \times 5}$, $0.6 = \dfrac{6}{10} = \dfrac{3}{5}$

(2) 유한소수 또는 순환소수로 나타낼 수 있는 분수
  분수를 기약분수로 나타내었을 때
  - 분모의 소인수가 2 또는 5뿐이다. ➡ 유한소수
  - 분모의 소인수가 2 또는 5 이외의 소인수를 가진다. ➡ 유한소수로 나타낼 수 없다. ➡ 순환소수

| 분수를 기약분수로 나타내기 | ➡ | 분모를 소인수분해하기 | ➡ | 분모의 소인수가 2 또는 5뿐인지 확인하기 | 예 ➡ 유한소수 / 아니요 ➡ 순환소수 |

유한소수로 나타낼 수 있는 분수

✜ 다음 유한소수를 기약분수로 나타내고, 분모의 소인수를 구하시오.

 따라하기

$0.3 = \dfrac{3}{10} = \dfrac{3}{2 \times 5}$ ➡ 기약분수: $\dfrac{3}{10}$

기약분수로 나타낸다. / 분모를 소인수 분해한다. ➡ 분모의 소인수: 2, 5

01 0.4 ➡ 기약분수: _____
  ➡ 분모의 소인수: _____

02 0.08 ➡ 기약분수: _____
  ➡ 분모의 소인수: _____

03 0.25 ➡ 기약분수: _____
  ➡ 분모의 소인수: _____

04 0.52 ➡ 기약분수: _____
  ➡ 분모의 소인수: _____

05 0.77 ➡ 기약분수: _____
  ➡ 분모의 소인수: _____

✜ 다음은 분수의 분모를 10의 거듭제곱으로 바꿔서 유한소수로 나타내는 과정이다. ☐ 안에 알맞은 수를 써넣으시오.

06 $\dfrac{1}{5} = \dfrac{1 \times \boxed{}}{5 \times 2} = \dfrac{\boxed{}}{10} = \boxed{}$

07 $\dfrac{3}{4} = \dfrac{3 \times \boxed{}^2}{2^2 \times \boxed{}^2} = \dfrac{\boxed{}}{100} = \boxed{}$

Tip $100 = 2^2 \times 5^2$, $1000 = 2^3 \times 5^3$임을 이용한다.

08 $\dfrac{5}{8} = \dfrac{5 \times \boxed{}^3}{2^3 \times \boxed{}^3} = \dfrac{\boxed{}}{1000} = \boxed{}$

09 $\dfrac{4}{25} = \dfrac{4 \times \boxed{}^2}{5^2 \times \boxed{}^2} = \dfrac{\boxed{}}{100} = \boxed{}$

10 $\dfrac{7}{50} = \dfrac{7 \times \boxed{}}{2 \times 5^2 \times \boxed{}} = \dfrac{\boxed{}}{100} = \boxed{}$

유한소수 또는 순환소수로 나타낼 수 있는 분수

✼ 다음 □ 안에 알맞은 수를 써넣고, 옳은 것에 ○표를 하시오.

따라하기

$\dfrac{7}{\boxed{2}\times\boxed{3}}$ → 분모의 소인수는 ②, ③이다. ── 분모에 2 또는 5 이외의 소인수가 있다.

→ 유한소수로 나타낼 수 없다.

11 $\dfrac{3}{2\times5}$

→ 분모의 소인수는 □, □이다.

→ 유한소수로 나타낼 수 (있다, 없다).

12 $\dfrac{2}{3\times5^2}$

→ 분모의 소인수는 □, □이다.

→ 유한소수로 나타낼 수 (있다, 없다).

13 $\dfrac{3}{2^3}$

→ 분모의 소인수는 □이다.

→ 유한소수로 나타낼 수 (있다, 없다).

14 $\dfrac{3}{2\times3\times7}=\dfrac{1}{2\times\boxed{}}$

→ 분모의 소인수는 □, □이다.

→ 유한소수로 나타낼 수 (있다, 없다).

Tip 먼저 기약분수로 나타낸다.

15 $\dfrac{6}{3\times5\times11}=\dfrac{2}{5\times\boxed{}}$

→ 분모의 소인수는 □, □이다.

→ 유한소수로 나타낼 수 (있다, 없다).

✼ 다음 □ 안에 알맞은 수를 써넣고, 옳은 것에 ○표를 하시오.

따라하기

• $\dfrac{7}{30}=\dfrac{7}{\boxed{2}\times\boxed{3}\times\boxed{5}}$ → 유한소수로 나타낼 수 없다.
분모에 2 또는 5 이외의 소인수가 있다.

분모를 소인수분해한다.

기약분수로 나타낸다.

• $\dfrac{7}{70}=\dfrac{1}{10}=\dfrac{1}{\boxed{2}\times\boxed{5}}$ → 유한소수로 나타낼 수 있다.
분모에 2 또는 5 이외의 소인수가 없다.

분모를 소인수분해한다.

16 $\dfrac{1}{20}=\dfrac{1}{\boxed{}^2\times5}$

→ 유한소수로 나타낼 수 (있다, 없다).

17 $\dfrac{4}{27}=\dfrac{4}{\boxed{}^3}$

→ 유한소수로 나타낼 수 (있다, 없다).

18 $\dfrac{11}{36}=\dfrac{11}{2^2\times\boxed{}^2}$

→ 유한소수로 나타낼 수 (있다, 없다).

19 $\dfrac{5}{60}=\dfrac{1}{\boxed{}}=\dfrac{1}{\boxed{}^2\times3}$

→ 유한소수로 나타낼 수 (있다, 없다).

20 $\dfrac{6}{75}=\dfrac{2}{\boxed{}}=\dfrac{2}{\boxed{}^2}$

→ 유한소수로 나타낼 수 (있다, 없다).

다음 분수 중 유한소수로 나타낼 수 있는 것은 '유', 순환소수로 나타낼 수 있는 것은 '순'을 (   ) 안에 써넣으시오.

21 $\dfrac{3}{2 \times 3^2}$　　　　　　　　　(　　)

22 $\dfrac{14}{2^2 \times 5 \times 7}$　　　　　　(　　)

23 $\dfrac{9}{36}$　　　　　　　　　　(　　)

24 $\dfrac{6}{45}$　　　　　　　　　　(　　)

25 $\dfrac{55}{110}$　　　　　　　　　(　　)

26 $\dfrac{9}{150}$　　　　　　　　　(　　)

27 대표 문제

다음 분수 중에서 순환소수로 나타낼 수 <u>없는</u> 것은?

① $\dfrac{5}{3 \times 5}$　　② $\dfrac{3}{2 \times 3 \times 5}$　　③ $\dfrac{5}{14}$

④ $\dfrac{3}{33}$　　⑤ $\dfrac{2}{48}$

유한소수가 되게 하는 자연수 구하기

다음 분수에 어떤 자연수를 곱하면 유한소수로 나타낼 수 있다고 한다. 이때 곱해야 할 가장 작은 자연수를 구하시오.

따라하기

$\dfrac{1}{28} = \dfrac{1}{2^2 \times 7}$

분모의 소인수가 2 또는 5뿐이어야 하므로 7의 배수를 곱해야 한다.

→ 곱해야 할 가장 작은 자연수는 7이다.

28 $\dfrac{1}{3 \times 5^2}$

29 $\dfrac{1}{2 \times 3^2}$

30 $\dfrac{18}{3 \times 5 \times 7}$

Tip 기약분수로 나타낸다.

31 $\dfrac{1}{42}$

Tip 먼저 분모를 소인수분해한다.

32 $\dfrac{3}{26}$

33 대표 문제

분수 $\dfrac{3}{66}$에 x를 곱하면 유한소수로 나타낼 수 있을 때, x의 값이 될 수 있는 가장 작은 자연수는?

① 3　　　　② 7　　　　③ 9

④ 11　　　⑤ 13

 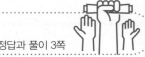
01

다음 중에서 옳지 <u>않은</u> 것은?

① -7은 유리수이다.

② $\dfrac{24}{6}$는 정수이다.

③ 0은 유리수가 아니다.

④ $0.278278278\cdots$은 무한소수이다.

⑤ $\dfrac{7}{35}$을 소수로 나타내면 유한소수이다.

02

다음 중 순환소수의 표현이 옳지 <u>않은</u> 것을 모두 고르면?

(정답 2개)

① $0.222\cdots \rightarrow 0.\dot{2}$

② $1.7888\cdots \rightarrow 1.7\dot{8}$

③ $4.545454\cdots \rightarrow 4.5\dot{4}\dot{5}$

④ $0.7434343\cdots \rightarrow 0.7\dot{4}\dot{3}$

⑤ $3.509509509\cdots \rightarrow 3.5\dot{0}\dot{9}$

03

분수 $\dfrac{7}{27}$을 순환소수로 나타내면?

① $0.2\dot{5}$ ② $0.\dot{2}\dot{5}$ ③ $0.259\dot{}$

④ $0.\dot{2}5\dot{9}$ ⑤ $0.2\dot{5}\dot{9}$

04

분수 $\dfrac{9}{11}$를 소수로 나타낼 때, 소수점 아래 15번째 자리의 숫자를 구하시오.

05

다음은 분수 $\dfrac{3}{20}$을 유한소수로 나타내는 과정이다. ①~⑤에 알맞은 수로 옳지 <u>않은</u> 것은?

$$\dfrac{3}{20} = \dfrac{3}{2^{①} \times 5} = \dfrac{3 \times \boxed{②}}{2^{①} \times 5 \times \boxed{③}} = \dfrac{15}{\boxed{④}} = \boxed{⑤}$$

① 2 ② 5^2 ③ 5

④ 100 ⑤ 0.15

06

분수 $\dfrac{a}{140}$를 소수로 나타내면 유한소수가 될 때, 다음 중 a의 값이 될 수 <u>없는</u> 것은?

① 7 ② 14 ③ 21

④ 28 ⑤ 30

2. 순환소수의 분수 표현

01 순환소수를 분수로 나타내기 (1)

정답과 풀이 4쪽

소수점 아래 바로 순환마디가 오는 경우
① $x=$(순환소수)로 놓는다.
② ①의 양변에 순환마디의 숫자의 개수만큼 10의 거듭제곱을 곱하여
  <u>소수점 아래의 부분이 같은</u> 두 식을 만든다.
  └─ 순환마디가 바로 오는
③ 두 식을 변끼리 빼어 x의 값을 구한다.

$0.\dot{1}\dot{4}$
① $x=0.141414\cdots$라 하면
② $\quad 100x=14.141414\cdots$
  $-) \quad\quad x=\ 0.141414\cdots$
③ $\quad\quad 99x=14 \ \Rightarrow\ x=\dfrac{14}{99}$

소수점 아래 바로 순환마디가 오는 경우

�֎ 다음은 순환소수를 기약분수로 나타내는 과정이다. □ 안에 알맞은 수를 써넣으시오.

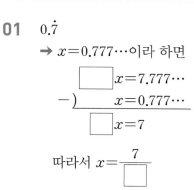 따라하기

$0.\dot{3}\dot{6}$

→ $x=0.363636\cdots$이라 하면
  └─ 순환마디의 숫자 2개

$\quad 100x=36.363636\cdots$ ┐ 소수점 아래의 부분을
$-) \quad\ x=\ 0.363636\cdots$ ┘ 같게 만든다.

$\quad 99x=36$
  └─ 정수

따라서 $x=\dfrac{36}{99}=\dfrac{4}{11}$
$\qquad\qquad\qquad$ ↑ 기약분수로 나타낸다.

01 $0.\dot{7}$

→ $x=0.777\cdots$이라 하면

$\boxed{}x=7.777\cdots$
$-)\quad\quad x=0.777\cdots$
$\boxed{}x=7$

따라서 $x=\dfrac{7}{\boxed{}}$

02 $0.\dot{1}\dot{9}$

→ $x=0.191919\cdots$라 하면

$\boxed{}x=19.191919\cdots$
$-)\quad\quad x=\ 0.191919\cdots$
$\boxed{}x=19$

따라서 $x=\dfrac{19}{\boxed{}}$

03 $0.\dot{3}\dot{2}$

→ $x=0.323232\cdots$라 하면

$\boxed{}x=32.323232\cdots$
$-)\quad\quad x=\ 0.323232\cdots$
$\boxed{}x=32$

따라서 $x=\dfrac{32}{\boxed{}}$

04 $3.\dot{7}\dot{2}$

→ $x=3.727272\cdots$라 하면

$\boxed{}x=372.727272\cdots$
$-)\quad\quad x=\ \ 3.727272\cdots$
$\boxed{}x=369$

따라서 $x=\dfrac{369}{\boxed{}}=\dfrac{41}{\boxed{}}$

05 $0.\dot{4}0\dot{8}$

→ $x=0.408408408\cdots$이라 하면

$\boxed{}x=408.408408408\cdots$
$-)\quad\quad x=\ \ \ 0.408408408\cdots$
$\boxed{}x=408$

따라서 $x=\dfrac{408}{\boxed{}}=\dfrac{136}{\boxed{}}$

다음 순환소수를 분수로 나타내기 위해 필요한 가장 편리한 식을 보기에서 고르시오.

보기

ㄱ. $10x-x$　　ㄴ. $100x-x$
ㄷ. $1000x-x$　　ㄹ. $10000x-x$
ㅁ. $1000x-10x$

06 $x=0.\dot{4}$

07 $x=2.\dot{3}\dot{8}$

08 $x=0.\dot{7}\dot{1}$

09 $x=5.\dot{1}6\dot{2}$

10 $x=10.\dot{6}$

11 $x=0.\dot{4}61\dot{3}$

12 $x=0.\dot{5}9\dot{9}$

다음 순환소수를 기약분수로 나타내시오.

13 $0.\dot{2}$

14 $1.\dot{8}$

15 $0.\dot{4}\dot{6}$

16 $2.\dot{2}\dot{7}$

17 $0.\dot{3}8\dot{2}$

18 $5.\dot{1}9\dot{8}$

19 대표 문제

순환소수 $x=3.474747\cdots$을 분수로 나타내려고 할 때, 다음 중 가장 편리한 식은?

① $10x-x$　　② $100x-x$
③ $1000x-x$　　④ $10000x-x$
⑤ $1000x-10x$

02 순환소수를 분수로 나타내기 (2)

소수점 아래 바로 순환마디가 오지 않는 경우
① $x=$(순환소수)로 놓는다.
② ①의 양변에 소수점 아래에서 순환하지 않는 숫자의 개수와 순환마디의 숫자의 개수만큼 10의 거듭제곱을 곱한다.
③ ①의 양변에 소수점 아래에서 순환하지 않는 숫자의 개수만큼 10의 거듭제곱을 곱한다.
④ 위 ②, ③의 두 식을 변끼리 빼어 x의 값을 구한다.

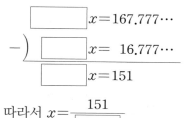

$0.3\dot{4}$
① $x=0.3444\cdots$라 하면
② $\quad 100x=34.444\cdots$
③ $-)\ \ 10x=\ 3.444\cdots$
④ $\quad 90x=31 \rightarrow x=\dfrac{31}{90}$

소수점 아래 바로 순환마디가 오지 않는 경우

❈ 다음은 순환소수를 기약분수로 나타내는 과정이다. □ 안에 알맞은 수를 써넣으시오.

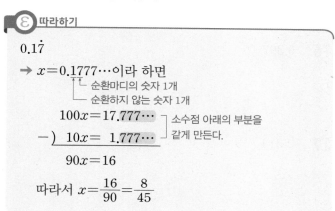

따라하기

$0.1\dot{7}$

➔ $x=0.1777\cdots$이라 하면
　순환마디의 숫자 1개
　순환하지 않는 숫자 1개

$100x=17.777\cdots$ ⎫ 소수점 아래의 부분을
$-)\ 10x=\ 1.777\cdots$ ⎭ 같게 만든다.

$90x=16$

따라서 $x=\dfrac{16}{90}=\dfrac{8}{45}$

01 $0.2\dot{5}$

➔ $x=0.2555\cdots$라 하면

$\boxed{}x=25.555\cdots$
$-)\ \boxed{}x=\ 2.555\cdots$
$\boxed{}x=23$

따라서 $x=\dfrac{23}{\boxed{}}$

02 $3.4\dot{6}$

➔ $x=3.4666\cdots$이라 하면

$\boxed{}x=346.666\cdots$
$-)\ \boxed{}x=\ 34.666\cdots$
$\boxed{}x=312$

따라서 $x=\dfrac{312}{\boxed{}}=\dfrac{\boxed{}}{15}$

03 $0.16\dot{7}$

➔ $x=0.16777\cdots$이라 하면

$\boxed{}x=167.777\cdots$
$-)\ \boxed{}x=\ 16.777\cdots$
$\boxed{}x=151$

따라서 $x=\dfrac{151}{\boxed{}}$

04 $1.05\dot{6}$

➔ $x=1.05666\cdots$이라 하면

$\boxed{}x=1056.666\cdots$
$-)\ \boxed{}x=\ 105.666\cdots$
$\boxed{}x=951$

따라서 $x=\dfrac{951}{\boxed{}}=\dfrac{317}{\boxed{}}$

05 $0.1\dot{3}\dot{4}$

➔ $x=0.1343434\cdots$라 하면

$\boxed{}x=134.343434\cdots$
$-)\ \boxed{}x=\ 1.343434\cdots$
$\boxed{}x=133$

따라서 $x=\dfrac{133}{\boxed{}}$

✿ 다음 순환소수를 분수로 나타내기 위해 필요한 가장 편리한 식을 보기에서 고르시오.

> 보기
> ㄱ. $100x-10x$ ㄴ. $1000x-10x$
> ㄷ. $1000x-100x$ ㄹ. $10000x-10x$
> ㅁ. $10000x-100x$

06 $x=0.19\dot{4}$

07 $x=4.1\dot{3}\dot{6}$

08 $x=6.7\dot{9}$

09 $x=2.3\dot{1}\dot{2}$

10 $x=5.03\dot{6}$

11 $x=7.0\dot{5}$

12 $x=0.4\dot{3}1\dot{9}$

✿ 다음 순환소수를 기약분수로 나타내시오.

13 $0.1\dot{2}$

14 $0.46\dot{5}$

15 $0.0\dot{3}\dot{6}$

16 $0.39\dot{7}$

17 $2.31\dot{4}$

18 $3.2\dot{8}\dot{1}$

19 대표 문제

다음은 순환소수 $0.2\dot{7}$을 기약분수로 나타내는 과정이다. ①~⑤에 알맞은 수로 옳지 <u>않은</u> 것은?

> $x=0.2777\cdots$이라 하면
> $\boxed{①}$ $x=27.777\cdots$
> $-)$ $\boxed{②}$ $x= 2.777\cdots$
> _____
> $\boxed{③}$ $x=$ $\boxed{④}$
> 따라서 $x=$ $\boxed{⑤}$

① 100   ② 10   ③ 99

④ 25   ⑤ $\dfrac{5}{18}$

03 순환소수를 분수로 나타내는 공식 (1)

정답과 풀이 5쪽

소수점 아래 바로 순환마디가 오는 경우
① 분모: 순환마디의 숫자의 개수만큼 9를 쓴다.
② 분자: (전체의 수)−(정수 부분)을 쓴다.

예) $0.\dot{5}=\dfrac{5}{9}$, $0.\dot{2}\dot{9}=\dfrac{29}{99}$, $4.\dot{1}2\dot{7}=\dfrac{4127-4}{999}=\dfrac{4123}{999}$

$$0.\dot{a}=\dfrac{a}{9}$$
$$0.\dot{a}\dot{b}=\dfrac{ab}{99}$$
$$a.\dot{b}c\dot{d}=\dfrac{abcd-a}{999}$$

소수점 아래 바로 순환마디가 오는 경우의 공식

�֎ 다음은 순환소수를 기약분수로 나타내는 과정이다. □ 안에 알맞은 수를 써넣으시오.

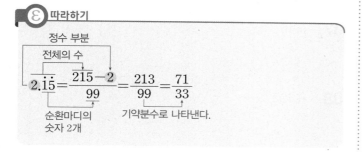

따라하기

정수 부분
전체의 수
$2.\dot{1}\dot{5}=\dfrac{215-2}{99}=\dfrac{213}{99}=\dfrac{71}{33}$
순환마디의 숫자 2개
기약분수로 나타낸다.

01 $0.\dot{8}=\dfrac{8}{\boxed{}}$

02 $1.\dot{4}=\dfrac{14-\boxed{}}{\boxed{}}=\boxed{}$

03 $0.\dot{3}\dot{7}=\dfrac{37}{\boxed{}}$

04 $0.\dot{1}\dot{2}=\dfrac{12}{\boxed{}}=\boxed{}$

Tip 기약분수로 나타낸다.

05 $0.\dot{3}8\dot{1}=\dfrac{381}{\boxed{}}=\boxed{}$

06 $3.\dot{1}6\dot{5}=\dfrac{3165-\boxed{}}{\boxed{}}=\dfrac{3162}{\boxed{}}=\boxed{}$

�֎ 다음 순환소수를 기약분수로 나타내시오.

07 $0.\dot{3}$

08 $0.\dot{2}\dot{6}$

09 $0.\dot{4}\dot{5}$

10 $4.\dot{8}\dot{2}$

11 $0.\dot{0}2\dot{3}$

12 $0.\dot{1}4\dot{4}$

13 $1.\dot{0}5\dot{8}$

14 대표 문제

$0.\dot{6}\dot{3}$을 분수로 나타내면 $\dfrac{7}{a}$일 때, 자연수 a의 값은?

① 9 　　② 10 　　③ 11
④ 12 　　⑤ 13

04 순환소수를 분수로 나타내는 공식 (2)

정답과 풀이 5쪽

소수점 아래 바로 순환마디가 오지 않는 경우

① 분모: 순환마디의 숫자의 개수만큼 9를 쓰고, 그 뒤에 소수점 아래의 순환하지 않는 숫자의 개수만큼 0을 쓴다.

② 분자: (전체의 수)−(순환하지 않는 부분의 수)를 쓴다.

예 $0.4\dot{7}=\frac{47-4}{90}=\frac{43}{90}$, $1.3\dot{5}\dot{6}=\frac{1356-13}{990}=\frac{1343}{990}$

$0.a\dot{b}=\frac{ab-a}{90}$, $0.ab\dot{c}=\frac{abc-ab}{900}$

$0.a\dot{b}\dot{c}=\frac{abc-a}{990}$, $a.b\dot{c}\dot{d}=\frac{abcd-ab}{990}$

소수점 아래 바로 순환마디가 오지 않는 경우의 공식

다음은 순환소수를 기약분수로 나타내는 과정이다. □ 안에 알맞은 수를 써넣으시오.

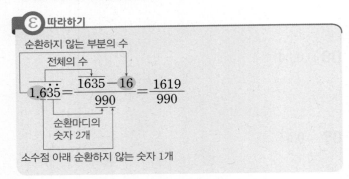

ε 따라하기

순환하지 않는 부분의 수

전체의 수

$1.6\dot{3}\dot{5}=\frac{1635-16}{990}=\frac{1619}{990}$

순환마디의 숫자 2개

소수점 아래 순환하지 않는 숫자 1개

01 $0.3\dot{2}=\frac{32-\square}{\square}=\square$

02 $4.1\dot{5}=\frac{415-\square}{\square}=\frac{374}{\square}=\square$

Tip 기약분수로 나타낸다.

03 $0.21\dot{8}=\frac{218-\square}{\square}=\square$

04 $1.69\dot{2}=\frac{1692-\square}{\square}=\square$

05 $0.3\dot{4}\dot{7}=\frac{347-\square}{\square}=\frac{344}{\square}=\square$

다음 순환소수를 기약분수로 나타내시오.

06 $0.2\dot{1}$

07 $5.4\dot{6}$

08 $0.49\dot{2}$

09 $3.62\dot{5}$

10 $0.1\dot{0}\dot{3}$

11 $1.3\dot{7}\dot{5}$

12 $4.0\dot{4}\dot{8}$

13 대표 문제

다음 중에서 순환소수를 분수로 나타내는 과정으로 옳지 않은 것은?

① $2.\dot{3}=\frac{23-2}{9}$

② $5.\dot{2}\dot{8}=\frac{528-5}{99}$

③ $1.0\dot{7}=\frac{107-1}{90}$

④ $4.\dot{5}\dot{0}=\frac{450-4}{99}$

⑤ $3.93\dot{6}=\frac{3936-393}{900}$

05 유리수와 순환소수의 관계

정답과 풀이 5쪽

(1) 정수가 아닌 모든 유리수는 유한소수 또는 순환소수로 나타낼 수 있다.
(2) 유한소수와 순환소수는 분수로 나타낼 수 있으므로 모두 유리수이다.

- 소수
  - 유한소수 — 유리수이다.
  - 무한소수
    - 순환소수 — 유리수이다.
    - 순환소수가 아닌 무한소수 – 유리수가 아니다.

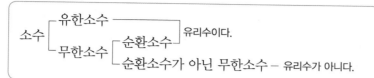

참고 순환소수가 아닌 무한소수는 분수로 나타낼 수 없다.

유리수와 순환소수의 관계

다음 수가 유리수이면 ○표, 유리수가 아니면 ×표를 (　　) 안에 써넣으시오.

01 2.1 (　　)

02 π (　　)

03 $4.\dot{2}\dot{8}$ (　　)

04 0.050050005⋯ (　　)

05 $-\frac{5}{17}$ (　　)

06 0 (　　)

07 3.1727272 (　　)

08 1.223334444⋯ (　　)

다음 중 옳은 것은 ○표, 옳지 않은 것은 ×표를 (　　) 안에 써넣으시오.

09 모든 무한소수는 유리수이다. (　　)

10 순환소수 중에는 유리수가 아닌 것도 있다. (　　)

11 모든 소수는 분수로 나타낼 수 있다. (　　)

12 순환소수가 아닌 무한소수는 $\frac{(\text{정수})}{(0\text{이 아닌 정수})}$ 꼴로 나타낼 수 없다. (　　)

13 정수가 아닌 유리수는 모두 유한소수로 나타낼 수 있다. (　　)

14 모든 순환소수는 무한소수이다. (　　)

15 대표 문제

다음 중 유리수가 아닌 것은?

① $0.1\dot{3}$　② 9
③ 5.374374374⋯　④ 1.23456789⋯
⑤ $\frac{5}{3}$

01

다음은 순환소수 $0.\dot{1}\dot{5}$를 기약분수로 나타내는 과정이다. ①~⑤에 알맞은 수로 옳지 <u>않은</u> 것은?

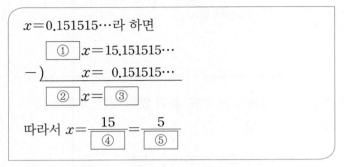

$x=0.151515\cdots$라 하면

$$\boxed{①}\, x=15.151515\cdots$$
$$-)\qquad x=\ 0.151515\cdots$$
$$\boxed{②}\, x=\boxed{③}$$

따라서 $x=\dfrac{15}{\boxed{④}}=\dfrac{5}{\boxed{⑤}}$

① 100   ② 90   ③ 15
④ 99   ⑤ 33

02

순환소수 $x=1.5949494\cdots$를 분수로 나타내려고 할 때, 다음 중 가장 편리한 식은?

① $100x-x$ ② $100x-10x$
③ $1000x-x$ ④ $1000x-10x$
⑤ $10000x-100x$

03

다음 중에서 순환소수를 분수로 나타낸 것으로 옳지 <u>않은</u> 것은?

① $0.\dot{2}\dot{8}=\dfrac{28}{99}$ ② $1.\dot{7}=\dfrac{16}{9}$

③ $0.8\dot{3}=\dfrac{25}{33}$ ④ $3.\dot{4}\dot{5}=\dfrac{38}{11}$

⑤ $0.\dot{6}2\dot{1}=\dfrac{69}{111}$

04

순환소수 $0.0\dot{3}$을 기약분수로 나타내면 $\dfrac{a}{b}$일 때, $a+b$의 값은?

① 31   ② 32   ③ 33
④ 34   ⑤ 35

05

순환소수 $0.7\dot{3}\dot{8}$을 기약분수로 나타내면?

① $\dfrac{41}{50}$ ② $\dfrac{731}{900}$ ③ $\dfrac{41}{55}$

④ $\dfrac{82}{111}$ ⑤ $\dfrac{731}{990}$

06

다음 중에서 옳지 <u>않은</u> 것을 모두 고르면? (정답 2개)

① 모든 유리수는 유한소수로 나타낼 수 있다.
② 모든 유한소수는 유리수이다.
③ 모든 순환소수는 유리수가 아니다.
④ 무한소수 중에는 유리수가 아닌 것도 있다.
⑤ 유한소수로 나타낼 수 없는 정수가 아닌 유리수는 순환소수로 나타낼 수 있다.

식의 계산

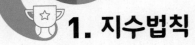
01 지수법칙 – 지수의 합

정답과 풀이 6쪽

$a \neq 0$이고, m, n이 자연수일 때

$$a^m \times a^n = a^{m+n}$$

예 $a^2 \times a^3 = \underline{a \times a} \times \underline{a \times a \times a} = a^5$, 즉 $a^2 \times a^3 = a^{2+3} = a^5$

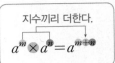
지수끼리 더한다.
$$a^m \times a^n = a^{m+n}$$

지수의 합을 이용하여 식 간단히 하기

❋ 다음 식을 간단히 하시오.

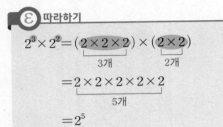
따라하기

$2^3 \times 2^2 = (\underbrace{2 \times 2 \times 2}_{3개}) \times (\underbrace{2 \times 2}_{2개})$

$= \underbrace{2 \times 2 \times 2 \times 2 \times 2}_{5개}$

$= 2^5$

01 $x^3 \times x^5$

02 $a^4 \times a^2$

03 $y^7 \times y^3$

04 $3^5 \times 3^7 \times 3$

Tip 3은 3^1으로 생각한다.

05 $x^2 \times x \times x^6$

06 $a^5 \times a^3 \times b^4 \times b^2$

Tip 밑이 같은 것끼리 지수법칙을 적용한다.
예 $x^2 \times x^3 \times y^3 = x^{2+3}y^3 = x^5y^3$

07 $x^5 \times x^2 \times y^2 \times y^3$

❋ 다음 □ 안에 알맞은 수를 써넣으시오.

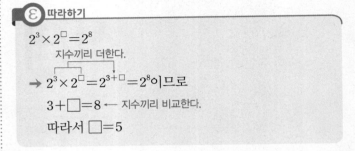
따라하기

$2^3 \times 2^\square = 2^8$

지수끼리 더한다.

→ $2^3 \times 2^\square = 2^{3+\square} = 2^8$이므로

$3 + \square = 8$ ← 지수끼리 비교한다.

따라서 $\square = 5$

08 $3^4 \times 3^\square = 3^7$

09 $7^\square \times 7^2 = 7^8$

10 $2^3 \times 2^\square = 64$

11 $5^5 \times 25 = 5^\square$

12 $x^\square \times x^6 = x^{11}$

13 $y^2 \times y^\square \times y^3 = y^9$

14 대표 문제

$2^4 \times 8 = 2^x$일 때, 자연수 x의 값은?

① 5   ② 6   ③ 7

④ 8   ⑤ 9

02 지수법칙 – 지수의 곱

m, n이 자연수일 때
$$(a^m)^n = a^{mn}$$
예 $(a^2)^3 = a^2 \times a^2 \times a^2 = a^{2+2+2} = a^{2\times3} = a^6$, 즉 $(a^2)^3 = a^{2\times3} = a^6$

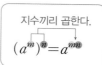
지수끼리 곱한다.
$$(a^m)^n = a^{mn}$$

지수의 곱을 이용하여 식 간단히 하기

✖ 다음 □ 안에 알맞은 수를 써넣으시오.

01 $(x^3)^3 = x^{3\times\square} = x^{\square}$

02 $(2^5)^2 = 2^{5\times\square} = 2^{\square}$

03 $(3^4)^3 = 3^{4\times\square} = 3^{\square}$

04 $(a^7)^4 = a^{7\times\square} = a^{\square}$

05 $(5^3)^5 = 5^{\square\times5} = 5^{\square}$

06 $b^2 \times (b^6)^3 = b^2 \times b^{\square} = b^{2+\square} = b^{\square}$

> Tip 지수의 곱을 이용하여 거듭제곱의 거듭제곱을 간단히 한 다음, 지수의 합을 이용한다.

07 $(2^3)^3 \times (2^2)^2 = 2^{\square} \times 2^{\square} = 2^{\square+\square} = 2^{\square}$

✖ 다음 식을 간단히 하시오.

08 $(x^5)^2$

09 $(y^7)^3$

10 $(5^4)^4$

11 $(6^2)^8$

12 $a \times (a^4)^3$

13 $(x^2)^4 \times x^3$

14 $(x^2)^5 \times (x^6)^2$

✖ 다음 식을 간단히 하시오.

3 따라하기

지수끼리 곱한다.

$$a^3 \times b^2 \times (a^3)^5 = a^3 \times b^2 \times a^{15}$$ 밑이 같은 것끼리 모은다.
$$= a^3 \times a^{15} \times b^2$$ 지수법칙을 이용하여
$$= a^{18}b^2$$ 간단히 한다.

15 $x^7 \times (x^3)^3 \times y^8$

16 $(a^3)^2 \times a^4 \times b^5$

17 $a^2 \times a^5 \times (b^4)^2$

18 $(x^5)^3 \times y^3 \times y^2$

19 $(x^2)^4 \times (y^5)^3 \times x^3$

20 $x^6 \times (y^2)^5 \times (x^7)^2$

21 $a^3 \times (b^4)^4 \times (a^2)^3 \times b^5$

✖ 다음 ☐ 안에 알맞은 수를 써넣으시오.

3 따라하기

$$(a^2)^\square = a^{14}$$

지수끼리 곱한다.

→ $(a^2)^\square = a^{2 \times \square} = a^{14}$이므로

$2 \times \square = 14$ ← 지수끼리 비교한다.

따라서 ☐ $= 7$

22 $(5^3)^\square = 5^{12}$

23 $(x^7)^\square = x^{21}$

24 $(7^\square)^4 = 7^{24}$

25 $(a^\square)^6 = a^{30}$

26 $(x^\square)^2 \times x^4 = x^{10}$

27 $(5^4)^\square \times (5^2)^7 = 5^{30}$

28 대표 문제

$(3^2)^a \times 3^3 = 3^{11}$을 만족시키는 자연수 a의 값은?

① 3 ② 4 ③ 5
④ 6 ⑤ 7

03 지수법칙 – 지수의 차

$a \neq 0$이고, m, n이 자연수일 때

① $m > n$이면 $a^m \div a^n = a^{m-n}$ 예 $2^4 \div 2^2 = \dfrac{2 \times 2 \times 2 \times 2}{2 \times 2} = 2 \times 2 = 2^2$

② $m = n$이면 $a^m \div a^n = 1$ 예 $2^3 \div 2^3 = \dfrac{2 \times 2 \times 2}{2 \times 2 \times 2} = 1$

③ $m < n$이면 $a^m \div a^n = \dfrac{1}{a^{n-m}}$ 예 $2^2 \div 2^4 = \dfrac{2 \times 2}{2 \times 2 \times 2 \times 2} = \dfrac{1}{2 \times 2} = \dfrac{1}{2^2}$

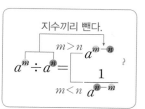

지수의 차를 이용하여 식 간단히 하기

❋ 다음 ☐ 안에 알맞은 수를 써넣으시오.

01 $3^5 \div 3^2 = 3^{5-\square} = 3^\square$

02 $x^8 \div x^6 = x^{\square-6} = x^\square$

03 $a^7 \div a = a^{\square-1} = a^\square$

04 $5^5 \div 5^5 = \boxed{}$

05 $b^9 \div b^9 = \boxed{}$

06 $y^9 \div y^{12} = \dfrac{1}{y^{12-\square}} = \dfrac{1}{y^\square}$

Tip 나누는 수의 지수가 더 크므로 분수로 나타낸다.

07 $7^8 \div 7^{11} = \dfrac{1}{7^{11-\square}} = \dfrac{1}{7^\square}$

❋ 다음 식을 간단히 하시오.

08 $a^7 \div a^4$

09 $x^{11} \div x^4$

10 $9^5 \div 9^5$

11 $a^8 \div a^9$

12 $(y^3)^4 \div y^8$

Tip 지수의 곱을 이용하여 거듭제곱의 거듭제곱을 간단히 한 다음, 지수의 차를 이용한다.

13 $(a^8)^2 \div (a^4)^9$

14 $(5^6)^4 \div (5^3)^8$

✖ 다음 식을 간단히 하시오.

③ 따라하기

$$a^7 \div a^2 \div a^3 = a^5 \div a^3 = a^2 \text{ ← 앞에서부터 차례대로 계산한다.}$$

15 $x^9 \div x^4 \div x^2$

16 $b^8 \div b^3 \div b^2$

17 $6^6 \div 6^3 \div 6^3$

18 $y^4 \div y \div y^5$

19 $(x^3)^5 \div (x^2)^2 \div (x^4)^2$

20 $(5^4)^2 \div (5^2)^3 \div (5^3)^3$

21 $(a^5)^4 \div (a^4)^3 \div (a^2)^4$

✖ 다음 ☐ 안에 알맞은 수를 써넣으시오.

③ 따라하기

$$x^6 \div x^\square = x^4$$

지수끼리 뺀다.

→ $x^6 \div x^\square = x^{6-\square} = x^4$ 이므로

$6 - \square = 4$ ← 지수끼리 비교한다.

따라서 $\square = 2$

22 $3^\square \div 3^5 = 3^4$

23 $x^5 \div x^\square = \dfrac{1}{x^3}$

24 $y^\square \div y^3 = 1$

25 $a^8 \div a^\square = \dfrac{1}{a^2}$

26 $(y^2)^\square \div (y^4)^2 = \dfrac{1}{a^4}$

27 $(4^2)^5 \div (4^\square)^3 = 4$

28 대표 문제 👈

다음 중 $x^{11} \div x^4 \div x^3$과 계산 결과가 같은 것은?

① $x \times x^4$ ② $x^{11} \div x^5 \div x^3$

③ $(x^2)^3 \div x^4$ ④ $x^3 \times x \times x^2$

⑤ $x^8 \div x \div x^3$

04 지수법칙 – 지수의 분배

n이 자연수일 때

① $(ab)^n = a^n b^n$

예 $(ab)^3 = ab \times ab \times ab = a \times a \times a \times b \times b \times b = a^3 \times b^3 = a^3 b^3$

② $\left(\dfrac{a}{b}\right)^n = \dfrac{a^n}{b^n}$ (단, $b \neq 0$)

예 $\left(\dfrac{a}{b}\right)^3 = \dfrac{a}{b} \times \dfrac{a}{b} \times \dfrac{a}{b} = \dfrac{a \times a \times a}{b \times b \times b} = \dfrac{a^3}{b^3}$

$(ab)^n = a^n b^n$

$\left(\dfrac{a}{b}\right)^n = \dfrac{a^n}{b^n}$ (단, $b \neq 0$)

지수의 분배를 이용하여 식 간단히 하기

❈ 다음 □ 안에 알맞은 수를 써넣으시오.

❸ 따라하기

$(ab^2)^3 = a^3 b^{2\times3} = a^3 b^6$

전체의 거듭제곱 ⟶ 각각의 거듭제곱

01 $(2a)^2 = 2^2 a^2 = 4a^{\square}$

02 $(a^4 b)^3 = a^{4\times\square} b^{\square} = a^{\square} b^{\square}$

03 $(x^3 y)^6 = x^{3\times\square} y^{\square} = x^{\square} y^{\square}$

❈ 다음 □ 안에 알맞은 수를 써넣으시오.

❸ 따라하기

$\left(\dfrac{y}{x^2}\right)^3 = \dfrac{y^3}{(x^2)^3} = \dfrac{y^3}{x^{2\times3}} = \dfrac{y^3}{x^6}$

전체의 거듭제곱 ⟶ 각각의 거듭제곱

04 $\left(\dfrac{x^3}{y}\right)^2 = \dfrac{x^{3\times\square}}{y^{\square}} = \dfrac{x^{\square}}{y^{\square}}$

05 $\left(\dfrac{b^3}{a^4}\right)^3 = \dfrac{b^{3\times\square}}{a^{4\times\square}} = \dfrac{b^{\square}}{a^{\square}}$

❈ 다음 식을 간단히 하시오.

06 $(ab)^2$

07 $(xy)^4$

08 $(x^3 y)^2$

09 $(a^5 b^2)^2$

10 $(x^3 y^3)^5$

11 $(-3a^2 b)^2$

Tip $(-3a^2 b)^2 = (-3)^2 a^{2\times2} b^2$

12 $(-a^4 b^2)^3$

✖ 다음 식을 간단히 하시오.

13 $\left(\dfrac{y}{x}\right)^4$

14 $\left(\dfrac{b^4}{a}\right)^2$

15 $\left(\dfrac{a}{b^5}\right)^3$

16 $\left(\dfrac{x^2}{y^3}\right)^4$

17 $\left(\dfrac{a^3}{b}\right)^7$

18 $\left(-\dfrac{y}{x^6}\right)^3$

19 $\left(-\dfrac{y^5}{x^2}\right)^2$

✖ 다음 □ 안에 알맞은 수를 써넣으시오.

③ 따라하기

$(a^{\square}b)^5 = a^{15}b^5$

→ $(a^{\square}b)^5 = a^{\square \times 5}b^5 = a^{15}b^5$이므로

전체의 거듭제곱 ⟶ 각각의 거듭제곱

$\square \times 5 = 15$ ← 지수끼리 비교한다.

따라서 $\square = 3$

20 $(ab^{\square})^3 = a^3b^{18}$

21 $(a^{\square}b^4)^2 = a^{10}b^8$

22 $(x^2y^5)^{\square} = x^{14}y^{35}$

23 $\left(\dfrac{y}{x^3}\right)^{\square} = \dfrac{y^4}{x^{12}}$

24 $\left(\dfrac{y^{\square}}{x^2}\right)^4 = \dfrac{y^{20}}{x^8}$

25 $\left(\dfrac{b^3}{a^4}\right)^{\square} = \dfrac{b^{18}}{a^{24}}$

26 대표 문제 👈

다음 중 옳지 <u>않은</u> 것은?

① $(x^2y^3)^5 = x^{10}y^{15}$ ② $(-2y^2)^3 = 8y^6$

③ $(5x^5)^2 = 25x^{10}$ ④ $(xy^7)^3 = x^3y^{21}$

⑤ $(-x^4y^2)^5 = -x^{20}y^{10}$

01

$3^4 \times 81 = 3^\square$일 때, □ 안에 알맞은 수는?

① 5   ② 6   ③ 7

④ 8   ⑤ 9

02

$x^3 \times y^5 \times y^3 \times x^4 = x^a y^b$을 만족시키는 자연수 a, b에 대하여 $a+b$의 값은?

① 15   ② 16   ③ 17

④ 18   ⑤ 19

03

$x^a \div x^3 = x^5$일 때, 자연수 a의 값은?

① 5   ② 6   ③ 7

④ 8   ⑤ 9

04

다음 중 □ 안에 알맞은 수가 가장 큰 것은?

① $a^\square \times a^2 = a^6$ ② $a^9 \div a^\square = a^2$

③ $x^3 \times x^2 \times x = x^\square$ ④ $y^\square \div y^4 = y^4$

⑤ $x \times x \times x \times x \times x = x^\square$

05

다음 중 옳은 것을 모두 고르면? (정답 2개)

① $a^2 \times a \times a^3 = a^5$ ② $(-a^7)^3 = -a^{21}$

③ $a^3 \div a^5 = a^2$ ④ $(a^2 b)^3 = a^5 b^3$

⑤ $\left(\dfrac{b}{a}\right)^3 = \dfrac{b^3}{a^3}$

06

다음 중 $(x^7)^3 \div (x^4)^4$과 계산 결과가 같은 것은?

① $(x^3)^3 \div (x^2)^2$ ② $(x^4)^4 \div (x^3)^3$

③ $(x^2)^5 \div (x^3)^2$ ④ $(x^5)^2 \div x^4$

⑤ $(x^5)^5 \div (x^3)^6$

2. 단항식의 곱셈과 나눗셈

01 단항식의 곱셈

정답과 풀이 9쪽

(1) 계수는 계수끼리, 문자는 문자끼리 곱하여 계산한다.

(2) 같은 문자끼리의 곱셈은 지수법칙을 이용하여 간단히 한다.

예) $2xy \times 3x^2y = 2 \times x \times y \times 3 \times x^2 \times y$ }교환법칙

$\qquad\qquad\quad = 2 \times 3 \times x \times x^2 \times y \times y$ }결합법칙

$\qquad\qquad\quad = (2 \times 3) \times (x \times x^2) \times (y \times y)$ }지수법칙-지수의 합

$\qquad\qquad\quad = 6x^3y^2$

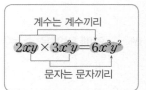

거듭제곱이 없는 단항식의 곱셈

다음 식을 간단히 하시오.

3 따라하기

$2a \times 3b = 2 \times a \times 3 \times b$ }계수는 계수끼리,

$\qquad\quad = 2 \times 3 \times a \times b$ }문자는 문자끼리 모은다.

$\qquad\quad = 6ab$

01 $3x \times 4y$

02 $4a \times 2a$

03 $6a \times 5b$

04 $-2a \times 7b$

Tip 계수에 음수가 있는 식은 전체의 부호를 결정한 다음 곱셈을 하면 편리하다.

05 $2x \times (-9y)$

06 $-5a \times (-5a)$

다음 식을 간단히 하시오.

07 $4xy \times (-x^2)$

08 $3x^4y \times (-2xy^2)$

09 $2y \times 3x^2$

10 $-3a \times 2a^2$

11 $-6xy^3 \times (-2x^2y)$

12 $5x^2 \times \frac{1}{10}xy^2$

거듭제곱이 있는 단항식의 곱셈

 다음 식을 간단히 하시오.

> **3 따라하기**
>
> $(-2xy)^2 \times xy^3$
> $= 4x^2y^2 \times xy^3$
> $= 4 \times x^2 \times x \times y^2 \times y^3$
> $= 4x^3y^5$
>
> 〉 지수법칙을 이용하여 괄호를 푼다.
> 〉 계수는 계수끼리, 문자는 문자끼리 모은다.

13 $(-ab)^3 \times 5a^2b$

14 $(a^2b)^3 \times (-a^2b^3)$

15 $4x^3 \times (xy^2)^3$

16 $(-2xy)^3 \times \dfrac{3}{4x^2}$

17 $\left(-\dfrac{y}{3x^2}\right)^2 \times \dfrac{2x^4}{y^3}$

18 $\left(\dfrac{a}{b^3}\right)^3 \times \left(-\dfrac{b^3}{4a^2}\right)^2$

복잡한 단항식의 곱셈

 다음 식을 간단히 하시오.

> **3 따라하기**
>
> $3a^3 \times (-ab^2)^3 \times 2b^2$
> $= 3a^3 \times (-a^3b^6) \times 2b^2$
> $= 3 \times (-1) \times 2 \times a^3 \times a^3 \times b^6 \times b^2$
> $= -6a^6b^8$
>
> 〉 지수법칙을 이용하여 괄호를 푼다.
> 〉 계수는 계수끼리, 문자는 문자끼리 모은다.

19 $x^4 \times (-xy^3)^2 \times 2xy^2$

20 $a^4b \times 7ab^2 \times (-ab)^3$

21 $-2xy \times (-3x^4y)^2 \times (-x^2y)^3$

22 $(-3a)^2 \times (-ab) \times 2b^2$

23 $5a^3 \times (-a^3b)^2 \times (-b^2)^3$

24 대표 문제

다음 식을 만족하는 자연수 a, b에 대하여 $a+b$의 값은?

$$2^a \times x^3 \times x^4 = 8x^b$$

① 7   ② 8   ③ 9
④ 10   ⑤ 11

02 단항식의 나눗셈

(1) 분수 꼴로 바꾸기: 분수 꼴로 바꾼 후 계수는 계수끼리, 문자는 문자끼리 계산한다.

   예) $4xy \div 2y = \dfrac{4xy}{2y} = \dfrac{4}{2} \times \dfrac{xy}{y} = 2x$

(2) 곱셈으로 바꾸기: 나누는 식의 역수를 이용하여 나눗셈을 곱셈으로 바꾸어 계산한다.

   예) $4xy \div \dfrac{y}{2} = 4xy \times \dfrac{2}{y} = 4 \times 2 \times xy \times \dfrac{1}{y} = 8x$

$$A \div B = \dfrac{A}{B}$$

$$A \div B = A \times \dfrac{1}{B}$$

거듭제곱이 없는 단항식의 나눗셈

✿ 다음 식을 간단히 하시오.

🔒 따라하기

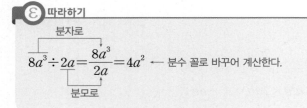

$8a^3 \div 2a = \dfrac{8a^3}{2a} = 4a^2$ ← 분수 꼴로 바꾸어 계산한다.

(분자로 / 분모로)

01 $9a \div 3a$

02 $12x \div 4x$

03 $25y^2 \div 5y$

04 $-16b^3 \div 2b$

05 $3x^2y^3 \div (-15x^3y)$

06 $64a^5b^2 \div 8a^4$

거듭제곱이 있는 단항식의 나눗셈

✿ 다음 식을 간단히 하시오.

🔒 따라하기

$(3ab^2)^2 \div (-6a^3b^2)$ ⎫ 지수법칙을 이용하여 괄호를 푼다.
$= 9a^2b^4 \div (-6a^3b^2)$ ⎬
$= \dfrac{9a^2b^4}{-6a^3b^2}$ ⎫ 분수 꼴로 바꾼다.
$= -\dfrac{3b^2}{2a}$ ⎬ 계수는 계수끼리, 문자는 문자끼리 계산한다.

07 $(-4xy^3)^2 \div 2x^2y$

08 $(2a^3)^3 \div (-a^2)^2$

09 $(3xy)^4 \div (-x^2y^3)$

10 $(-5ab)^3 \div (-5a^5b^2)$

11 $(-x^4y^2)^2 \div (-4x^3y^2)^2$

12 $(ab^2)^5 \div (-a^3b)^3$

나누는 식이 분수인 단항식의 나눗셈

❋ 다음 식을 간단히 하시오.

③ 따라하기

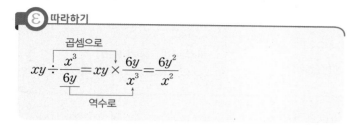

$$xy \div \frac{x^3}{6y} = xy \times \frac{6y}{x^3} = \frac{6y^2}{x^2}$$

곱셈으로

역수로

13 $a^7b^2 \div \dfrac{2a^5}{3b}$

14 $6x^2y \div \dfrac{3x}{y}$

15 $-\dfrac{2}{5}x^2 \div \dfrac{1}{25}xy^2$

16 $-\dfrac{2y^2}{x^3} \div \left(-\dfrac{y}{x^2}\right)^3$

17 $-\dfrac{1}{2}a^2b^3 \div \dfrac{b^5}{4a}$

18 $\left(\dfrac{6}{ab}\right)^2 \div \left(-\dfrac{3a}{b^2}\right)^3$

나눗셈이 여러 번 있는 단항식의 나눗셈

❋ 다음 식을 간단히 하시오.

③ 따라하기

$$6a^6 \div 2a \div 3a^2$$
$$= 6a^6 \times \frac{1}{2a} \times \frac{1}{3a^2}$$
$$= a^3$$

$A \div B \div C = A \times \dfrac{1}{B} \times \dfrac{1}{C}$로 바꾸어 계산한다.

19 $15x^3y^2 \div 3xy \div x^2y^3$

20 $125x^7 \div (-5x^3) \div x^2$

21 $-32a^5 \div \dfrac{1}{2}a^4 \div \left(-\dfrac{4}{a^2}\right)^2$

22 $\dfrac{9}{xy^3} \div \left(-\dfrac{3}{x^2y}\right) \div 2xy^2$

23 $(4a^3b)^2 \div \left(-\dfrac{a^2}{2b}\right) \div (-8a^2b)$

24 대표 문제

다음 중 옳지 않은 것은?

① $4x^3 \div 8x^2 = \dfrac{1}{2}x$

② $8x^5y^2 \div \dfrac{2x^3}{y^2} = 4x^2y^4$

③ $(-a^2b)^2 \div 2ab^2 = -\dfrac{1}{2}a$

④ $8a^3b \div (-2a)^2 = 2ab$

⑤ $(-3xy^2)^3 \div (-3x^2y^5) = 9xy$

단항식의 곱셈과 나눗셈의 혼합 계산은 다음과 같은 방법으로 한다.
① 괄호가 있으면 지수법칙을 이용하여 괄호를 푼다.
② 나눗셈은 나누는 식의 역수의 곱셈으로 바꾼다.
③ 계수는 계수끼리, 문자는 문자끼리 계산한다.

참고 단항식의 곱셈과 나눗셈이 포함된 식은 앞에서부터 차례대로 계산한다.

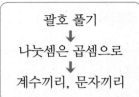

괄호 풀기
↓
나눗셈은 곱셈으로
↓
계수끼리, 문자끼리

거듭제곱이 없는 단항식의 곱셈과 나눗셈의 혼합 계산

✿ 다음 식을 간단히 하시오.

따라하기

$$6x^4 \times 2x^2 \div 4x^3 = 6x^4 \times 2x^2 \times \frac{1}{4x^3} = 3x^3$$

나눗셈을 역수의 곱셈으로 바꾼다.

01 $4x^3 \div 2x^2 \times 5x$

02 $8x^3 \times 3x \div 6x^2$

03 $-12a^4 \div 8a^2 \times 4a$

04 $-2b^4 \times 8b^3 \div (-4b^5)$

05 $-18y^4 \div (-6y^2) \times (-5y^3)$

06 $21x^2y^5 \div (-7xy^4) \times 2x^2y$

거듭제곱이 있는 단항식의 곱셈과 나눗셈의 혼합 계산

✿ 다음 식을 간단히 하시오.

따라하기

지수법칙을 이용하여 괄호를 푼다.

$$(-2x^2y)^3 \div x^2y \times 3xy^2 = (-8x^6y^3) \times \frac{1}{x^2y} \times 3xy^2$$

나눗셈을 역수의 곱셈으로 바꾼다.

$$= -24x^5y^4$$

07 $(2x^2y)^3 \times x^4y^5 \div 4x^3y^2$

08 $32x^4y^3 \div (-8xy^3)^2 \times 2x^3y^5$

09 $-24a^3b^2 \div (3ab)^3 \times (-6ab^2)^2$

10 $-2a^3b^5 \div (-ab^3)^2 \times (a^2b)^3$

11 $(4xy^2)^2 \times 2x^2y^3 \div (-2x^2y)^2$

12 $(3xy)^3 \div 8x^2y \times (-4xy^2)^2$

분수가 섞인 단항식의 곱셈과 나눗셈의 혼합 계산

다음 식을 간단히 하시오.

따라하기

$ab^2\times\frac{1}{3}a^3b\div\frac{5}{6}ab$

$=ab^2\times\frac{a^3b}{3}\times\frac{6}{5ab}$ — 나눗셈을 역수의 곱셈으로 바꾼다.

$=\frac{2}{5}a^3b^2$ — 계수는 계수끼리, 문자는 문자끼리 계산한다.

13 $5ab^3\div\frac{1}{2}a^2b^5\times\frac{1}{3}ab^4$

14 $-\frac{9}{10}x^7y^2\div\frac{3}{5}x^4y\times x^2y^3$

15 $21ab\times\frac{8}{7}a^3b^2\div\frac{4}{3}a^4b^2$

16 $\frac{3a}{b^2}\div a^2b^3\times\frac{5}{6}a^5b$

17 $-\frac{4b^2}{a^3}\times 3a^2b^3\div\left(-\frac{1}{2}a^4b\right)$

18 $\frac{7}{2}x^3y^3\div\frac{42}{5}x^4y\times 30xy^2$

복잡한 단항식의 곱셈과 나눗셈의 혼합 계산

다음 식을 간단히 하시오.

따라하기

$\left(-\frac{1}{2}a^2b\right)^2\div 6a^3b\times\frac{4}{5}ab^2$

$=\frac{a^4b^2}{4}\div 6a^3b\times\frac{4ab^2}{5}$ — 지수법칙을 이용하여 괄호를 푼다.

$=\frac{a^4b^2}{4}\times\frac{1}{6a^3b}\times\frac{4ab^2}{5}$ — 나눗셈을 역수의 곱셈으로 바꾼다.

$=\frac{1}{30}a^2b^3$ — 계수는 계수끼리, 문자는 문자끼리 계산한다.

19 $(-2xy)^3\times\frac{3}{8}xy^3\div\left(-\frac{5}{2}x^2y^3\right)^2$

20 $(-3xy^2)^3\times\frac{4}{27}x^2y\div\frac{8}{5}x^2y^3$

21 $-9a^5b^4\div\left(\frac{3}{2}a^2b^2\right)^3\times\frac{3}{4}ab^2$

22 $(2xy)^5\div\left(-\frac{8}{5}x^3y^2\right)\times\frac{1}{4}x^4y$

23 $-9ab\times\left(\frac{2}{3}ab\right)^2\div\frac{1}{4}a^3b^4$

24 대표 문제

$\frac{1}{2}x^2y^4\div 8xy^3\times(-16xy^2)$을 간단히 하면?

① $-x^2y^3$ ② $-x^3y^2$ ③ $-\frac{1}{x^2y^3}$

④ x^2y^3 ⑤ $\frac{1}{x^2y^3}$

04 □ 안에 알맞은 식 구하기

정답과 풀이 11쪽

다음과 같은 등식에서 단항식 □를 구할 때는 좌변에 단항식 □만 남도록 주어진 식을 변형한다.

(1) $A\times\square=B \rightarrow \square=B\div A \rightarrow \square=B\times\frac{1}{A}$

(2) $A\div\square=B \rightarrow A\times\frac{1}{\square}=B \rightarrow A=B\times\square \rightarrow \square=A\div B \rightarrow \square=A\times\frac{1}{B}$

(3) $A\times\square\div B=C \rightarrow A\times\square\times\frac{1}{B}=C \rightarrow \square=C\times B\div A \rightarrow \square=C\times B\times\frac{1}{A}$

(4) $A\div\square\times B=C \rightarrow A\times\frac{1}{\square}\times B=C \rightarrow A\times B=C\times\square \rightarrow \square=A\times B\div C \rightarrow \square=A\times B\times\frac{1}{C}$

단항식의 곱셈과 나눗셈에서 □ 안에 알맞은 식 구하기

다음 □ 안에 알맞은 식을 구하시오.

ε 따라하기

$3a^2\times\square=12a^3b$

$\rightarrow \square=12a^3b\div3a^2$

$=4ab$

□에 곱해진 식으로 양변을 나누어 '□=(식)' 꼴로 나타낸다.

01 $4x^2\times\square=16x^2y^2$

02 $-2a^3b\times\square=-6a^5b^3$

03 $5ab^3\times(\square)=-15a^5b^5$

04 $-x^2y^2\times(\square)=7x^2y^5$

05 $\square\times3xy=18x^4y^3$

06 $\square\times(-2a^5b^2)=14a^7b^3$

07 $\square\times3x^4y=-9x^5y^4$

08 $\square\times(-a^2b^3)=-8a^4b^6$

09 $\square\div4xy=3xy^2$

Tip 나누는 식을 양변에 곱하여 '□=(식)' 꼴로 나타낸다.

10 $\square\div(-a^2b)=-2a^3b^2$

11 $\square\div(-2xy^3)=5x^3y^4$

❇ 다음 □ 안에 알맞은 식을 구하시오.

따라하기

$8x^2y \div \boxed{} = 2x$

→ $8x^2y \times \dfrac{1}{\boxed{}} = 2x$ 나눗셈을 역수의 곱셈으로 바꾼다.

$\boxed{} = 8x^2y \div 2x$ '□=(식)' 꼴로 나타낸다.

$\quad = 4xy$

12 $6ab^3 \div \boxed{} = 2b$

13 $-21x^6y^4 \div (\boxed{}) = 7xy^2$

14 $20x^7y^7 \div \boxed{} = 4x^4y^5$

15 $9a^5b^3 \div \boxed{} = 3a^4b$

16 $3a^6b^4 \div (\boxed{}) = -a^4b^4$

17 $-20a^4b^4 \div \boxed{} = -4ab^3$

혼합 계산에서 □ 안에 알맞은 식 구하기

❇ 다음 □ 안에 알맞은 식을 구하시오.

따라하기

$\boxed{} \times 3x^2y^3 \div xy^2 = 18x^4y^3$

→ $\boxed{} = 18x^4y^3 \times xy^2 \times \dfrac{1}{3x^2y^3}$ '□=(식)' 꼴로 나타낸다.

$\quad = 6x^3y^2$

18 $\boxed{} \times (-x^2y^3) \div 2xy^4 = -8x^3y^3$

19 $15x^5y^3 \div 5x^3y^4 \times \boxed{} = 3x^4y^3$

❇ 다음 □ 안에 알맞은 식을 구하시오.

따라하기

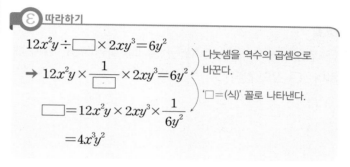

$12x^2y \div \boxed{} \times 2xy^3 = 6y^2$

→ $12x^2y \times \dfrac{1}{\boxed{}} \times 2xy^3 = 6y^2$ 나눗셈을 역수의 곱셈으로 바꾼다.

$\boxed{} = 12x^2y \times 2xy^3 \times \dfrac{1}{6y^2}$ '□=(식)' 꼴로 나타낸다.

$\quad = 4x^3y^2$

20 $8x^3y^6 \div \boxed{} \times 4x^2y^2 = 8x^3y^4$

21 $24x^5y^4 \div \boxed{} \div 8x^2y = xy^2$

22 대표 문제

다음 □ 안에 알맞은 두 식 ㉠, ㉡에 대하여 ㉠×㉡을 계산하면?

$\boxed{㉠} \times 3xy^3 = 15x^3y^4$

$21x^3y^4 \div \boxed{㉡} = 3xy^2$

① $21x^4y^3$　② $24x^4y^3$　③ $35x^4y^3$
④ $21x^3y^4$　⑤ $35x^3y^4$

01

다음 중 옳지 <u>않은</u> 것은?

① $3a^3 \times 2a = 6a^4$

② $-x^2 \times 4xy^2 = -4x^3y^2$

③ $24x^3y \div \dfrac{8}{3}x^2y = 9xy$

④ $16a^3b^2 \div (-8a^2b^2) = -2a$

⑤ $18a^3b^3 \div 6a^2b = 3ab^2$

02

$(-2xy^2)^3 \times (-x^4y) = 8x^4y^B$일 때, 자연수 A, B에 대하여 $A+B$의 값은?

① 11   ② 12   ③ 13

④ 14   ⑤ 15

03

다음 두 식 A, B에 대하여 $A \div B$를 계산하시오.

$$A = -3x^2y^2 \times (-8xy^2)$$
$$B = 2xy^3 \times 3xy$$

04

$16x^7 \div (-2x^4) \div x^2$을 간단히 하면?

① $-8x^2$ ② $-8x$ ③ $-2x$

④ $8x$ ⑤ $8x^2$

05

$81x^4y^3 \times xy^3 \div 9x^3y^2 = Ax^By^C$일 때, 자연수 A, B, C에 대하여 $A+B+C$의 값은?

① 11   ② 12   ③ 13

④ 14   ⑤ 15

06

다음 □ 안에 알맞은 식은?

$$15x^3y^6 \div \boxed{} \times (-x^2y^3)^2 = 3x^2y^4$$

① $-5x^5y^8$ ② $-10x^5y^7$ ③ $5x^5y^7$

④ $5x^5y^8$ ⑤ $10x^5y^8$

3. 다항식의 계산

01 다항식의 덧셈과 뺄셈

정답과 풀이 12쪽

(1) **다항식의 덧셈**: 괄호를 풀고 동류항끼리 모아서 간단히 한다.

예 $(x+3)+(2x-1)=x+3+2x-1=(x+2x)+(3-1)=3x+2$
　　　　　　　 괄호를 푼다.　　　　　동류항끼리 모은다.　　　　　간단히 한다.

(2) **다항식의 뺄셈**: 빼는 식의 각 항의 부호를 바꾸어서 괄호를 풀고, 동류항끼리 모아서 간단히 한다.

예 $(3x+4)-(2x-3)=3x+4-2x+3=(3x-2x)+(4+3)=x+7$
　　　　　　빼는 식의 각 항의 부호를 바꾸어 괄호를 푼다.

계수가 정수인 다항식의 덧셈

✿ **다음 식을 간단히 하시오.**

③ 따라하기

$(3a+4b)+(6a+3b)$
$=3a+4b+6a+3b$ ⎬ 괄호를 푼다.
$=3a+6a+4b+3b$ ⎬ 동류항끼리 모은다.
$=9a+7b$ ⎬ 간단히 한다.

01 $(3a+2b)+(6a-4b)$

02 $(-7a+3b)+(4a-5b)$

03 $(3b-2a)+(-6b+4a)$

04 $2(a-3b)+(5a+4b)$

> Tip 괄호 앞의 계수는 괄호 안의 각 항에 각각 곱하여 괄호를 푼다.

05 $3(-a+4b)+(2a-5b)$

06 $2(5a-b+2)+(2b-a+3)$

계수가 정수인 다항식의 뺄셈

✿ **다음 식을 간단히 하시오.**

③ 따라하기

$(8a+3b)-(4a-2b)$
$=8a+3b-4a+2b$ ⎬ 빼는 식의 각 항의 부호를 바꾸어 괄호를 푼다.
$=8a-4a+3b+2b$ ⎬ 동류항끼리 모은다.
$=4a+5b$ ⎬ 간단히 한다.

07 $(3a-b)-(4a+5b)$

08 $(9a+2b)-(7a-3b)$

09 $(2a-3b)-(8a-2b)$

10 $(a+5b)-(4a+3b)$

11 $2(4b-3a)-5(-2a+4b)$

12 $-3(5a-2b)-(-4a+5b)$

계수가 분수인 다항식의 덧셈

❈ 다음 식을 간단히 하시오.

따라하기

$$\frac{x+y}{2}+\frac{x-y}{4}$$

$$=\frac{2(x+y)+x-y}{4}$$ ⟩ 분모의 최소공배수로 통분한다.

$$=\frac{2x+2y+x-y}{4}$$ ⟩ 괄호를 푼다.

$$=\frac{3x+y}{4}$$ ⟩ 동류항끼리 간단히 한다.

13 $\dfrac{a-b}{3}+\dfrac{2a-b}{2}$

14 $\dfrac{3a+b}{4}+\dfrac{a-b}{2}$

15 $\dfrac{2a-5b}{3}+\dfrac{4a+b}{5}$

16 $\dfrac{2x+4}{6}+\dfrac{x-5}{4}$

17 $\dfrac{x-4y}{7}+\dfrac{3x-y}{2}$

18 $\dfrac{4x-3y}{6}+\dfrac{x-y}{9}$

계수가 분수인 다항식의 뺄셈

❈ 다음 식을 간단히 하시오.

따라하기

$$\frac{2x-3y}{6}-\frac{x+y}{4}$$

$$=\frac{2(2x-3y)-3(x+y)}{12}$$ ⟩ 분모의 최소공배수로 통분한다.

$$=\frac{4x-6y-3x-3y}{12}$$ ⟩ 빼는 식의 각 항의 부호를 바꾸어 괄호를 푼다.

$$=\frac{x-9y}{12}$$ ⟩ 동류항끼리 간단히 한다.

19 $\dfrac{3x-5y}{3}-\dfrac{x-3y}{2}$

20 $\dfrac{5x+2y}{8}-\dfrac{2x+y}{6}$

21 $\dfrac{3x-7y}{5}-\dfrac{x-2y}{3}$

22 $\dfrac{-3x+2y}{4}-\dfrac{-x+5y}{2}$

23 $\dfrac{2x-y}{5}-\dfrac{x+3y}{4}$

24 대표 문제

$(6a-7b)-2(-a+2b)$를 간단히 하면?

① $-8a-7b$ ② $-8a-11b$

③ $8a-7b$ ④ $8a-11b$

⑤ $8a+11b$

02 이차식의 덧셈과 뺄셈

(1) 이차식: 항 중에서 차수가 가장 높은 항의 차수가 2인 다항식

　例 x^2, $2x^2+3$, $-x^2+2x+4$

(2) 이차식의 덧셈과 뺄셈: 괄호를 풀고 동류항끼리 모아서 간단히 한다.

　例 $(2x^2-3x+1)+(x^2+2x-3)=2x^2-3x+1+x^2+2x-3=\overset{\text{이차항}}{2x^2+x^2}\overset{\text{일차항}}{-3x+2x}\overset{\text{상수항}}{+1-3}=3x^2-x-2$

　　　　　괄호를 푼다.　　　　동류항끼리 모은다.　　　　간단히 한다.

이차식

❈ 다음 식이 이차식이면 ○표, 이차식이 아니면 ×표를 ( ) 안에 써넣으시오.

 따라하기

a^2-3a+4 → 이차식이다.
　↑
a에 대한 다항식에서 차수가 가장 높은 항의 차수가 2이므로 a에 대한 이차식이다.

01 a^2+5a-1 　　　　　　　　( )

02 $3x-7$ 　　　　　　　　( )

03 $4y+1$ 　　　　　　　　( )

04 $6-4x+3x^2$ 　　　　　　　( )

05 $-6a^2+3$ 　　　　　　　　( )

06 $2a^2+5a-7$ 　　　　　　　( )

07 $2b^2-9+4b-2b^2$ 　　　　　( )

이차식의 덧셈과 뺄셈 세로로 계산하기

❈ 다음을 계산하시오.

❸ 따라하기

$$\begin{array}{r} 3x^2-4x+5 \\ -)\ 2x^2+4x-3 \\ \hline x^2-8x+8 \end{array}$$

이차항은 이차항끼리, 일차항은 일차항끼리, 상수항은 상수항끼리 간단히 한다.

08
$$\begin{array}{r} 5x^2-2x+4 \\ +)\ -2x^2+3x-7 \\ \hline \end{array}$$

09
$$\begin{array}{r} 4x^2+5x-11 \\ +)\ x^2-6x+\ 4 \\ \hline \end{array}$$

10
$$\begin{array}{r} -8x^2+3x+6 \\ +)\ 3x^2-5x-2 \\ \hline \end{array}$$

11
$$\begin{array}{r} 2x^2+9x-4 \\ -)\ 5x^2+2x-1 \\ \hline \end{array}$$

12
$$\begin{array}{r} -2x^2-\ x+6 \\ -)\ 3x^2-4x+7 \\ \hline \end{array}$$

이차식의 덧셈

✖ 다음 식을 간단히 하시오.

따라하기

$(a^2-3a+1)+(2a^2+a-4)$
$=a^2-3a+1+2a^2+a-4$ 〉괄호를 푼다.
$=a^2+2a^2-3a+a+1-4$ 〉동류항끼리 모은다.
$=3a^2-2a-3$ 〉간단히 한다.

13 $(-a^2+3a)+(3a^2-5a)$

14 $(-2a^2-8)+(4a^2+5)$

15 $(-3x^2+5x)+(10x^2+7)$

16 $(x^2-5x+1)+(2x^2-4x+3)$

17 $(-4x^2+2x-7)+(-2x^2-6x+8)$

18 $(-4x^2+x-6)+(7x^2+x-6)$

이차식의 뺄셈

✖ 다음 식을 간단히 하시오.

따라하기

$(4x^2+2x+5)-(2x^2+3x-4)$
$=4x^2+2x+5-2x^2-3x+4$ 〉부호에 주의하여 괄호를 푼다.
$=4x^2-2x^2+2x-3x+5+4$ 〉동류항끼리 모은다.
$=2x^2-x+9$ 〉간단히 한다.

19 $(-10a^2+4a)-(-3a^2+7a)$

20 $(-3x^2-5)-(-x^2+2)$

21 $(4x^2+8)-(9x^2-2x)$

22 $(2a^2+4a+3)-(a^2-a-7)$

23 $(-5a^2-3a+2)-(-a^2+3a-1)$

24 대표 문제

$(-3a^2+a+1)-(-2a^2+5a-4)$를 간단히 한 식에서 a^2의 계수와 상수항의 합을 구하면?

① -5　　　　② -3　　　　③ -1
④ 3　　　　⑤ 4

03 여러 가지 괄호가 있는 식의 계산

소괄호 ( ) → 중괄호 { } → 대괄호 [ ]의 순서로 괄호를 푼다.

{중괄호}와 (소괄호)가 있는 식의 계산

❈ 다음 식을 간단히 하시오.

따라하기

$2x^2-\{4x-(-3x^2+6x)\}$
$=2x^2-(4x+3x^2-6x)$ 소괄호를 푼다.
$=2x^2-(3x^2-2x)$ 괄호 안을 동류항끼리 정리한다.
$=2x^2-3x^2+2x$ 괄호를 푼다.
$=-x^2+2x$ 동류항끼리 정리한다.

01 $5x-\{3-(4x-2)\}$

02 $3x-\{-7y-(6x-4y)\}$

03 $10a-\{5b-(3a-7b)\}$

04 $-2\{-(2b-3a)-b\}+3a$

05 $-3x^2+4\{2x-(5x^2-4x)\}$

여러 가지 괄호가 있는 식의 계산

❈ 다음 식을 간단히 하시오.

06 $-x-[3y-2x-\{3x-(x-2y)\}]$

07 $x-[x+4y-\{6x-(3x-2y)\}]$

08 $4[b-\{-(5a-3b)+3a\}]-3b$

09 $6-3x^2-[-2x+4\{3x-(x^2+1)\}]$

10 **대표 문제**

$9x-[y-3\{-4x-(y-2x)\}]$를 간단히 하면?

① $6x-5y$ ② $3x-4y$ ③ $x-6y$
④ $-4x+3y$ ⑤ $-4x-6y$

04 단항식과 다항식의 곱셈

(1) 전개: 단항식과 다항식의 곱을 하나의 다항식으로 나타내는 것
(2) 전개식: 전개하여 얻은 다항식
(3) 단항식과 다항식의 곱셈: 분배법칙을 이용하여 단항식을 다항식의 각 항에 곱한다.

$$\overbrace{A(B+C)}=AB+AC, \quad \overbrace{(A+B)C}=AC+BC$$

(단항식)×(다항식)의 계산

✿ 다음 식을 간단히 하시오.

 따라하기

$$\overbrace{2x(3x-2)}$$
$$=2x\times 3x-2x\times 2$$
$$=6x^2-4x$$

> 분배법칙을 이용하여 단항식을 다항식의 각 항에 곱한다.

01 $-3a(2a-4)$

02 $3x(x-6y)$

03 $\dfrac{2}{3}x(6x-9y)$

04 $5a(4-3a)$

05 $-6x\left(\dfrac{2}{3}x-\dfrac{5}{2}\right)$

06 $-4x(2x-3y+1)$

(다항식)×(단항식)의 계산

✿ 다음 식을 간단히 하시오.

따라하기

$$\overbrace{(5a-3)a}$$
$$=5a\times a-3\times a$$
$$=5a^2-3a$$

> 분배법칙을 이용하여 단항식을 다항식의 각 항에 곱한다.

07 $(3b+5a)a$

08 $(-7a+2b-1)\times 3a$

09 $(2x-5)\times(-3x)$

10 $(-2x^2+9x-3)\times 4x$

11 $(-6x^2+4x-8)\times\left(-\dfrac{3}{2}x\right)$

12 대표 문제

$3x(-5x+9y-1)$을 간단히 할 때, xy의 계수와 x의 계수의 합을 구하면?

① 9 ② 12 ③ 18

④ 24 ⑤ 27

05 다항식과 단항식의 나눗셈

(1) **분수 꼴로 바꾸기**: 식을 분수 꼴로 바꾼 후 분자의 각 항을 분모로 나눈다.

$$(A+B) \div C = \frac{A+B}{C} = \frac{A}{C} + \frac{B}{C}$$

(2) **곱셈으로 바꾸기**: 나눗셈을 곱셈으로 바꾼 다음 분배법칙을 이용하여 계산한다.

$$(A+B) \div C = (A+B) \times \frac{1}{C} = \frac{A}{C} + \frac{B}{C}$$

다항식과 계수가 정수인 단항식의 나눗셈

❈ 다음 식을 간단히 하시오.

따라하기

분자로

$$(6x - 4x^2) \div 2x = \frac{6x - 4x^2}{2x}$$

분모로 / 각 항을 분모로 나눈다.

$$= \frac{6x}{2x} - \frac{4x^2}{2x}$$
$$= 3 - 2x$$

01 $(12x - 4) \div 2$

02 $(9ab + 6a) \div 3a$

03 $(15xy - 10y) \div (-5y)$

04 $(16xy + 12x^2y) \div 4xy$

05 $(-27x^2 + 12xy - 18x) \div (-3x)$

06 $(12a^2b - 8ab + 6a) \div (-2a)$

다항식과 계수가 분수인 단항식의 나눗셈

❈ 다음 식을 간단히 하시오.

따라하기

곱셈으로

$$(9ab + 3b) \div \frac{1}{3}b = (9ab + 3b) \times \frac{3}{b}$$

역수로 / 분배법칙을 이용한다.

$$= 9ab \times \frac{3}{b} + 3b \times \frac{3}{b}$$
$$= 27a + 9$$

07 $(x^2 - 5x) \div \frac{1}{2}x$

08 $(8x^2y - 3xy^2) \div \frac{1}{2}xy$

09 $(6b - 8b^2) \div \left(-\frac{1}{3}b\right)$

10 $(-6xy + 2y - 10xy^2) \div \left(-\frac{2}{3}y\right)$

11 $(12x^2y - 6xy^2 + 9xy) \div \frac{3}{4}xy$

12 **대표 문제**

$(18x^2y - 30xy^2) \div 6xy$를 간단히 하면?

① $3y - 5x$ ② $3xy - 5y$ ③ $3x - 5y$

④ $5x - 3y$ ⑤ $5xy - 3x$

다항식의 혼합 계산은 다음과 같은 방법으로 한다.
① 지수법칙을 이용하여 거듭제곱을 계산한다.
② 괄호는 소괄호 ( ) ➡ 중괄호 { } ➡ 대괄호 [ ]의 순서로 푼다.
③ 분배법칙을 이용하여 곱셈과 나눗셈을 계산한다.
④ 동류항끼리 덧셈과 뺄셈을 하여 식을 간단히 한다.

사칙계산이 혼합된 식의 계산

✖ 다음 식을 간단히 하시오.

❸ 따라하기

$2x(3x-4)+(x^3-3x^2)\div(-x)^2$ 지수법칙을 이용하여
$=2x(3x-4)+(x^3-3x^2)\div x^2$ 거듭제곱을 계산한다.

$=6x^2-8x+\dfrac{x^3-3x^2}{x^2}$ 분배법칙을 이용한다.

$=6x^2-8x+x-3$ 동류항끼리 간단히 한다.
$=6x^2-7x-3$

01 $4(3xy+y)-y(1+2x)$

02 $y(2x-3y)-3y(2x+y)$

03 $a(3a-4b)+2b(5a-4b)$

04 $(5x-15y)\div5-(y+3xy)\div\dfrac{y}{2}$

05 $(2a-b)\times(-3b)-(14ab^2-21a^2b)\div7a$

06 $5(-2x+3y)+(8x^2-6xy)\div2x$

07 $6x(-2y+1)+(16x^2y-4x^2)\div4x$

08 $-2y(x-4)-(-6xy+15x)\div3x$

09 $(4ab^2-8b^3)\div(-2b)^2+3(2a-b)$

10 $(25x^3y+50x^3)\div(5x)^2-7x(-3y+1)$

11 대표 문제 👆

다음 식을 간단히 하였을 때, x의 계수를 a, y의 계수를 b 라 하자. $a+b$의 값을 구하면?

$$(3xy+2y^2)\div\dfrac{1}{2}y-(10x^2-4xy)\div2x$$

① 5   ② 6   ③ 7
④ 8   ⑤ 9

07 □ 안에 알맞은 식 구하기

다음과 같은 등식에서 다항식 □를 구할 때는 좌변에 다항식 □만 남도록 주어진 식을 변형한다.
(1) $A + \square = B$ ➜ $\square = B - A$, $A - \square = B$ ➜ $\square = A - B$
(2) $\square \div A = B$ ➜ $\square = B \times A$, $\square \times A = B$ ➜ $\square = B \div A$

다항식의 덧셈과 뺄셈에서 □ 안에 알맞은 식 구하기

❋ 다음 □ 안에 알맞은 식을 구하시오.

❸ 따라하기

$(\boxed{}) + (3a - 5b) = 5a - 2b$ — '□=(식)' 꼴로 나타낸다.
➜ $\boxed{} = 5a - 2b - (3a - 5b)$ — 부호에 주의하여 괄호를 푼다.
$\quad = 5a - 2b - 3a + 5b$ — 동류항끼리 모은다.
$\quad = 5a - 3a - 2b + 5b$ — 식을 간단히 한다.
$\quad = 2a + 3b$

01 $(\boxed{}) + (2x - 7y) = 4x - 5y$

02 $(\boxed{}) + (x - 4y) = 5x - 7y$

03 $(\boxed{}) - (2a - 3b + 4) = 7a - b + 2$

04 $(\boxed{}) - (-4x + 3y) = 13x + 6y$

05 $(3a - 5b) + (\boxed{}) = 6a - 2b$

06 $(7a - 3) - (\boxed{}) = 4a - 6b + 1$

07 $(2x^2 - 3x + 1) - (\boxed{}) = -3x^2 - 5x - 4$

다항식의 곱셈과 나눗셈에서 □ 안에 알맞은 식 구하기

❋ 다음 □ 안에 알맞은 식을 구하시오.

❸ 따라하기

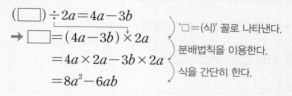

$(\boxed{}) \div 2a = 4a - 3b$ — '□=(식)' 꼴로 나타낸다.
➜ $\boxed{} = (4a - 3b) \times 2a$ — 분배법칙을 이용한다.
$\quad = 4a \times 2a - 3b \times 2a$ — 식을 간단히 한다.
$\quad = 8a^2 - 6ab$

08 $(\boxed{}) \times 3x = 12x^2 - 6x$

09 $(\boxed{}) \times \left(-\dfrac{2a}{b}\right) = -16a^2b + 4ab$

10 $(\boxed{}) \div 4x = 3x^2 + 7xy$

11 $(20x^2y - 32x) \div (\boxed{}) = 4x$

12 $(5xy - 3x^2y) \div (\boxed{}) = \dfrac{1}{2}x$

⑬ 대표 문제 👈

$(-5a^2 + 9a + 3) - (\boxed{}) = -7a^2 + 4a - 2$일 때, □ 안에 알맞은 식은?

① $-2a^2 - 5a + 5$ ② $-2a^2 + 5a + 5$

③ $2a^2 - 5a - 5$ ④ $2a^2 + 5a - 5$

⑤ $2a^2 + 5a + 5$

08 식의 값

(1) 식의 값: 주어진 식의 문자에 그 문자의 값을 대입하여 얻은 값

(2) 식의 값을 구하는 방법

① 주어진 식이 복잡할 때는 먼저 식을 간단히 한다.

② 정리한 식의 문자에 주어진 문자의 값을 대입하여 계산한다.

◉ $x=2$, $y=3$일 때

$$2(x+y)-3(x-y)=2x+2y-3x+3y=-x+5y=-2+5\times3=13$$

↑ $x=2$를 대입 ↑ $y=3$을 대입

문자가 1개일 때 식의 값 구하기

✖ 다음 식의 값을 구하시오.

 따라하기

$x=2$일 때

$4x-3=4\times2-3=5$

└ $x=2$를 대입

01 $x=2$일 때, $5x-4$

02 $x=4$일 때, $2x^2-31$

03 $y=3$일 때, $-4y+7$

04 $x=-5$일 때, $2x+8$

Tip 음수를 대입할 때, 반드시 괄호를 한 후 대입한다.

05 $x=-2$일 때, $2x^2+3x-1$

06 $b=-3$일 때, b^2-4

문자가 2개일 때 식의 값 구하기

✖ 다음 식의 값을 구하시오.

따라하기

$x=3$, $y=-1$일 때

$$2x-3y=2\times3-3\times(-1)=9$$

↑ $x=3$을 대입 ↑ $y=-1$을 대입

└ 음수를 대입할 때, 반드시 괄호를 한 후 대입한다.

07 $a=2$, $b=3$일 때, $-2a+3b$

08 $x=1$, $y=4$일 때, $7x-2y$

09 $x=-3$, $y=2$일 때, $-2x+5y$

10 $x=4$, $y=-3$일 때, $3(x-y)-4(-x+y)$

Tip 먼저 주어진 식을 간단히 한다.

11 $a=-1$, $b=-2$일 때, $(8a^2-6ab)\div2a$

12 대표 문제

$x=4$일 때, $-2x+3$의 값은?

① -7 ② -5 ③ -4

④ 2 ⑤ 5

09 식의 대입

정답과 풀이 16쪽

주어진 식의 문자에 그 문자가 나타내는 다른 식을 대입하면 주어진 식을 다른 문자의 식으로 나타낼 수 있다. 이때 대입하는 식은 괄호로 묶어서 대입한다.

예 $y=-x+1$일 때, $x-3y$를 x의 식으로 나타내면
$$x-3y=x-3(-x+1)=x+3x-3=4x-3$$

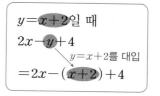

$y=x+2$일 때
$2x-y+4$
$y=x+2$를 대입
$=2x-(x+2)+4$

문자 1개의 식의 대입

❈ $y=3x-1$일 때, 다음을 x의 식으로 나타내시오.

 따라하기

$3x-2y-1$
$=3x-2(3x-1)-1$ ⟩ $y=3x-1$을 대입한다.
$=3x-6x+2-1$ ⟩ 분배법칙을 이용하여 괄호를 푼다.
$=-3x+1$ ⟩ 동류항끼리 간단히 한다.

01 $-4x+2y-3$

02 $5x-2y+1$

03 $2x+y$

❈ $x=-2y+4$일 때, 다음을 y의 식으로 나타내시오.

04 $-2x-3y+2$

05 $-3x-y$

06 $2x+6y-7$

문자 2개의 식의 대입

❈ $A=x-2y$, $B=2x+y$일 때, 다음을 x, y의 식으로 나타내시오.

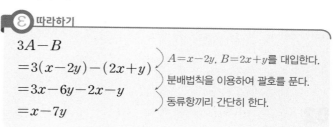 따라하기

$3A-B$
$=3(x-2y)-(2x+y)$ ⟩ $A=x-2y$, $B=2x+y$를 대입한다.
$=3x-6y-2x-y$ ⟩ 분배법칙을 이용하여 괄호를 푼다.
$=x-7y$ ⟩ 동류항끼리 간단히 한다.

07 $-4A+3B$

08 $5A-2B$

❈ $A=3x+2y$, $B=x-4y$일 때, 다음을 x, y의 식으로 나타내시오.

09 $2A-3B$

10 $-A-2B$

11 대표 문제

$y=2x+1$일 때, $-2x+3y-1$을 x의 식으로 나타낸 것은?

① $x-1$ ② $2x-4$ ③ $2x+4$

④ $4x-2$ ⑤ $4x+2$

01

$(3x+4y)-2(x-7y)=Ax+By$일 때, 상수 A, B에 대하여 $B-2A$의 값은?

① -8 ② -2 ③ 10

④ 11 ⑤ 16

02

$4x^2-[5x-\{2x^2-(4x-x^2)\}]$을 간단히 하면?

① $7x^2-10x$ ② $-7x^2+9x$

③ $3x^2-9x$ ④ $-5x^2+10x$

⑤ $7x^2-9x$

03

$5a-\{-3a+b-(\boxed{})\}=6a+2b$일 때, □ 안에 알맞은 식은?

① $-2a-3b$ ② $2a+3b$

③ $3a-2b$ ④ $-2a+3b$

⑤ $3a+2b$

04

다음 중 식의 계산이 옳지 <u>않은</u> 것은?

① $a(-3a+5)=-3a^2+5a$

② $-3b(a-2b)=-3ab+6b^2$

③ $-8x(2x+3xy-y)=-16x^2+24x^2y+8xy$

④ $7y(xy-3x+2)=7xy^2-21xy+14y$

⑤ $xy(1-3x+2y)=xy-3x^2y+2xy^2$

05

다음 식을 전개하였을 때, x의 계수가 가장 큰 것은?

① $3x(2x-1)$ ② $-\dfrac{2}{3}x(3x-6)$

③ $4x(y-3)$ ④ $(x^2-6x)\div(-2x)$

⑤ $-5x(3-x+y)$

06

$a=-2$, $b=3$일 때, $-2a+4b$의 값은?

① -16 ② -10 ③ 4

④ 10 ⑤ 16

일차부등식

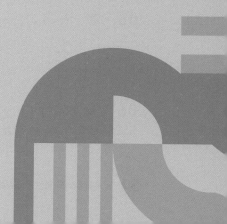

1. 일차부등식

01 부등식

정답과 풀이 17쪽

(1) 부등식: 부등호($>$, $<$, $\geq$, $\leq$)를 사용하여 수 또는 식의 대소 관계를 나타낸 식
(2) 좌변, 우변, 양변: 부등호의 왼쪽 부분을 좌변, 오른쪽 부분을 우변, 좌변과 우변을 통틀어 양변이라 한다.
(3) 부등식의 표현

$$\underset{\text{좌변}}{2a+3} \underset{}{\geq} \underset{\text{우변}}{b}$$
부등호
양변

$a>b$	$a<b$	$a\geq b$	$a\leq b$
a는 b보다 크다. a는 b 초과이다.	a는 b보다 작다. a는 b 미만이다.	a는 b보다 크거나 같다. a는 b보다 작지 않다. a는 b 이상이다.	a는 b보다 작거나 같다. a는 b보다 크지 않다. a는 b 이하이다.

부등식

❈ 다음 중 부등식인 것은 ○표, 아닌 것은 ×표를 ( ) 안에 써넣으시오.

 따라하기

$5x+4\underset{\text{부등호가 아니다.}}{=}2x$ → 부등식이 아니다.

01 $2x-5=0$　　　　　　( )

02 $-8<0$　　　　　　( )

03 $5a-4b+3$　　　　　　( )

04 $36\leq 14+21$　　　　　　( )

05 $2y-7<4$　　　　　　( )

06 $3x-5\geq x$　　　　　　( )

부등식으로 나타내기

❈ 다음을 부등식으로 나타내시오.

따라하기

$\underset{4x}{x의\ 4배에}\ \underset{+3}{3을\ 더하면}\ \underset{>11}{11보다\ 크다.}$
→ $4x+3>11$

07 x는 3보다 작다.

_____

08 x는 7보다 크거나 같다.

_____

09 x는 5 이하이다.

_____

10 x의 3배는 4 미만이다.

_____

11 x의 2배에서 4를 빼면 8보다 작거나 같다.

_____

12 대표 문제 👉

다음 중 부등식이 <u>아닌</u> 것은?

① $-2<3$　　　　② $3x+1$

③ $x-3\leq 5$　　　　④ $10-4x>0$

⑤ $3x-7<-4$

02 부등식의 해

정답과 풀이 17쪽

(1) **부등식의 참과 거짓:** 부등식에서 좌변의 값과 우변의 값의 대소 관계가
① 주어진 부등호의 방향과 같으면 참인 부등식
② 주어진 부등호의 방향과 다르면 거짓인 부등식
(2) **부등식의 해:** 미지수가 x인 부등식에서 부등식이 참이 되게 하는 x의 값
(3) **부등식을 푼다:** 부등식의 해를 모두 구하는 것

부등식의 해인지 판별하기

다음 [ ] 안의 수가 주어진 부등식의 해이면 ○표, 해가 아니면 ×표를 ( ) 안에 써넣으시오.

따라하기

$5x+3\le1$ [-1]
└ $x=-1$을 대입하여 계산 결과를 우변의 값과 비교한다.

→ $x=-1$을 대입하면
(좌변)$=5\times(-1)+3=-2$, (우변)$=1$ ($-2\le1$)
즉, (좌변)≤(우변)이므로 참인 부등식이다.
주어진 부등호의 방향과 같다.
따라서 -1은 부등식 $5x+3\le1$의 해이다.

01 $x<-3$ [-3] ( )

02 $2+x>5$ [5] ( )

03 $4-3x>6$ [2] ( )

04 $3x+1\le-2$ [-1] ( )

Tip 부등호 ≥, ≤가 쓰인 부등식에서 (좌변)=(우변)인 경우도 참이다.

05 $7x-5\ge-13$ [1] ( )

06 $-3x+2\le2x+10$ [-2] ( )

부등식의 해 구하기

x의 값이 [ ] 안에 주어진 수와 같을 때, 다음 부등식의 해를 구하시오.

따라하기

$2x-4<3$ [3, 4]
└ $x=3$, $x=4$를 각각 대입하여 계산 결과를 우변의 값과 비교한다.

→ $x=3$일 때, $2\times3-4<3$ (참)
$x=4$일 때, $2\times4-4<3$ (거짓)
따라서 부등식의 해는 3이다.

07 $x+3>2$ [-1, 0]

____

08 $3x+1\ge5$ [1, 2]

____

09 $-3x+1\le-5$ [1, 2, 3]

____

10 $-x+5<8$ [-4, -3, -2]

____

11 $1-2x>3$ [-3, -2, -1, 0]

____

12 대표 문제

x의 값이 -2, -1, 0, 1, 2일 때, 다음 중 부등식 $-3x+2>-3$의 해가 아닌 것은?

① -2　② -1　③ 0
④ 1　⑤ 2

03 부등식의 성질

(1) 부등식의 양변에 같은 수를 더하거나 양변에서 같은 수를 빼어도 부등호의 방향은 바뀌지 않는다.

→ $a>b$이면 $a+c>b+c$, $a-c>b-c$

(2) 부등식의 양변에 같은 양수를 곱하거나 양변을 같은 양수로 나누어도 부등호의 방향은 바뀌지 않는다.

→ $a>b$, $c>0$이면 $ac>bc$, $\dfrac{a}{c}>\dfrac{b}{c}$

(3) 부등식의 양변에 같은 음수를 곱하거나 양변을 같은 음수로 나누면 부등호의 방향이 바뀐다.

→ $a>b$, $c<0$이면 $ac<bc$, $\dfrac{a}{c}<\dfrac{b}{c}$

부등식의 성질

✽ $a<b$일 때, 다음 □ 안에 알맞은 부등호를 써넣으시오.

 따라하기

$3a-1 \;\square\; 3b-1$

→ $a<b$의 양변에 3을 곱하면

$3a<3b$ ← 양변에 같은 양수를 곱해도 부등호의 방향이 바뀌지 않는다.

$3a<3b$의 양변에서 1을 빼면

$3a-1<3b-1$ ← 양변에서 같은 수를 빼어도 부등호의 방향이 바뀌지 않는다.

01 $a+5 \;\square\; b+5$

02 $2a \;\square\; 2b$

03 $-\dfrac{a}{3} \;\square\; -\dfrac{b}{3}$

Tip 부등호의 양변에 같은 음수를 곱하거나 양변을 같은 음수로 나누면 부등호의 방향이 바뀐다.

04 $a \div \dfrac{3}{2} \;\square\; b \div \dfrac{3}{2}$

05 $-2a+4 \;\square\; -2b+4$

06 $\dfrac{a}{5}-7 \;\square\; \dfrac{b}{5}-7$

✽ 다음 □ 안에 알맞은 부등호를 써넣으시오.

따라하기

$a-4>b-4 \;\rightarrow\; a \;\square\; b$

→ $a-4>b-4$의 양변에 4를 더하면

$a>b$ ← 양변에 같은 수를 더해도 부등호의 방향이 바뀌지 않는다.

07 $a+5 \leq b+5 \;\rightarrow\; a \;\square\; b$

08 $4a>4b \;\rightarrow\; a \;\square\; b$

09 $-\dfrac{a}{7} \leq -\dfrac{b}{7} \;\rightarrow\; a \;\square\; b$

10 $a-2<b-2 \;\rightarrow\; a \;\square\; b$

11 $-2a+3>-2b+3 \;\rightarrow\; a \;\square\; b$

12 $\dfrac{2}{3}a-9 \leq \dfrac{2}{3}b-9 \;\rightarrow\; a \;\square\; b$

부등식의 성질을 이용하여 식의 값의 범위 구하기

❈ 다음 식의 값의 범위를 구하시오.

 따라하기

$x<2$일 때, $-2x+3$

→ $x<2$의 양변에 -2를 곱하면

$-2x>-4$ ← 양변에 같은 음수를 곱하면 부등호의 방향이 바뀐다.

$-2x>-4$의 양변에 3을 더하면

$-2x+3>-1$ ← 양변에 같은 수를 더해도 부등호의 방향이 바뀌지 않는다.

13 $x\leq2$일 때, $-2x$

14 $x>5$일 때, $x-4$

15 $x\geq-6$일 때, $\dfrac{x}{2}$

16 $x<-3$일 때, $-\dfrac{x}{3}+1$

17 $x>-1$일 때, $3x-2$

18 $x\leq4$일 때, $-\dfrac{x}{4}+3$

부등식의 성질을 이용하여 x의 값의 범위 구하기

❈ 부등식의 성질을 이용하여 x의 값의 범위를 구하시오.

따라하기

$-3x-1<5$

→ $-3x-1<5$의 양변에 1을 더하면

$-3x<6$ ← 양변에 같은 수를 더해도 부등호의 방향이 바뀌지 않는다.

$-3x<6$의 양변을 -3으로 나누면

$x>-2$ ← 양변을 같은 음수로 나누면 부등호의 방향이 바뀐다.

19 $6x>-12$

20 $-\dfrac{x}{2}\leq1$

21 $x+5\geq3$

22 $-3<x-3<5$

23 $-8<4x<12$

24 대표 문제

$4<x\leq9$일 때, 다음 중 $3x$의 값이 될 수 <u>없는</u> 것은?

① 12   ② 15   ③ 18

④ 21   ⑤ 24

04 부등식의 해와 수직선

(1) **부등식의 해 구하기**: 부등식을 풀 때에는 부등식의 성질을 이용하여

$$x > (\text{수}),\ x < (\text{수}),\ x \geq (\text{수}),\ x \leq (\text{수})$$

중 어느 하나로 고쳐서 해를 구한다.

(2) **부등식의 해를 수직선 위에 나타내기**

$x > a$	$x < a$	$x \geq a$	$x \leq a$
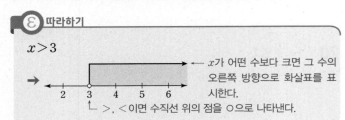			

참고 수직선에서 'O'에 대응하는 수는 부등식에 포함되지 않고, '●'에 대응하는 수는 부등식의 해에 포함된다.

부등식의 해를 수직선 위에 나타내기

✖ 다음 부등식의 해를 수직선 위에 나타내시오.

3 따라하기

$x > 3$

→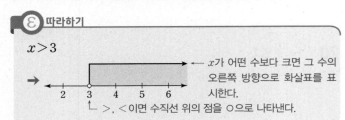

x가 어떤 수보다 크면 그 수의 오른쪽 방향으로 화살표를 표시한다.
>, <이면 수직선 위의 점을 O으로 나타낸다.

01 $x < -1$

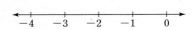

02 $x \geq 7$

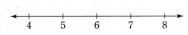

03 $x \leq 2$

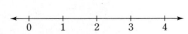

04 $x > 5$

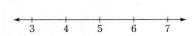

05 $x < 4$

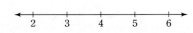

06 $x \geq -3$

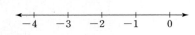

부등식의 해와 수직선

✖ 부등식의 성질을 이용하여 다음 부등식의 해를 구하고, 그 해를 수직선 위에 나타내시오.

3 따라하기

$-\dfrac{x}{2} \geq -2$

→ 양변에 -2를 곱하면

$x \leq 4$ ← 양변에 같은 음수를 곱하면 부등호의 방향이 바뀐다.

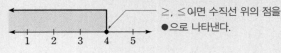

≥, ≤이면 수직선 위의 점을 ●으로 나타낸다.

07 $x - 3 < 2$

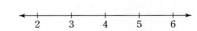

08 $\dfrac{x}{3} \geq 1$

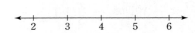

09 $-2x \geq -2$

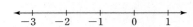

10 대표 문제

다음 일차부등식 중 그 해를 수직선 위에 나타내었을 때, 오른쪽 그림과 같은 것은?

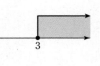

① $3x > 9$ ② $x + 3 \geq 3$ ③ $\dfrac{x}{3} \leq 9$

④ $-6x < -18$ ⑤ $2x \geq 6$

05 일차부등식

정답과 풀이 18쪽

(1) **이항**: 등식 또는 부등식의 한 변에 있는 항을 부호를 바꾸어 다른 변으로 옮기는 것
(2) **일차부등식**: 부등식의 모든 항을 좌변으로 이항하여 정리하였을 때
　　(일차식)>0, (일차식)<0, (일차식)≥0, (일차식)≤0
　중 어느 하나의 꼴로 나타나는 부등식

$$4x-3>1$$
$$\downarrow \text{이항}$$
$$4x-3-1>0$$

부등식에서 이항하기

❋ 다음 부등식에서 밑줄 친 항을 이항하시오.

 따라하기

$2x\underline{+3}>7$
$\rightarrow 2x>7-3$ ⎰ 밑줄 친 항 +3의 부호를 바꾸어 우변으로 옮긴다.

01 $x\underline{-5}>4$

02 $6x\underline{+3}<9$

03 $\underline{1}-4x\geq5$

04 $4x\leq\underline{3x}+2$

05 $6\geq x\underline{+5}$

06 $3x\underline{+2}<4-5x$

07 $6x-5>\underline{2x}+2$

일차부등식의 뜻

❋ 다음 식이 일차부등식이면 ○표, 일차부등식이 아니면 × 표를 ( ) 안에 써넣으시오.

따라하기

$6-5x<4$
$6-5x-4<0$ ⎰ 부등식의 모든 항을 좌변으로 이항한다.
$2-5x<0$ ← (일차식)<0
$\rightarrow$ 일차부등식이다.

08 $7\geq2x-5$　　　　　　　　(　)

09 $3x-1\leq2x+5$　　　　　　(　)

10 $3+4\leq8$　　　　　　　　(　)

11 $\dfrac{4}{x}-3\geq\dfrac{2}{5}$　　　　　　(　)

Tip x가 분모에 있으면 일차식이 아니다.

12 $2(x-3)<6+2x$　　　　(　)

13 대표 문제 👈

다음 중 일차부등식이 아닌 것은?

① $3x<2x-5$　　　② $5x\geq-7+x$
③ $2(1-x)\geq-2x$　　④ $x-4\leq2x-4$
⑤ $-x+5>x-3$

06 일차부등식의 풀이

정답과 풀이 18쪽

(1) **일차부등식의 해:** 일차부등식의 해는 이항과 부등식의 성질을 이용하여 주어진 부등식을 다음 중 어느 하나의 꼴로 나타낸다.

$$x > (수), \quad x < (수), \quad x \geq (수), \quad x \leq (수)$$

(2) **일차부등식의 풀이**

일차부등식은 다음과 같은 순서로 푼다.

① 미지수 x를 포함한 항은 좌변으로, 상수항은 우변으로 이항한다.

② 양변을 정리하여 $ax > b$, $ax < b$, $ax \geq b$, $ax \leq b \, (a \neq 0)$ 꼴로 고친다.

③ x의 계수 a로 양변을 나눈다. 이때 a가 음수이면 부등호의 방향이 바뀐다.

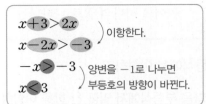

일차부등식의 풀이

❋ 다음 일차부등식을 푸시오.

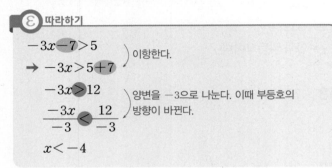

01 $x + 5 \geq 7$

02 $x - 2 \leq -1$

03 $4x < 12$

04 $-5x \geq 15$

05 $-x + 4 < -5x$

일차부등식을 풀고 그 해를 수직선 위에 나타내기

❋ 다음 일차부등식을 풀고, 그 해를 수직선 위에 나타내시오.

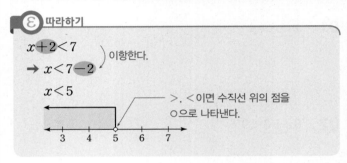

06 $x - 3 \geq 5$

07 $3x < 9$

08 $-4x < 16$

09 $-x - 1 \geq 4$

10  대표 문제

다음 부등식 중 해가 나머지 넷과 다른 하나는?

① $-4 < -2x$ ② $4x < 8$

③ $4 > 3x - 2$ ④ $8 - 3x < x$

⑤ $4x < -x + 10$

07 여러 가지 일차부등식의 풀이

(1) 괄호가 있는 경우: 분배법칙을 이용하여 괄호를 풀어 간단히 한다.

(2) 계수가 소수인 경우: 양변에 10, 100, 1000, …과 같은 수를 곱하여 계수를 정수로 고친다.

(3) 계수가 분수인 경우: 양변에 분모의 최소공배수를 곱하여 계수를 정수로 고친다.

괄호가 있는 일차부등식의 풀이

✖ 다음 일차부등식을 푸시오.

따라하기

$4(x-3)+5 \geq 9$ ⟩ 괄호를 푼다.

$\rightarrow 4x-12+5 \geq 9$

$4x-7 \geq 9$ ⟩ x항은 좌변, 상수항은 우변으로 이항한다.

$4x \geq 16$

$x \geq 4$ ⟩ 양변을 4로 나눈다.

01 $3(x-2) > 9$

02 $-2(x+4) \leq -6$

Tip $-2(x+4) = -2x-8$

03 $2(3x-4) < 5x$

04 $4x+3 \geq -(x+2)$

05 $-3(x+2)+8 > 3x-4$

06 $2(x-3) > 3(x-4)$

계수가 소수인 일차부등식의 풀이

✖ 다음 일차부등식을 푸시오.

따라하기

$0.6x+3 > 0.3x$ ⟩ 양변에 10을 곱한다.

$\rightarrow 6x+30 > 3x$

$3x > -30$ ⟩ x항은 좌변, 상수항은 우변으로 이항한다.

$x > -10$ ⟩ 양변을 3으로 나눈다.

07 $0.4x < 0.3x+1$

08 $0.6x-1.3 \leq x+0.3$

09 $1.8x-3 > 0.6x+0.6$

10 $-0.4+0.9x \geq 0.5x+2$

11 $0.4(x+3) > 0.1x-0.3$

12 $-0.8x+0.3 \geq 0.1x-1.5$

13 $2(x+0.8) \leq 1.5x-0.4$

14 $0.04x+0.12 > 0.1x-0.3$

`Tip` 양변에 100을 곱한다.

15 $0.52+0.3x \leq 0.18x-0.08$

16 $0.09-0.2x < 0.07x+0.9$

17 $0.12(x-3) < 0.05(4+x)$

계수가 분수인 일차부등식의 풀이

✽ **다음 일차부등식을 푸시오.**

> **⑧ 따라하기**
>
> $$\frac{x+1}{4} < \frac{3x-7}{2}$$
> 양변에 4를 곱한다.
> $$\rightarrow x+1 < 6x-14$$
> x항은 좌변, 상수항은 우변으로 이항한다.
> $$-5x < -15$$
> 양변을 -5로 나누고 부등호의 방향을 바꾼다.
> $$x > 3$$

18 $\dfrac{5x-6}{4} \leq 1$

19 $5 \leq \dfrac{-3x+1}{2}$

20 $\dfrac{2x-1}{3} > \dfrac{x+3}{2}$

21 $\dfrac{1}{5}(3x+4) < \dfrac{1}{4}(x-1)$

22 $\dfrac{4-3x}{8}-1 \geq 4$

23 $\dfrac{5}{2}-\dfrac{1}{4}x<x$

24 $\dfrac{2}{3}x-\dfrac{3}{8}>\dfrac{5}{8}+\dfrac{1}{6}x$

25 $-\dfrac{1}{4}x+\dfrac{4}{5}<\dfrac{3}{2}x-2$

26 $\dfrac{2}{5}(x-4)\geq\dfrac{1}{3}(x+2)$

27 $\dfrac{-3x+7}{2}+\dfrac{3x-2}{4}<3$

28 $-\dfrac{2x+1}{3}>\dfrac{7}{4}-\dfrac{5x-2}{12}$

계수가 분수와 소수가 섞인 일차부등식의 풀이

✿ 다음 일차부등식을 푸시오.

ε 따라하기

$\dfrac{3}{5}x+8\leq1.2x+1.4$

$\rightarrow 6x+80\leq12x+14$ 〉 양변에 5와 10의 최소공배수를 곱한다.

$-6x\leq-66$ 〉 x항은 좌변, 상수항은 우변으로 이항한다.

$x\geq11$ 〉 양변을 -6으로 나누고 부등호의 방향을 바꾼다.

29 $1+0.8x>\dfrac{3}{2}x-0.4$

30 $0.2(x+5)+1\leq\dfrac{x}{4}$

31 $0.7x+\dfrac{4}{5}>0.3(x+4)$

32 $\dfrac{x}{3}-0.2\leq x+\dfrac{4}{5}$

(33) 대표 문제

일차부등식 $0.7x-2\leq0.3x+1.6$을 만족하는 자연수 x의 개수는?

① 7   ② 8   ③ 9

④ 10   ⑤ 11

(1) x의 계수가 문자인 경우: 일차부등식 $ax<1$에 대하여

① $a>0$일 때, $ax<1$의 양변을 a로 나누면 부등호의 방향이 바뀌지 않으므로 $x<\dfrac{1}{a}$이다.

② $a<0$일 때, $ax<1$의 양변을 a로 나누면 부등호의 방향이 바뀌므로 $x>\dfrac{1}{a}$이다.

(2) x의 계수가 문자이고 부등식의 해가 주어진 경우: 일차부등식 $ax<1$에 대하여

① 해가 $x<b$일 때, $ax<1$의 양변을 a로 나누어 $x<b$와 같게 만든 후 a의 값을 구한다. → $a>0$

② 해가 $x>b$일 때, $ax<1$의 양변을 a로 나누어 $x>b$와 같게 만든 후 a의 값을 구한다. → $a<0$

---

x의 계수가 문자인 일차부등식의 풀이

✖ $a>0$일 때, x에 대한 일차부등식의 해를 구하시오.

 따라하기

$-ax<4a$

→ $-ax<4a$에서 $ax>-4a$

$a>0$이므로 $x>-4$
└ 양변을 a로 나누어도 부등호의 방향이 바뀌지 않는다.

01 $ax\leq 2a$

02 $ax-3>0$

03 $3ax<18-6ax$

✖ $a<0$일 때, x에 대한 일차부등식의 해를 구하시오.

04 $ax<3$

Tip $a<0$이므로 양변을 a로 나누면 부등호의 방향이 바뀐다.

05 $ax-5a\leq 0$

06 $-4ax>8a$

일차부등식의 해가 주어질 때, 상수 또는 x의 계수 구하기

✖ 다음과 같이 x에 대한 일차부등식의 해가 주어질 때, 상수 a의 값을 구하시오.

따라하기

$2x+a<4x-3$의 해가 $x>5$

→ $2x+a<4x-3$에서

$-2x<-3-a$, $x>\dfrac{a+3}{2}$

이때 부등식의 해가 $x>5$이므로

$\dfrac{a+3}{2}=5$

$a+3=10$이므로 $a=7$

> 부등식을 $x>($수$)$ 꼴로 고친 후, 문제에서 주어진 부등식의 해와 비교하여 상수의 값을 구한다.

07 $3x-a>4$의 해가 $x>3$

08 $-4x+7\geq -a$의 해가 $x\leq 4$

09 $6x-5<3x+a$의 해가 $x<4$

10 $-2x+a\leq 3x-9$의 해가 $x\geq 3$

❈ 다음과 같이 x에 대한 일차부등식의 해가 주어질 때, 상수 a의 값을 구하시오.

❸ 따라하기

$2ax+5 \geq -7$의 해가 $x \geq -2$

→ $2ax+5 \geq -7$에서 $2ax \geq -12$
이때 부등식의 해가 $x \geq -2$이므로
$2a > 0$

> 주어진 해와 일차부등식의 부등호의 방향이 같으므로 x의 계수는 양수이다.

따라서 $2ax \geq -12$에서 $x \geq -\dfrac{6}{a}$

$-\dfrac{6}{a} = -2$이므로 $a = 3$

11 $ax+8<4$의 해가 $x<-1$

12 $3+ax \geq -7$의 해가 $x \geq -2$

13 $4ax+13<-3$의 해가 $x>3$

Tip 주어진 해와 일차부등식의 부등호의 방향이 다르므로 x의 계수는 음수이다.

14 $ax+9 \geq 15$의 해가 $x \leq -3$

15 $8ax-13<7$의 해가 $x>-10$

두 일차부등식의 해가 서로 같을 때, 상수 구하기

❈ 다음 x에 대한 두 일차부등식의 해가 서로 같을 때, 상수 a의 값을 구하시오.

❸ 따라하기

$-7+3x<-2x+3$, $4x-2a<x+5$

→ $-7+3x<-2x+3$에서 $5x<10$, $x<2$
└─ 상수 a가 없는 부등식의 해를 먼저 구한다.
$4x-2a<x+5$에서 $3x<2a+5$, $x<\dfrac{2a+5}{3}$

두 일차부등식의 해가 서로 같으므로 $2=\dfrac{2a+5}{3}$

따라서 $a=\dfrac{1}{2}$

16 $3x-1>2x$, $x+a>3-2x$

17 $5x \geq x-8$, $7+4x \geq 3x+a$

18 $12-5x \geq 3x-4$, $4x+9 \leq 3x+a$

19 $\dfrac{x+1}{2} \leq \dfrac{x-3}{3}$, $4a-x \leq 6-3x$

20 대표 문제

x에 대한 일차부등식 $3ax+8 \geq -7$의 해가 $x \leq 5$일 때, 상수 a의 값은?

① -2 ② -1 ③ 0

④ 1 ⑤ 2

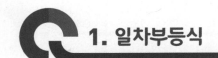
01

다음 중 부등식이 <u>아닌</u> 것은?

① $3 > -4$

② $x - 5 \geq 3$

③ $-4x + 3$

④ $2x - 7 > 1$

⑤ $9 - 3x \leq 0$

02

다음 부등식 중 [ ] 안의 수가 해인 것은?

① $2x - 7 < 0$ [4]

② $4x + 5 > -7$ [-3]

③ $8 - 5x \leq 2$ [2]

④ $-x + 2 \geq 2x + 9$ [-2]

⑤ $-11 + 3x < -x + 5$ [6]

03

$a > b$일 때, 다음 중 옳지 <u>않은</u> 것은?

① $a + 3 > b + 3$

② $-2a + 1 < -2b + 1$

③ $\dfrac{a}{3} - 6 > \dfrac{b}{3} - 6$

④ $5a - 11 < 5b - 11$

⑤ $-\dfrac{a}{4} < -\dfrac{b}{4}$

04

일차부등식 $9 - 4x \geq -18 + 5x$를 풀면?

① $x \leq -3$

② $x \geq -3$

③ $x \leq 3$

④ $x \geq 3$

⑤ $x \geq 6$

05

일차부등식 $\dfrac{x+3}{4} \geq \dfrac{2x-4}{3}$를 만족하는 자연수 x의 개수는?

① 1

② 2

③ 3

④ 4

⑤ 5

06

x에 대한 일차부등식 $-2x + 8 > -4x + a$의 해를 수직선 위에 나타내면 다음 그림과 같을 때, 상수 a의 값은?

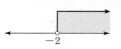

① -4

② -2

③ 1

④ 2

⑤ 4

2. 일차부등식의 활용

01 일차부등식의 활용

정답과 풀이 21쪽

(1) 연속하는 정수
 ① 연속하는 두 정수: 두 수를 x, $x+1$로 놓고 식을 세운다.
 ② 연속하는 세 정수: 세 수를 $x-1$, x, $x+1$로 놓고 식을 세운다.
(2) 두 물건 A, B를 합하여 n개 사는 경우
 구하려는 물건의 개수를 x개로 놓으면 다른 물건의 개수는 $(n-x)$개로 놓고 식을 세운다.
(3) 현재 예금액이 a원이고 매달 b원씩 예금할 때 x개월 후의 예금액: $(a+bx)$원
(4) 세 과목의 점수가 각각 a점, b점, c점일 때 세 과목의 평균 점수: $\dfrac{a+b+c}{3}$점

연속하는 정수에 대한 문제

01 어떤 정수의 4배에 15를 더한 수가 51보다 클 때, 이와 같은 정수 중에서 가장 작은 수를 구하려고 한다. 물음에 답하시오.

(1) 어떤 정수를 x라 할 때, 부등식을 세우시오.

> 어떤 정수의 4배에 15를 더한 수
> → ☐
> 부등식을 세우면 ☐ > 51

(2) 부등식을 푸시오.

(3) 가장 작은 정수를 구하시오.

02 연속하는 세 자연수의 합이 96보다 클 때, 합이 가장 작은 세 자연수 중 가장 작은 수를 구하려고 한다. 물음에 답하시오.

(1) 연속하는 세 자연수 중 가장 작은 수를 x라 할 때, 부등식을 세우시오.

> 연속하는 세 자연수 → x, $x+1$, ☐
> 세 자연수의 합 → ☐
> 부등식을 세우면 ☐ > 96

(2) 부등식을 푸시오.

(3) 가장 작은 자연수를 구하시오.

최대 개수에 대한 문제

03 한 개에 2000원인 초콜릿을 사고 1500원짜리 상자에 포장하여 전체 가격이 23500원 이하가 되게 하려고 할 때, 초콜릿을 최대 몇 개까지 살 수 있는지 구하려고 한다. 물음에 답하시오.

(1) 초콜릿을 x개 산다고 할 때, 부등식을 세우시오.

> 초콜릿의 가격 → ☐ 원
> 부등식을 세우면 ☐ $+ 1500 \leq 23500$

(2) 부등식을 푸시오.

(3) 초콜릿을 최대 몇 개까지 살 수 있는지 구하시오.

04 한 개에 3000원인 단팥빵을 사고 2000원짜리 상자에 포장하여 전체 가격이 26000원 이하가 되게 하려고 한다. 이때 단팥빵을 최대 몇 개까지 살 수 있는지 구하시오.

05 한 개에 1200원 하는 머리끈과 800원 하는 머리핀을 합하여 12개를 사고 12000원 이하로 지출할 때, 머리끈을 최대 몇 개까지 살 수 있는지 구하시오.

도형의 넓이에 대한 문제

06 높이가 8 cm이고, 넓이가 56 cm² 이상인 삼각형을 그릴 때, 밑변의 길이는 몇 cm 이상이어야 하는지 구하려고 한다. 물음에 답하시오.

(1) 밑변의 길이를 x cm라 하고, 부등식을 세우시오.

> 삼각형의 넓이 ➡ $\frac{1}{2} \times x \times \boxed{}$ (cm²)
>
> 부등식을 세우면 $\frac{1}{2} \times x \times \boxed{} \geq 56$

(2) 부등식을 푸시오.

(3) 삼각형의 밑변의 길이는 몇 cm 이상이어야 하는지 구하시오.

07 높이가 5 cm이고, 넓이가 20 cm² 이상인 삼각형을 그릴 때, 밑변의 길이는 몇 cm 이상이어야 하는지 구하시오.

08 윗변의 길이가 5 cm, 아랫변의 길이가 7 cm이고, 넓이가 72 cm² 이하인 사다리꼴을 그릴 때, 높이는 몇 cm 이하이어야 하는지 구하시오.

예금액에 대한 문제

09 현재 형은 30000원, 동생은 50000원이 예금되어 있다. 다음 달부터 매달 형은 8000원씩, 동생은 6000원씩 예금을 한다면 몇 개월 후부터 형의 예금액이 동생의 예금액보다 많아지는지 구하려고 한다. 물음에 답하시오.

(1) x개월 후의 형과 동생의 예금액을 구하여 다음 표를 완성하시오.

	형	동생
현재(원)	30000	50000
x개월 후(원)		

(2) 부등식을 세우시오.

(3) 부등식을 푸시오.

(4) 몇 개월 후부터 형의 예금액이 동생의 예금액보다 많아지는지 구하시오.

10 현재 지윤이는 18000원, 연재는 34000원이 예금되어 있다. 다음 달부터 매달 지윤이는 5000원씩, 연재는 3000원씩 예금한다면 지윤이의 예금액이 연재의 예금액보다 많아지는 것은 몇 개월 후부터인지 구하시오.

11 현재 미화가 모은 용돈은 70000원이다. 내일부터 매일 4000원씩 모은다고 할 때, 미화가 모은 용돈이 120000원 이상이 되는 것은 며칠 후부터인지 구하시오.

Tip 날수는 자연수로 구해야 한다.

평균에 대한 문제

12 예진이는 국어, 영어 시험에서 각각 98점, 94점을 받았다. 수학을 포함한 세 과목의 평균이 95점 이상이 되려면 수학 시험에서 몇 점 이상을 받아야 하는지 구하려고 한다. 물음에 답하시오.

(1) 수학 시험에서 x점을 받는다고 할 때, 부등식을 세우시오.

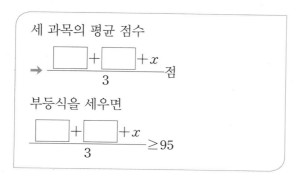

세 과목의 평균 점수

$\rightarrow \dfrac{\boxed{}+\boxed{}+x}{3}$ 점

부등식을 세우면

$\dfrac{\boxed{}+\boxed{}+x}{3} \geq 95$

(2) 부등식을 푸시오.

(3) 수학 시험에서 몇 점 이상을 받아야 하는지 구하시오.

13 제호는 국어, 수학 시험에서 각각 89점, 93점을 받았다. 과학을 포함한 세 과목의 평균이 92점 이상이 되려면 과학 시험에서 몇 점 이상을 받아야 하는지 구하시오.

14 민규는 국어, 수학, 과학 시험에서 각각 99점, 88점, 87점을 받았다. 영어를 포함한 네 과목의 평균이 90점 이상이 되려면 영어 시험에서 몇 점 이상을 받아야 하는지 구하시오.

유리한 방법을 선택하는 문제

15 동네 상가에서 한 개에 8000원인 부채가 할인점에서 7200원이다. 할인점에 갔다 오려면 왕복 3200원의 교통비가 든다고 할 때, 부채를 몇 개이상 사는 경우 할인점에서 사는 것이 유리한지 구하려고 한다. 물음에 답하시오.

(1) 부채를 x개 산다고 할 때, 부등식을 세우시오.

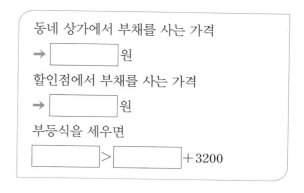

동네 상가에서 부채를 사는 가격

$\rightarrow \boxed{}$ 원

할인점에서 부채를 사는 가격

$\rightarrow \boxed{}$ 원

부등식을 세우면

$\boxed{} > \boxed{} + 3200$

(2) 부등식을 푸시오.

(3) 부채를 몇 개 이상 사는 경우 할인점에서 사는 것이 유리한지 구하시오.

16 집 앞 문구점에서 한 권에 900원인 공책이 할인점에서 700원이다. 할인점에 갔다 오려면 왕복 2600원의 교통비가 든다고 할 때, 공책을 몇 권 이상 사는 경우 할인점에서 사는 것이 유리한지 구하시오.

17 어느 공원의 입장료는 2500원이고 20명 이상의 단체 관람객은 입장료의 20 %를 할인해 준다. 20명 미만의 사람들이 입장하려고 할 때, 몇 명 이상이면 20명의 단체 입장권을 사는 것이 유리한지 구하시오.

Tip 20 %를 할인해 주면 내는 금액은 입장료의 80 %이다.

거리, 속력, 시간에 대한 문제는 다음 관계를 이용하여 부등식을 세운다.

$$(거리) = (속력) \times (시간), \quad (시간) = \frac{(거리)}{(속력)}, \quad (속력) = \frac{(거리)}{(시간)}$$

속력이 바뀔 때 거리 구하기

01 등산을 하는데 올라갈 때는 시속 3 km로, 내려올 때는 같은 등산로를 시속 5 km로 걸어서 전체 걸리는 시간을 4시간 이내로 하려고 할 때, 최대 몇 km까지 올라갔다 올 수 있는지 구하려고 한다. 물음에 답하시오.

(1) x km까지 올라갔다가 온다고 할 때, 다음 표를 완성하시오.

	올라갈 때	내려갈 때
거리	x km	x km
속력	시속 3 km	시속 ☐ km
시간	☐ 시간	☐ 시간

(2) 부등식을 세우시오.

(3) 부등식을 푸시오.

(4) 최대 몇 km까지 올라갔다 올 수 있는지 구하시오.

02 자전거를 타고 운동을 하는데 갈 때는 시속 20 km로, 돌아올 때는 같은 길을 시속 30 km로 달려서 전체 걸리는 시간을 1시간 이내로 하려고 할 때, 최대 몇 km까지 갔다가 돌아올 수 있는지 구하시오.

걸린 시간 구하기

03 종민이와 석재는 같은 지점에서 동시에 출발하여 종민이는 동쪽으로 매분 160 m의 속력으로, 석재는 서쪽으로 매분 140 m의 속력으로 달려간다고 할 때, 종민이와 석재가 3.3 km 이상 떨어지려면 최소 몇 분이 지나야 하는지 구하려고 한다. 물음에 답하시오.

(1) 종민이와 석재가 달린 시간을 x분이라 할 때, 다음 표를 완성하시오.

	종민	석재
시간	x분	x분
속력	분속 160 m	분속 ☐ m
거리	☐ m	☐ m

(2) 부등식을 세우시오.

Tip 3.3 km = 3300 m

(3) 부등식을 푸시오.

(4) 최소 몇 분이 지나야 하는지 구하시오.

04 송화와 익준이는 같은 지점에서 동시에 출발하여 송화는 동쪽으로 매분 100 m의 속력으로, 익준이는 서쪽으로 매분 140 m의 속력으로 달려갈 때, 송화와 익준이가 4.8 km 이상 떨어지려면 최소 몇 분이 지나야 하는지 구하시오.

소금물의 농도에 대한 문제는 다음 관계를 이용하여 부등식을 세운다.

$$(소금물의\ 농도) = \frac{(소금의\ 양)}{(소금물의\ 양)} \times 100\ (\%),\quad (소금의\ 양) = \frac{(소금물의\ 농도)}{100} \times (소금물의\ 양)$$

참고 · 소금물에 물을 더 넣거나 증발시켜도 소금의 양은 변하지 않는다.

· $a\ \%$의 소금물 ▲ g에 물 ■ g을 더 넣으면 $b\ \%$ 이하의 소금물이 된다.

$$\to \underbrace{\left(\frac{a}{100} \times ▲\right) \times \frac{1}{▲+■} \times 100 \leq b}_{농도에\ 대한\ 부등식} \to \underbrace{\frac{a}{100} \times ▲ \leq \frac{b}{100} \times (▲+■)}_{소금의\ 양에\ 대한\ 부등식}$$

물을 더 넣거나 증발시키는 경우

01 $6\ \%$의 소금물 $300\ g$에 물을 더 넣어 농도가 $4\ \%$ 이하가 되게 하려고 할 때, 물을 최소 몇 g 더 넣어야 하는지 구하려고 한다. 물음에 답하시오.

(1) 더 넣은 물의 양을 $x\ g$이라 할 때, 다음 표를 완성하시오.

	물을 넣기 전	물을 넣은 후
농도	$6\ \%$	$4\ \%$
소금물의 양(g)	300	
소금의 양(g)	$\frac{6}{100} \times 300$	

(2) 부등식을 세우시오.

(3) 부등식을 푸시오.

(4) 물을 최소 몇 g 더 넣어야 하는지 구하시오.

02 $7\ \%$의 소금물 $500\ g$에서 물을 증발시켜 농도가 $10\ \%$ 이상이 되게 하려고 할 때, 물을 최소 몇 g 증발시켜야 하는지 구하시오.

Tip 물을 증발시키는 경우 처음 소금물의 양에서 증발시킨 물의 양만큼 뺀다.

두 소금물을 섞는 경우

03 $3\ \%$의 소금물 $600\ g$에 $7\ \%$의 소금물을 섞어서 $4\ \%$ 이상의 소금물을 만들려고 할 때, $7\ \%$의 소금물을 몇 g 이상 섞어야 하는지 구하려고 한다. 물음에 답하시오.

(1) $7\ \%$의 소금물의 양을 $x\ g$이라 할 때, 다음 표를 완성하시오.

농도	$3\ \%$	$7\ \%$	$4\ \%$
소금물의 양(g)	600	x	
소금의 양(g)	$\frac{3}{100} \times 600$		

(2) 부등식을 세우시오.

(3) 부등식을 푸시오.

(4) $7\ \%$의 소금물을 몇 g 이상 섞어야 하는지 구하시오.

04 $4\ \%$의 소금물 $400\ g$에 $10\ \%$의 소금물을 섞어서 $8\ \%$ 이상의 소금물을 만들려고 할 때, $10\ \%$의 소금물을 몇 g 이상 섞어야 하는지 구하시오.

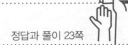

정답과 풀이 23쪽

01

한 송이에 2000원 하는 튤립과 한 송이에 3000원 하는 장미꽃을 합하여 8송이를 사는데, 전체 가격이 20000원 이하가 되게 하려고 한다. 장미꽃을 최대 몇 송이까지 살 수 있는가?

① 2송이   ② 4송이   ③ 5송이

④ 7송이   ⑤ 8송이

02

현재 은하는 30000원, 정호는 45000원이 예금되어 있다. 다음 달부터 매달 은하는 4000원씩, 정호는 3000원씩 예금한다면 은하의 예금액이 정호의 예금액보다 많아지는 것은 몇 개월 후부터인가?

① 8개월   ② 10개월   ③ 13개월

④ 16개월   ⑤ 18개월

03

지만이는 세 번의 수학 시험에서 각각 89점, 94점, 91점을 받았다. 네 번째 수학 시험까지 포함한 평균이 92점 이상이 되려면 네 번째 수학 시험에서 몇 점 이상을 받아야 하는가?

① 93점   ② 94점   ③ 95점

④ 96점   ⑤ 97점

04

어느 박물관의 입장료는 3000원이고 10명 이상의 단체 관람객은 입장료의 900원을 할인해 준다고 한다. 10명 미만의 사람들이 입장하려고 할 때, 몇 명 이상이면 10명의 단체 입장권을 사는 것이 유리한가?

① 5명   ② 6명   ③ 7명

④ 8명   ⑤ 9명

05

달리기를 하는데 갈 때는 분속 200 m로, 돌아올 때는 같은 길을 분속 100 m로 달려서 총 60분 이내에 달리기를 마치려고 한다. 최대 몇 km까지 갔다가 돌아올 수 있는가?

① 2 km   ② 3 km   ③ 4 km

④ 5 km   ⑤ 6 km

06

11 %의 소금물 900 g에 18 %의 소금물을 섞어서 15 % 이상의 소금물을 만들려고 할 때, 18 %의 소금물은 몇 g 이상 섞어야 하는가?

① 800 g   ② 900 g   ③ 1000 g

④ 1100 g   ⑤ 1200 g

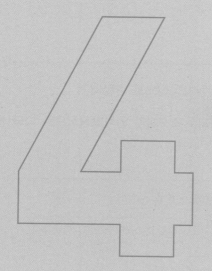

연립방정식

01 미지수가 2개인 일차방정식

정답과 풀이 24쪽

> 미지수가 2개인 일차방정식: 미지수가 2개이고, 그 차수가 모두 1인 방정식
> → $ax+by+c=0$ (단, a, b, c는 상수, $a\neq0$, $b\neq0$)
> ⓔ • $x-y=0(\bigcirc)$, $2x+y+3=0(\bigcirc)$
> • $\underset{\text{미지수가 1개이다.}}{2x+1=0(\times)}$, $\underset{\text{등식이 아니다.}}{x-3y+5(\times)}$, $\underset{\text{미지수 }x\text{의 차수가 2이다.}}{x^2+y-2=0(\times)}$

미지수가 2개인 일차방정식

❈ 다음 중 미지수가 2개인 일차방정식인 것은 ○표, 아닌 것은 ×표를 ( ) 안에 써넣으시오.

01 $2x+3y$ ( )

02 $2x+7=0$ ( )

03 $x+2y+3=0$ ( )

04 $x^2-5y+1=0$ ( )

05 $x+\dfrac{y}{4}-2=0$ ( )

06 $\dfrac{x}{2}-\dfrac{1}{y}+6=0$ ( )

Tip 미지수가 분모에 있으면 일차방정식이 아니다.

07 $x+y=x+3y-1$ ( )

Tip 먼저 식을 정리한 후 판단한다.

08 $4x+5y+1=2x-4y$ ( )

미지수가 2개인 일차방정식으로 나타내기

❈ 다음 문장을 미지수가 2개인 일차방정식으로 나타내시오.

따라하기

> $\overset{①}{x}$의 3배와 $\overset{②}{y}$의 2배의 합은 $\overset{③}{20}$이다.
> → $\underset{①\ +\ ②\ =\ ③}{3x+2y=20}$ 같은 것을 찾아 등호로 나타낸다.

09 x의 6배와 y의 9배의 합은 57이다.

10 연필 x개와 지우개 y개를 합하여 모두 15개를 샀다.

11 3점짜리 문제 x개와 4점짜리 문제 y개를 맞혀서 84점을 받았다.

12 200원짜리 사탕 x개와 500원짜리 초콜릿 y개의 가격의 합은 3600원이다.

13 소 x마리와 닭 y마리의 다리의 수는 모두 38이다.

14 가로의 길이가 x cm이고 세로의 길이가 y cm인 직사각형의 둘레의 길이는 17 cm이다.

02 미지수가 2개인 일차방정식의 해

(1) 미지수가 2개인 일차방정식의 해: 미지수가 2개인 일차방정식이 참이 되게 하는
x, y의 값 또는 순서쌍 (x, y)
(2) 방정식을 푼다: 일차방정식의 해를 모두 구하는 것

참고 미지수가 1개인 일차방정식의 해는 1개이지만 미지수가 2개인 일차방정식의 해는 여러 개
일 수 있다.

순서쌍 (p, q)는
$ax+by+c=0$의 해
↓ $x=p$, $y=q$를 대입
$ap+bq+c=0$

일차방정식의 해인지 판단하기

✽ 다음 중 일차방정식 $x+2y=7$의 해인 것은 ○표, 해가
아닌 것은 ×표를 ( ) 안에 써넣으시오.

 따라하기

$(1, 3)$
→ $x+2y=7$ $\xrightarrow{x=1, y=3\text{을 대입}}$ $1+2\times3=7$
따라서 $(1, 3)$은 $x+2y=7$의 해이다.

01 $(2, 2)$ ( )

02 $(-1, 4)$ ( )

03 $(3, 1)$ ( )

04 $(-2, 5)$ ( )

05 $(7, 0)$ ( )

✽ 다음 일차방정식 중 순서쌍 $(2, -1)$을 해로 갖는 것은
○표, 갖지 않는 것은 ×표를 ( ) 안에 써넣으시오.

따라하기

$x+3y=-2$
→ $x+3y=-2$ $\xrightarrow{x=2, y=-1\text{을 대입}}$ $2+3\times(-1)\neq-2$
음수를 대입할 때는 반드시 괄호를 이용한다.
따라서 $(2, -1)$은 $x+3y=-2$의 해가 아니다.

06 $2x-y-5=0$ ( )

07 $x+y=3$ ( )

08 $x+2y-1=0$ ( )

09 $3x-2y=8$ ( )

10 $4x+5y=3$ ( )

일차방정식의 해 구하기

❈ 다음 일차방정식에 대하여 표를 완성하고, x, y가 자연수일 때 해를 구하시오.

 따라하기

$x+y=3$

x	1	2	3	4	5
$x+y=3$	$1+y=3$	$2+y=3$	$3+y=3$	$4+y=3$	$5+y=3$
y	2	1	0	-1	-2

→ 해는 $(1, 2)$, $(2, 1)$

자연수가 아니다.

11 $2x+y=5$

x	1	2	3	4	5
y					

12 $x+3y=4$

x	1	2	3	4	5
y					

13 $3x+4y=19$

x	1	2	3	4	5
y					

❈ x, y가 자연수일 때, 다음 일차방정식의 해를 구하시오.

14 $x+y=4$

15 $3x+2y=11$

16 $x+6y=13$

일차방정식의 해가 주어질 때 미지수 구하기

❈ 일차방정식과 그 한 해가 다음과 같을 때, 상수 a의 값을 구하시오.

따라하기

$x+ay=5$, $(-1, 2)$

→ $x+ay=5$ $\xrightarrow{x=-1, y=2를 대입}$ $-1+2a=5$

따라서 $-1+2a=5$, $2a=6$이므로 $a=3$

17 $ax-y=4$, $(3, 2)$

18 $3x-ay=-7$, $(-4, -1)$

19 $ax+5y=13$, $(1, 3)$

❈ 일차방정식과 그 한 해가 다음과 같을 때, a의 값을 구하시오.

20 $3x-y=-8$, $(a, -1)$

Tip $3x-y=-8$ $\xrightarrow{x=a, y=-1을 대입}$ $3a-(-1)=-8$

21 $4x-3y=-1$, $(a, 3)$

22 $5x+y=9$, $(2, a)$

23 대표 문제

다음 중에서 일차방정식 $x+3y=5$의 해가 <u>아닌</u> 것은?

① $(-4, 3)$ ② $(-1, 2)$ ③ $(1, -1)$
④ $(2, 1)$ ⑤ $(5, 0)$

03 미지수가 2개인 연립일차방정식

정답과 풀이 25쪽

(1) 미지수가 2개인 연립일차방정식: 미지수가 2개인 두 일차방정식을 한 쌍으로 묶어 놓은 것
└ 간단히 연립방정식이라 한다.

예 $\begin{cases} 2x+y=1 \\ x-y=8 \end{cases}$

(2) 연립방정식의 해: 연립방정식에서 두 일차방정식을 동시에 참이 되게 하는 x, y의 값 또는 순서쌍 (x, y)

(3) 연립방정식을 푼다: 연립방정식의 해를 구하는 것

연립방정식으로 나타내기

다음 문장을 연립방정식으로 나타내시오.

01 두 수 x, y의 합은 13이고, x에서 y를 뺀 값은 2이다.
①, ②

Tip ① 두 수 x, y의 합은 13 → $x+y=13$
② x에서 y를 뺀 값은 2 → $x-y=2$

02 두 수 x, y에 대하여 x의 2배와 y를 더한 값은 21이고, x에서 y의 3배를 뺀 값은 10이다.

03 농장에 닭 x마리와 돼지 y마리가 있다. 닭과 돼지의 합은 42마리이고, 닭의 수는 돼지의 수의 2배이다.

04 200원짜리 지우개 x개와 300원짜리 연필 y개를 합하여 9개를 사고 2500원을 지불하였다.

연립방정식의 해인지 판단하기

다음 연립방정식 중 순서쌍 (2, 1)을 해로 갖는 것은 ○표, 해로 갖지 않는 것은 ×표를 ( ) 안에 써넣으시오.

따라하기

$\begin{cases} x+y=3 \\ x+2y=1 \end{cases}$ $\xrightarrow[\text{각각 대입}]{x=2,\ y=1\text{을}}$ $\begin{cases} 2+1=3 \\ 2+2\times1=4\neq1 \end{cases}$

→ (2, 1)은 주어진 연립방정식의 해가 아니다.

05 $\begin{cases} 2x-y=3 \\ x+2y=4 \end{cases}$ ( )

06 $\begin{cases} 4x+y=7 \\ x-2y=0 \end{cases}$ ( )

07 $\begin{cases} x-y=1 \\ 2x-3y=-3 \end{cases}$ ( )

08 $\begin{cases} 5x-7y=3 \\ x-4y=-2 \end{cases}$ ( )

09 $\begin{cases} 2x+3y=7 \\ 3x-2y=4 \end{cases}$ ( )

연립방정식의 해 구하기

❋ x, y가 자연수일 때, 다음 연립방정식의 해를 구하시오.

③ 따라하기

$$\begin{cases} x+3y=6 \\ 2x-y=5 \end{cases}$$

(1) $x+3y=6$의 해

x	1	2	3	4	5
y	$\dfrac{5}{3}$	$\dfrac{4}{3}$	1	$\dfrac{2}{3}$	$\dfrac{1}{3}$

(2) $2x-y=5$의 해

x	1	2	3	4	5
y	-3	-1	1	3	5

(3) 연립방정식의 해: $x=3$, $y=1$

10
$$\begin{cases} 3x+y=15 \\ x-2y=-2 \end{cases}$$

(1) $3x+y=15$의 해

x	1	2	3	4	5
y					

(2) $x-2y=-2$의 해

x	1	2	3	4	5
y					

(3) 연립방정식의 해: _____

11
$$\begin{cases} 4x-y=1 \\ 2x+y=11 \end{cases}$$

(1) $4x-y=1$의 해

x	1	2	3	4	5
y					

(2) $2x+y=11$의 해

x	1	2	3	4	5
y					

(3) 연립방정식의 해: _____

연립방정식의 해가 주어질 때 미지수 구하기

❋ 연립방정식과 그 해가 다음과 같을 때, 두 상수 a, b의 값을 각각 구하시오.

③ 따라하기

$$\begin{cases} ax+y=1 \\ 5x-by=-1 \end{cases}, \; (-2, 3)$$

$\xrightarrow[\text{각각 대입}]{x=-2,\, y=3을}$ $\begin{cases} a\times(-2)+3=1\text{에서 } a=1 \\ 5\times(-2)-b\times3=-1\text{에서 } b=-3 \end{cases}$

12
$$\begin{cases} x+ay=4 \\ 3x-by=6 \end{cases}, \; (3, 1)$$

13
$$\begin{cases} ax+2y=-4 \\ x+by=12 \end{cases}, \; (2, -5)$$

14
$$\begin{cases} x-ay=1 \\ bx+y=7 \end{cases}, \; (-1, -1)$$

15
$$\begin{cases} -ax+3y=5 \\ 2x+by=-1 \end{cases}, \; (4, 3)$$

⑯ 대표 문제

연립방정식 $\begin{cases} 2x+y=6 \\ x+ay=-7 \end{cases}$ 의 해가 $(1, b)$일 때, $a+b$의 값은? (단, a는 상수)

① -2 ② 0 ③ 1
④ 2 ⑤ 3

04 연립방정식의 풀이(1) – 가감법

(1) **가감법**: 두 일차방정식을 변끼리 더하거나 빼서 한 미지수를 없앤 후 해를 구하는 방법
(2) **가감법을 이용한 연립방정식의 풀이 순서**
  ① 적당한 수를 곱하여 소거하려는 미지수의 계수의 절댓값이 같아지도록 한다.
  ② ①의 두 식을 변끼리 더하거나 빼서 미지수를 소거한 후 방정식을 푼다.
  ③ ②에서 구한 해를 두 일차방정식 중 간단한 것에 대입하여 다른 미지수의 값을 구한다.
    이때 두 미지수 x, y의 값을 모두 구해야 연립방정식을 푼 것임에 주의한다.
  참고 소거: 한 미지수를 없애는 것

소거하기

❀ 다음은 연립방정식에서 [   ] 안의 미지수를 소거하는 과정이다. ○ 안에는 알맞은 부호를 쓰고, □ 안에는 알맞은 수를 써넣으시오.

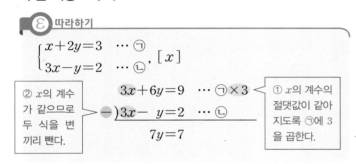

따라하기

$$\begin{cases} x+2y=3 & \cdots\cdots ㉠ \\ 3x-y=2 & \cdots\cdots ㉡ \end{cases}, \; [\,x\,]$$

② x의 계수가 같으므로 두 식을 변끼리 뺀다.

$$\begin{array}{r} 3x+6y=9 \quad \cdots ㉠\times 3 \\ \ominus\,)\,3x-\ y=2 \quad \cdots ㉡ \\ \hline 7y=7 \end{array}$$

① x의 계수의 절댓값이 같아지도록 ㉠에 3을 곱한다.

01
$$\begin{cases} x+y=8 & \cdots\cdots ㉠ \\ x+2y=3 & \cdots\cdots ㉡ \end{cases}, \; [\,x\,]$$

$$\rightarrow \begin{array}{r} x+\ y=\ 8 \quad \cdots\cdots ㉠ \\ ○\,)\,x+2y=\ 3 \quad \cdots\cdots ㉡ \\ \hline -y=\boxed{} \end{array}$$

02
$$\begin{cases} 5x+2y=13 & \cdots\cdots ㉠ \\ 2x+y=6 & \cdots\cdots ㉡ \end{cases}, \; [\,y\,]$$

$$\rightarrow \begin{array}{r} 5x+2y=\ 13 \quad \cdots\cdots ㉠ \\ ○\,)\,4x+2y=\boxed{} \quad \cdots\cdots ㉡\times\boxed{} \\ \hline x\ =\boxed{} \end{array}$$

03
$$\begin{cases} 4x+y=1 & \cdots\cdots ㉠ \\ -3x+2y=1 & \cdots\cdots ㉡ \end{cases}, \; [\,x\,]$$

$$\rightarrow \begin{array}{r} 12x+\ 3y=\boxed{} \quad \cdots\cdots ㉠\times\boxed{} \\ ○\,)\,-12x+\boxed{}y=\ 4 \quad \cdots\cdots ㉡\times\boxed{} \\ \hline \boxed{}y=\boxed{} \end{array}$$

가감법을 이용하여 연립방정식 풀기

❀ 다음 연립방정식을 가감법을 이용하여 푸시오.

따라하기

$$\begin{cases} x+y=2 & \cdots ㉠ \\ 2x-y=7 & \cdots ㉡ \end{cases} \rightarrow \begin{array}{r} x+y=2 \quad \cdots ㉠ \\ +\,)\,2x-y=7 \quad \cdots ㉡ \\ \hline 3x\ =9 \end{array}$$

즉 $x=3$이므로 이를 ㉠에 대입하면
$3+y=2$에서 $y=-1$ (㉡에 대입해도 된다.)
따라서 연립방정식의 해는 $x=3$, $y=-1$

04
$$\begin{cases} x+y=5 & \cdots\cdots ㉠ \\ x+2y=1 & \cdots\cdots ㉡ \end{cases}$$

05
$$\begin{cases} x-2y=-4 & \cdots\cdots ㉠ \\ 3x-2y=8 & \cdots\cdots ㉡ \end{cases}$$

06
$$\begin{cases} -3x+y=5 & \cdots\cdots ㉠ \\ 3x-4y=-2 & \cdots\cdots ㉡ \end{cases}$$

07
$$\begin{cases} 5x+y=9 & \cdots\cdots ㉠ \\ x-y=15 & \cdots\cdots ㉡ \end{cases}$$

다음 연립방정식을 가감법을 이용하여 푸시오.

ε 따라하기

$\begin{cases} x+2y=7 & \cdots ㉠ \\ 2x-y=-1 & \cdots ㉡ \end{cases}$ → $\begin{array}{r} 2x+4y=14 \cdots ㉠\times 2 \\ -\underline{)\,2x-\ \ y=-1 \cdots ㉡} \\ 5y=15 \end{array}$

즉 $y=3$이므로 이를 ㉠에 대입하면

$x+6=7$에서 $x=1$

따라서 연립방정식의 해는 $x=1$, $y=3$

08 $\begin{cases} 2x+y=3 & \cdots\cdots ㉠ \\ x+3y=-1 & \cdots\cdots ㉡ \end{cases}$

09 $\begin{cases} 4x-3y=-2 & \cdots\cdots ㉠ \\ 5x-y=3 & \cdots\cdots ㉡ \end{cases}$

10 $\begin{cases} x+y=1 & \cdots\cdots ㉠ \\ 3x-2y=8 & \cdots\cdots ㉡ \end{cases}$

11 $\begin{cases} 7x+2y=-2 & \cdots\cdots ㉠ \\ x-3y=3 & \cdots\cdots ㉡ \end{cases}$

12 $\begin{cases} 2x-y=-2 & \cdots\cdots ㉠ \\ 3x-5y=4 & \cdots\cdots ㉡ \end{cases}$

다음 연립방정식을 가감법을 이용하여 푸시오.

ε 따라하기

$\begin{cases} 2x+5y=3 & \cdots ㉠ \\ -3x-2y=1 & \cdots ㉡ \end{cases}$ → $\begin{array}{r} 6x+15y=9 \cdots ㉠\times 3 \\ +\underline{)\,-6x-\ \ 4y=2 \cdots ㉡\times 2} \\ 11y=11 \end{array}$

즉 $y=1$이므로 이를 ㉠에 대입하면

$2x+5=3$에서 $x=-1$

따라서 연립방정식의 해는 $x=-1$, $y=1$

13 $\begin{cases} 4x+3y=1 & \cdots\cdots ㉠ \\ 3x+5y=9 & \cdots\cdots ㉡ \end{cases}$

14 $\begin{cases} 3x-7y=5 & \cdots\cdots ㉠ \\ 2x-5y=3 & \cdots\cdots ㉡ \end{cases}$

15 $\begin{cases} 7x-4y=2 & \cdots\cdots ㉠ \\ -3x+5y=9 & \cdots\cdots ㉡ \end{cases}$

16 $\begin{cases} -8x-5y=17 & \cdots\cdots ㉠ \\ 3x+2y=-7 & \cdots\cdots ㉡ \end{cases}$

17 대표 문제

다음 중 연립방정식 $\begin{cases} 2x-y=3 & \cdots\cdots ㉠ \\ 3x+4y=-1 & \cdots\cdots ㉡ \end{cases}$ 에서 x를 소거할 때 필요한 식은?

① ㉠×3+㉡×2　② ㉠×3−㉡×2
③ ㉠×2+㉡×3　④ ㉠×2−㉡×3
⑤ ㉠×4+㉡

05 연립방정식의 풀이 (2) – 대입법

(1) **대입법**: 두 일차방정식 중 한 방정식을 하나의 미지수에 대하여 정리하고 이를 다른 방정식에 대입하여 해를 구하는 방법

(2) **대입법을 이용한 연립방정식의 풀이 순서**

① 한 일차방정식에서 한 미지수를 다른 미지수의 식으로 나타낸다.
→ $x = (y$의 식$)$ 또는 $y = (x$의 식$)$

② ①의 식을 다른 일차방정식에 대입하여 한 미지수를 소거한 후 방정식을 푼다.

③ ②에서 구한 해를 ①의 식에 대입하여 다른 미지수의 값을 구한다.

이때 두 미지수 x, y의 값을 모두 구해야 연립방정식을 푼 것임에 주의한다.

한 문자에 대하여 나타내기

❈ 다음 물음에 답하시오.

 따라하기

$\boxed{2x} + 3y = 6$에서 y를 x의 식으로 나타내면

→ $3y = \underline{-2x} + 6$: $2x$를 우변으로 이항한다.

$y = -\dfrac{2}{3}x + 2$: 양변을 y의 계수 3으로 나눈다.

01 $x + 3y = 2$에서 x를 y의 식으로 나타내시오.

---

02 $3x - y = 5$에서 y를 x의 식으로 나타내시오.

---

03 $2x + 3y = 6$에서 x를 y의 식으로 나타내시오.

---

04 $8x + 5y = 20$에서 y를 x의 식으로 나타내시오.

대입법을 이용하여 연립방정식 풀기

❈ 다음 연립방정식을 대입법을 이용하여 푸시오.

따라하기

$\begin{cases} y = x - 2 & \cdots\cdots\ \bigcirc \\ 3x - y = 10 & \cdots\cdots\ \bigcirc \end{cases}$

→ $\bigcirc$을 $\bigcirc$에 대입하면

$3x - (x - 2) = 10$이므로 $2x = 8$, $x = 4$

$x = 4$를 $\bigcirc$에 대입하면 $y = 4 - 2 = 2$

따라서 연립방정식의 해는 $x = 4$, $y = 2$

05 $\begin{cases} y = 2x & \cdots\cdots\ \bigcirc \\ y = x + 6 & \cdots\cdots\ \bigcirc \end{cases}$

06 $\begin{cases} x + y = 3 & \cdots\cdots\ \bigcirc \\ x = 4y - 7 & \cdots\cdots\ \bigcirc \end{cases}$

07 $\begin{cases} y = 3x + 1 & \cdots\cdots\ \bigcirc \\ x + 2y = -5 & \cdots\cdots\ \bigcirc \end{cases}$

08 $\begin{cases} x = 2y + 1 & \cdots\cdots\ \bigcirc \\ -3x + 2y = 9 & \cdots\cdots\ \bigcirc \end{cases}$

4. 연립방정식 ★ **81**

다음 연립방정식을 대입법을 이용하여 푸시오.

ε 따라하기

$\begin{cases} x+y=-4 & \cdots\cdots ㉠ \\ 2x-3y=2 & \cdots\cdots ㉡ \end{cases}$

→ ㉠에서 $x=-y-4$ ······ ㉢

두 일차방정식 중 간단한 것을 한 미지수에 대하여 나타낸다.

㉢을 ㉡에 대입하면

$2(-y-4)-3y=2$이므로

$-5y-8=2$, $y=-2$

$y=-2$를 ㉢에 대입하면 $x=-(-2)-4=-2$

따라서 연립방정식의 해는 $x=-2$, $y=-2$

09 $\begin{cases} x-y=4 & \cdots\cdots ㉠ \\ 2x+y=-1 & \cdots\cdots ㉡ \end{cases}$

10 $\begin{cases} x+y=3 & \cdots\cdots ㉠ \\ -x+5y=9 & \cdots\cdots ㉡ \end{cases}$

11 $\begin{cases} 2x+3y=-7 & \cdots\cdots ㉠ \\ x-y=-1 & \cdots\cdots ㉡ \end{cases}$

12 $\begin{cases} x+y=1 & \cdots\cdots ㉠ \\ 3x-4y=17 & \cdots\cdots ㉡ \end{cases}$

13 $\begin{cases} x+2y=13 & \cdots\cdots ㉠ \\ x+6y=-3 & \cdots\cdots ㉡ \end{cases}$

14 $\begin{cases} 2x-y=3 & \cdots\cdots ㉠ \\ 5x-3y=8 & \cdots\cdots ㉡ \end{cases}$

15 $\begin{cases} 3x+4y=26 & \cdots\cdots ㉠ \\ 2x-y=-1 & \cdots\cdots ㉡ \end{cases}$

16 $\begin{cases} x+3y=6 & \cdots\cdots ㉠ \\ 3x+7y=10 & \cdots\cdots ㉡ \end{cases}$

17 $\begin{cases} x+4y=7 & \cdots\cdots ㉠ \\ 2x-3y=3 & \cdots\cdots ㉡ \end{cases}$

18 $\begin{cases} 2x-5y=-17 & \cdots\cdots ㉠ \\ 3x-y=-6 & \cdots\cdots ㉡ \end{cases}$

19 대표 문제

연립방정식 $\begin{cases} x=y-3 & \cdots\cdots ㉠ \\ 3x-y=-8 & \cdots\cdots ㉡ \end{cases}$ 에서 ㉠을 ㉡에 대입하여 x를 소거하면 $ky=1$일 때, 상수 k의 값은?

① -3　② -2　③ -1

④ 2　⑤ 3

가감법과 대입법 중에서 더 편리한 방법을 이용하여 문제를 해결한다.

해의 조건이 주어질 때 미지수 구하기 (1)

❈ 다음 연립방정식의 해가 [ ] 안의 일차방정식을 만족시킬 때, 상수 a의 값을 구하시오.

③ 따라하기

$\begin{cases} x+y=7 & \cdots\cdots ㉠ \\ 2x-ay=-1 & \cdots\cdots ㉡ \end{cases}$, $[x-y=1 \quad \cdots\cdots ㉢]$

→ $\begin{cases} x+y=7 & \cdots\cdots ㉠ \\ x-y=1 & \cdots\cdots ㉢ \end{cases}$

㉠, ㉡, ㉢ 중 a가 없는 일차방정식을 두 개 선택한다.

의 해는 $x=4$, $y=3$

㉠+㉢을 하면 $2x=80$이므로 $x=4$
$x=4$를 ㉠에 대입하면 $4+y=7$이므로 $y=3$

이를 ㉡에 대입하면
$8-3a=-1$이므로 $a=3$

20 $\begin{cases} x-y=2 & \cdots\cdots ㉠ \\ ax+y=-5 & \cdots\cdots ㉡ \end{cases}$, $[2x+y=7 \quad \cdots\cdots ㉢]$

21 $\begin{cases} ax+4y=11 & \cdots\cdots ㉠ \\ x+y=3 & \cdots\cdots ㉡ \end{cases}$, $[3x+y=5 \quad \cdots\cdots ㉢]$

22 $\begin{cases} y=3x & \cdots\cdots ㉠ \\ x+ay=-2 & \cdots\cdots ㉡ \end{cases}$, $[x+3y=10 \quad \cdots\cdots ㉢]$

23 $\begin{cases} 5x-2y=-8 & \cdots\cdots ㉠ \\ 3x-y=a & \cdots\cdots ㉡ \end{cases}$, $[y=2x+5 \quad \cdots\cdots ㉢]$

해의 조건이 주어질 때 미지수 구하기 (2)

❈ 다음 두 연립방정식의 해가 서로 같을 때, 두 상수 a, b의 값을 각각 구하시오.

③ 따라하기

$\begin{cases} x-y=6 & \cdots\cdots ㉠ \\ y=ax & \cdots\cdots ㉡ \end{cases}$, $\begin{cases} 2x-by=9 & \cdots\cdots ㉢ \\ 3x+2y=3 & \cdots\cdots ㉣ \end{cases}$

→ $\begin{cases} x-y=6 & \cdots\cdots ㉠ \\ 3x+2y=3 & \cdots\cdots ㉣ \end{cases}$

㉠~㉣ 중 a, b가 없는 일차방정식을 두 개 선택한다.

의 해는 $x=3$, $y=-3$

㉠×2+㉣을 하면 $5x=150$이므로 $x=3$
$x=3$을 ㉠에 대입하면 $3-y=6$이므로 $y=-3$

이를 ㉡에 대입하면 $-3=3a$이므로 $a=-1$
또 ㉢에 대입하면 $6+3b=9$이므로 $b=1$

24 $\begin{cases} x=y-2 & \cdots ㉠ \\ 2x-ay=-4 & \cdots ㉡ \end{cases}$, $\begin{cases} bx+y=8 & \cdots ㉢ \\ x+2y=7 & \cdots ㉣ \end{cases}$

25 $\begin{cases} ax+3y=-6 & \cdots ㉠ \\ x+y=-2 & \cdots ㉡ \end{cases}$, $\begin{cases} 4x-3y=-1 & \cdots ㉢ \\ 2x+by=3 & \cdots ㉣ \end{cases}$

26 $\begin{cases} ax+3y=2 & \cdots ㉠ \\ -5x+6y=1 & \cdots ㉡ \end{cases}$, $\begin{cases} x+y=2 & \cdots ㉢ \\ 3x-by=4 & \cdots ㉣ \end{cases}$

27 $\begin{cases} x=3y & \cdots ㉠ \\ y=x-2a & \cdots ㉡ \end{cases}$, $\begin{cases} 2x+by=9 & \cdots ㉢ \\ 3x+2y=11 & \cdots ㉣ \end{cases}$

06 여러 가지 연립방정식의 풀이

(1) 괄호가 있는 연립방정식: 분배법칙을 이용하여 괄호를 푼 후 동류항끼리 정리한다.

(2) 계수가 소수인 연립방정식: 양변에 10, 100, 1000, … 과 같은 수를 곱하여 계수를 정수로 고친다.

(3) 계수가 분수인 연립방정식: 양변에 분모의 최소공배수를 곱하여 계수를 정수로 고친다.

괄호가 있는 연립방정식의 풀이

✖️ 다음 연립방정식을 푸시오.

따라하기

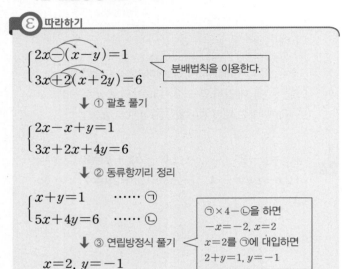

$$\begin{cases} 2x-(x-y)=1 \\ 3x+2(x+2y)=6 \end{cases}$$

분배법칙을 이용한다.

↓ ① 괄호 풀기

$$\begin{cases} 2x-x+y=1 \\ 3x+2x+4y=6 \end{cases}$$

↓ ② 동류항끼리 정리

$$\begin{cases} x+y=1 & \cdots\cdots ㉠ \\ 5x+4y=6 & \cdots\cdots ㉡ \end{cases}$$

㉠×4−㉡을 하면
$-x=-2$, $x=2$
$x=2$를 ㉠에 대입하면
$2+y=1$, $y=-1$

↓ ③ 연립방정식 풀기

$$x=2, \ y=-1$$

01 $\begin{cases} x+4y=-1 & \cdots\cdots ㉠ \\ -(x+y)+2y=-4 & \cdots\cdots ㉡ \end{cases}$

Tip 괄호 앞 −에 주의하여 괄호를 푼다.

02 $\begin{cases} 3(x-y)+2y=2 & \cdots\cdots ㉠ \\ 2x-5y=-3 & \cdots\cdots ㉡ \end{cases}$

03 $\begin{cases} x+3y=10 & \cdots\cdots ㉠ \\ x-2(x+2y)=-12 & \cdots\cdots ㉡ \end{cases}$

04 $\begin{cases} 2x-(3x-y)=5 & \cdots\cdots ㉠ \\ 7x+6y=4 & \cdots\cdots ㉡ \end{cases}$

05 $\begin{cases} x+2(x+y)=14 & \cdots\cdots ㉠ \\ 3(x-3y)+4y=7 & \cdots\cdots ㉡ \end{cases}$

06 $\begin{cases} x-7=2(4+y) & \cdots\cdots ㉠ \\ x+(3y-1)=9 & \cdots\cdots ㉡ \end{cases}$

07 $\begin{cases} 2x-3(x+y)=8 & \cdots\cdots ㉠ \\ x+2(-y-1)=5 & \cdots\cdots ㉡ \end{cases}$

08 $\begin{cases} (x-1)+4(1-y)=11 & \cdots\cdots ㉠ \\ 3x-2=2(y-4) & \cdots\cdots ㉡ \end{cases}$

09 $\begin{cases} 5(x-3)+3y=-11 & \cdots\cdots ㉠ \\ x-2(2x+y)=-2 & \cdots\cdots ㉡ \end{cases}$

계수가 소수인 연립방정식의 풀이

다음 연립방정식을 푸시오.

따라하기

$\begin{cases} 0.3x-0.2y=0.1 & \cdots ㉠ \\ 0.4x+0.3y=0.7 & \cdots ㉡ \end{cases}$

$\begin{cases} 0.3x\times10-0.2y\times10=0.1\times10 \\ 0.4x\times10+0.3y\times10=0.7\times10 \end{cases}$

↓ ① 계수를 정수로 고치기

$\begin{cases} 3x-2y=1 & \cdots ㉠\times10(㉢) \\ 4x+3y=7 & \cdots ㉡\times10(㉣) \end{cases}$

㉢×3+㉣×2를 하면
$17x=17$, $x=1$
$x=1$을 ㉢에 대입하면
$3-2y=1$, $-2y=-2$
이므로 $y=1$

↓ ② 연립방정식 풀기

$x=1$, $y=1$

10 $\begin{cases} x+2y=-3 & \cdots\cdots ㉠ \\ -x+0.9y=0.1 & \cdots\cdots ㉡ \end{cases}$

Tip ㉡에 10을 곱할 때, 모든 항에 곱해야 함에 주의한다.
→ ㉡×10을 하면 $-x+9y=1$ (×), $-10x+9y=1$ (○)

11 $\begin{cases} 0.2x+0.1y=1.1 & \cdots\cdots ㉠ \\ x-y=-2 & \cdots\cdots ㉡ \end{cases}$

12 $\begin{cases} 0.3x-0.4y=-0.6 & \cdots\cdots ㉠ \\ 0.4x-0.1y=0.5 & \cdots\cdots ㉡ \end{cases}$

13 $\begin{cases} 0.6x+0.5y=1.4 & \cdots\cdots ㉠ \\ 0.4x+0.3y=1 & \cdots\cdots ㉡ \end{cases}$

14 $\begin{cases} 0.2x-0.3y=2 & \cdots\cdots ㉠ \\ 0.3x+0.1y=0.8 & \cdots\cdots ㉡ \end{cases}$

15 $\begin{cases} 2x+5y=3 & \cdots\cdots ㉠ \\ 0.01x-0.02y=-0.12 & \cdots\cdots ㉡ \end{cases}$

16 $\begin{cases} 0.5x-0.6y=0.9 & \cdots\cdots ㉠ \\ 0.01x+0.03y=0.06 & \cdots\cdots ㉡ \end{cases}$

17 $\begin{cases} 0.05x+0.02y=0.13 & \cdots\cdots ㉠ \\ 0.02x-0.1y=-0.38 & \cdots\cdots ㉡ \end{cases}$

18 $\begin{cases} 0.02x+0.05y=-0.05 & \cdots\cdots ㉠ \\ 0.11x-0.1y=0.85 & \cdots\cdots ㉡ \end{cases}$

19 $\begin{cases} 0.07x+0.03y=0.05 & \cdots\cdots ㉠ \\ 0.02x+0.01y=0.01 & \cdots\cdots ㉡ \end{cases}$

20 $\begin{cases} -0.12x-0.07y=0.44 & \cdots\cdots ㉠ \\ 0.04x-0.03y=0.28 & \cdots\cdots ㉡ \end{cases}$

계수가 분수인 연립방정식의 풀이

다음 연립방정식을 푸시오.

ε 따라하기

$\begin{cases} \frac{1}{2}x+\frac{1}{4}y=\frac{3}{4} & \cdots ㉠ \\ \frac{1}{3}x-\frac{1}{2}y=-\frac{1}{6} & \cdots ㉡ \end{cases}$

$\begin{cases} \frac{1}{2}x\times 4+\frac{1}{4}y\times 4=\frac{3}{4}\times 4 \\ \frac{1}{3}x\times 6-\frac{1}{2}y\times 6=-\frac{1}{6}\times 6 \end{cases}$

↓ ① 계수를 정수로 고치기

$\begin{cases} 2x+y=3 & \cdots ㉠\times 4(㉢) \\ 2x-3y=-1 & \cdots ㉡\times 6(㉣) \end{cases}$

↓ ② 연립방정식 풀기

$x=1,\ y=1$

㉢−㉣을 하면
$4y=4$이므로 $y=1$
$y=1$을 ㉢에 대입하면
$2x+1=3$이므로 $x=1$

21 $\begin{cases} x+y=2 & \cdots\cdots ㉠ \\ \frac{1}{2}x+y=\frac{3}{2} & \cdots\cdots ㉡ \end{cases}$

22 $\begin{cases} x-\frac{1}{3}y=\frac{4}{3} & \cdots\cdots ㉠ \\ 2x+y=-9 & \cdots\cdots ㉡ \end{cases}$

23 $\begin{cases} \frac{3}{10}x+\frac{1}{2}y=\frac{3}{2} & \cdots\cdots ㉠ \\ x+\frac{4}{3}y=3 & \cdots\cdots ㉡ \end{cases}$

24 $\begin{cases} \frac{1}{2}x-\frac{3}{8}y=\frac{1}{8} & \cdots\cdots ㉠ \\ -\frac{1}{6}x+\frac{1}{4}y=\frac{7}{12} & \cdots\cdots ㉡ \end{cases}$

25 $\begin{cases} \frac{1}{3}x+\frac{1}{4}y=\frac{1}{12} & \cdots\cdots ㉠ \\ \frac{1}{10}x+\frac{1}{5}y=\frac{2}{5} & \cdots\cdots ㉡ \end{cases}$

26 $\begin{cases} \frac{1}{5}x-\frac{1}{2}y=\frac{7}{10} & \cdots\cdots ㉠ \\ \frac{1}{4}x-y=\frac{1}{2} & \cdots\cdots ㉡ \end{cases}$

27 $\begin{cases} \frac{1}{5}x+\frac{1}{3}y=-\frac{4}{15} & \cdots\cdots ㉠ \\ x+\frac{1}{2}y=\frac{9}{2} & \cdots\cdots ㉡ \end{cases}$

28 $\begin{cases} \frac{1}{2}x-\frac{1}{6}y=\frac{4}{3} & \cdots\cdots ㉠ \\ \frac{1}{4}x+\frac{1}{2}y=3 & \cdots\cdots ㉡ \end{cases}$

29 $\begin{cases} x+\frac{1}{5}y=\frac{8}{5} & \cdots\cdots ㉠ \\ \frac{1}{4}x-y=\frac{5}{2} & \cdots\cdots ㉡ \end{cases}$

30 $\begin{cases} \frac{1}{3}x-\frac{1}{6}y=-\frac{1}{2} & \cdots\cdots ㉠ \\ \frac{1}{2}x-\frac{1}{3}y=1 & \cdots\cdots ㉡ \end{cases}$

31
$$\begin{cases} x+y=-2 & \cdots\cdots ㉠ \\ \dfrac{x}{5}+\dfrac{y-3}{2}=-1 & \cdots\cdots ㉡ \end{cases}$$

Tip ㉡처럼 분자에 식이 있는 경우 계수를 정수로 고칠 때, 반드시 괄호를 사용한다.

→ ㉡×10을 하면 $\dfrac{x}{5}\times10+\dfrac{y-3}{2}\times10=-1\times10$에서
$2x+5(y-3)=-10$

32
$$\begin{cases} \dfrac{1}{2}x-\dfrac{1}{3}y=-3 & \cdots\cdots ㉠ \\ \dfrac{x+y}{4}=1 & \cdots\cdots ㉡ \end{cases}$$

33
$$\begin{cases} 2x+5y=15 & \cdots\cdots ㉠ \\ \dfrac{x-1}{3}=\dfrac{y+7}{6} & \cdots\cdots ㉡ \end{cases}$$

34
$$\begin{cases} \dfrac{1}{2}x+\dfrac{3}{4}y=\dfrac{5}{2} & \cdots\cdots ㉠ \\ \dfrac{x+7}{4}+y=\dfrac{1}{2} & \cdots\cdots ㉡ \end{cases}$$

35
$$\begin{cases} \dfrac{1}{3}x-\dfrac{1}{12}y=\dfrac{1}{4} & \cdots\cdots ㉠ \\ -x+\dfrac{y+1}{10}=\dfrac{2}{5} & \cdots\cdots ㉡ \end{cases}$$

복잡한 연립방정식의 풀이

❈ **다음 연립방정식을 푸시오.**

36
$$\begin{cases} 0.2x+0.1y=1.1 & \cdots\cdots ㉠ \\ \dfrac{1}{5}x=y & \cdots\cdots ㉡ \end{cases}$$

37
$$\begin{cases} 0.2x-0.5y=-0.7 & \cdots\cdots ㉠ \\ \dfrac{1}{3}x-\dfrac{1}{2}y=-\dfrac{1}{6} & \cdots\cdots ㉡ \end{cases}$$

38
$$\begin{cases} 0.4x+0.7y=1 & \cdots\cdots ㉠ \\ -x+\dfrac{1}{4}y=\dfrac{3}{2} & \cdots\cdots ㉡ \end{cases}$$

39
$$\begin{cases} \dfrac{2x-y}{5}=1 & \cdots\cdots ㉠ \\ 0.04x-0.03y=0.13 & \cdots\cdots ㉡ \end{cases}$$

40
$$\begin{cases} 0.3x+0.1y=-2 & \cdots\cdots ㉠ \\ \dfrac{x-2}{4}-\dfrac{y-1}{3}=-1 & \cdots\cdots ㉡ \end{cases}$$

정답과 풀이 30쪽

$A=B=C$ 꼴의 방정식은 다음 세 연립방정식 중 하나의 꼴로 바꾸어 푼다.

$$\begin{cases} A=B \\ A=C \end{cases} \text{ 또는 } \begin{cases} A=B \\ B=C \end{cases} \text{ 또는 } \begin{cases} A=C \\ B=C \end{cases} \rightarrow \text{계산이 가장 간단한 것을 선택한다.}$$

참고 C가 상수인 경우 $\begin{cases} A=C \\ B=C \end{cases}$ 꼴로 바꾸어 풀면 가장 간단하다.

$A=B=C$ 꼴의 방정식

❋ 다음 방정식을 푸시오.

01 $x-y=3x+y=\underset{\text{상수}}{10}$

Tip $\begin{cases} x-y=10 \\ 3x+y=10 \end{cases}$ 꼴로 놓고 풀면 가장 간단하다.

02 $x-2y=-x+y=3$

03 $2x-3y-7=3x+y=1$

04 $3x+4y=2x+3y=5$

05 $x+y-1=2x+y+7=4$

❋ 다음 방정식을 푸시오.

06 $\underset{A}{\underline{x+y+2}}=\underset{B}{\underline{2x-y}}=\underset{C}{\underline{3x+2y+3}}$

Tip $\begin{cases} A=B \\ A=C \end{cases}$ 또는 $\begin{cases} A=B \\ B=C \end{cases}$ 또는 $\begin{cases} A=C \\ B=C \end{cases}$ 꼴 중 가장 간단한 것을 선택한다.

07 $2x-y+5=3x+2y=y+7$

08 $x-y=5x+2y+3=3x+y-2$

09 $-2x-3y-4=2(x-3y-1)=x-4y$

10 $\dfrac{x-1}{3}=\dfrac{2x-y}{4}=\dfrac{6-3y}{2}$

08 해가 특수한 연립방정식의 풀이

정답과 풀이 31쪽

연립방정식에서 어느 하나의 일차방정식을 변형하였을 때,

(1) 해가 무수히 많은 연립방정식: x, y의 계수가 각각 같고, 상수항도 같은 경우

(2) 해가 없는 연립방정식: x, y의 계수가 각각 같고, 상수항은 다른 경우

$$\begin{cases} ax+by=c \\ a'x+b'y=c' \end{cases} \text{에서}$$

(1) $\dfrac{a}{a'}=\dfrac{b}{b'}=\dfrac{c}{c'}$ → 해가 무수히 많다.

(2) $\dfrac{a}{a'}=\dfrac{b}{b'}\neq\dfrac{c}{c'}$ → 해가 없다.

해가 특수한 연립방정식

❈ 다음 연립방정식을 푸시오.

01 $\begin{cases} 2x+y=3 & \cdots\cdots ㉠ \\ 4x+2y=6 & \cdots\cdots ㉡ \end{cases}$

Tip ㉠×2를 하면

$\begin{cases} 4x+2y=6 & \cdots\cdots ㉠×2 \\ 4x+2y=6 & \cdots\cdots ㉡ \end{cases}$

→ x, y의 계수가 각각 같고, 상수항도 같다.

02 $\begin{cases} 3x-2y=2 & \cdots\cdots ㉠ \\ 9x-6y=6 & \cdots\cdots ㉡ \end{cases}$

03 $\begin{cases} 2x+y=3 & \cdots\cdots ㉠ \\ 4x+2y=1 & \cdots\cdots ㉡ \end{cases}$

Tip ㉠×2를 하면

$\begin{cases} 4x+2y=6 & \cdots\cdots ㉠×2 \\ 4x+2y=1 & \cdots\cdots ㉡ \end{cases}$

→ x, y의 계수가 각각 같고, 상수항은 다르다.

04 $\begin{cases} x+2y=1 & \cdots\cdots ㉠ \\ 5x+10y=-5 & \cdots\cdots ㉡ \end{cases}$

❈ 다음 연립방정식의 해가 무수히 많을 때, 상수 a의 값을 구하시오.

05 $\begin{cases} x+5y=2 & \cdots\cdots ㉠ \\ 3x+15y=a & \cdots\cdots ㉡ \end{cases}$

06 $\begin{cases} x-ay=-1 & \cdots\cdots ㉠ \\ 4x+12y=-4 & \cdots\cdots ㉡ \end{cases}$

❈ 다음 연립방정식의 해가 없을 때, 상수 a의 값 또는 조건을 구하시오.

07 $\begin{cases} x-y=-2 & \cdots\cdots ㉠ \\ ax+2y=-4 & \cdots\cdots ㉡ \end{cases}$

08 $\begin{cases} -x+2y=1 & \cdots\cdots ㉠ \\ -3x+6y=a & \cdots\cdots ㉡ \end{cases}$

09 대표 문제

연립방정식 $\begin{cases} 7x+3y=2 & \cdots\cdots ㉠ \\ -7x-3y=a & \cdots\cdots ㉡ \end{cases}$ 의 해가 없을 때, 상수 a의 값이 될 수 없는 것은?

① -4 ② -2 ③ 0

④ 1 ⑤ 2

01

다음 중에서 미지수가 2개인 일차방정식을 모두 고르면?

(정답 2개)

① $2x+y$ ② $x^2-2y+1=0$

③ $x+\dfrac{1}{3}y=2$ ④ $x+4=2y-1$

⑤ $\dfrac{2}{x}-y=5$

02

x, y가 자연수일 때, 다음 중에서 일차방정식 $3x-y=2$의 해는?

① $(1, 2)$ ② $(2, 2)$ ③ $(2, 3)$

④ $(3, 7)$ ⑤ $(4, 12)$

03

일차방정식 $ax+4y=9$의 한 해가 $(3, -3)$일 때, 상수 a의 값은?

① -7 ② -5 ③ 5

④ 7 ⑤ 9

04

연립방정식 $\begin{cases} ax-2y=1 \\ 3x+by=5 \end{cases}$ 의 해가 $(1, -1)$일 때, 두 상수 a, b에 대하여 $a+b$의 값은?

① -4 ② -3 ③ -2

④ -1 ⑤ 0

05

연립방정식 $\begin{cases} 0.4x+0.9y=0.1 & \cdots\cdots \text{㉠} \\ \dfrac{1}{6}x-\dfrac{3}{2}y=-1 & \cdots\cdots \text{㉡} \end{cases}$ 의 해가 $x=p$, $y=q$일 때, pq의 값은?

① $-\dfrac{5}{9}$ ② $-\dfrac{1}{9}$ ③ -1

④ $\dfrac{1}{9}$ ⑤ $\dfrac{3}{9}$

06

연립방정식 $\dfrac{x+2y}{2}=\dfrac{x+y}{3}=1$을 풀면?

① $x=-4$, $y=-1$ ② $x=-4$, $y=1$

③ $x=4$, $y=-1$ ④ $x=4$, $y=1$

⑤ $x=4$, $y=4$

07

다음 연립방정식 중에서 해가 무수히 많은 것은?

① $\begin{cases} x+y=2 \\ 2x+4y=-2 \end{cases}$ ② $\begin{cases} 3x-2y=1 \\ 9x-6y=3 \end{cases}$

③ $\begin{cases} x-y=5 \\ -2x+2y=5 \end{cases}$ ④ $\begin{cases} 4x-3y=2 \\ x+2y=6 \end{cases}$

⑤ $\begin{cases} x+y=2 \\ -x-y=2 \end{cases}$

2. 연립방정식의 활용

01 연립방정식의 활용

정답과 풀이 32쪽

연립방정식의 활용 문제를 푸는 순서
① 미지수 정하기 ➡ 문제의 뜻을 이해하고, 구하려는 것을 미지수 x, y로 정한다.
② 연립방정식 세우기 ➡ x, y에 대한 일차방정식 2개를 세운다.
③ 연립방정식 풀기 ➡ 가감법, 대입법 등을 이용하여 푼다.
④ 확인하기 ➡ 구한 답이 문제의 뜻에 맞는지 확인한다.

수에 관한 문제

01 어떤 두 자연수의 합은 49이고 차는 21일 때, 두 수를 각각 구하려고 한다. 물음에 답하시오.

(1) 큰 수를 x, 작은 수를 y라 하고, x, y에 대한 두 일차방정식을 세우시오. ➡ 구하려는 것을 미지수로 놓는다.

① 두 자연수의 합은 49이다.

➡

② 두 자연수의 차는 21이다.

➡

(2) 연립방정식을 세우시오.

(3) 연립방정식을 푸시오.

(4) 두 수를 각각 구하시오.

02 어떤 두 자연수의 합은 80이고 차는 4일 때, 두 수 중에서 작은 수를 구하시오.

03 두 수의 차는 8이고, 작은 수의 3배에서 큰 수를 빼면 22이다. 이때 두 수의 합을 구하시오.

04 두 수의 차는 33이고 큰 수는 작은 수의 2배보다 5만큼 클 때, 큰 수를 구하시오.

05 어떤 두 자연수의 합은 31이고, 큰 수를 작은 수로 나누면 몫은 2이고 나머지는 4이다. 다음 □ 안에 알맞은 수를 써넣고, 큰 수를 구하시오.

➡ (큰 수)=(작은 수)× □ + □
　　　　　　　　　　　　　몫　나머지

Tip a를 b로 나누면 몫이 q이고 나머지가 r이다.
➡ $a=bq+r$ (단, $0 \le r < b$)

06 어떤 두 자연수의 차는 21이고, 큰 수를 작은 수로 나누면 몫은 3이고 나머지는 1이다. 이때 작은 수를 구하시오.

두 자리 자연수에 관한 문제

07 두 자리 자연수가 있다. ① 각 자리의 숫자의 합은 11 이고, ② 십의 자리의 숫자와 일의 자리의 숫자를 바꾼 수는 처음 수보다 27만큼 클 때, 처음 수를 구하려고 한다. 물음에 답하시오.

(1) 처음 두 자리 자연수의 십의 자리의 숫자를 x, 일의 자리의 숫자를 y라 할 때, 다음 표를 완성하시오.

	십의 자리의 숫자	일의 자리의 숫자	두 자리 자연수
처음 수	x	y	$10x+y$
바꾼 수			

> **Tip** 두 자리 자연수 35는 $3 \times 10 + 5$로 나타낼 수 있다. 즉 십의 자리의 숫자가 x이고 일의 자리의 숫자가 y인 두 자리 자연수는 $x \times 10 + y$로 나타낼 수 있다.

(2) x, y에 대한 두 일차방정식을 세우시오.

> ① 각 자리의 숫자의 합은 11이다.
>
> →
>
> ② 각 자리의 숫자를 바꾼 수는 처음 수보다 27만큼 크다.
>
> →
>
> (바꾼 수)=(처음 수)+27

(3) 연립방정식을 세우시오.

(4) 연립방정식을 푸시오.

(5) 처음 수를 구하시오.

> **Tip** 처음 수는 $10x+y$이다.

08 두 자리 자연수가 있다. 각 자리의 숫자의 합은 6 이고, 십의 자리의 숫자와 일의 자리의 숫자를 바꾼 수는 처음 수보다 36만큼 작을 때, 처음 수를 구하시오.

09 두 자리 자연수가 있다. 각 자리의 숫자의 합은 10 이고, 십의 자리의 숫자와 일의 자리의 숫자를 바꾼 수는 처음 수의 2배보다 1만큼 작다. 다음 □ 안에 알맞은 수를 써넣고, 처음 수를 구하시오.

→ (바꾼 수)= □ ×(처음 수)− □

10 두 자리 자연수가 있다. 각 자리의 숫자의 합은 7 이고, 십의 자리의 숫자와 일의 자리의 숫자를 바꾼 수는 처음 수의 3배보다 13만큼 클 때, 처음 수를 구하시오.

개수에 관한 문제

11 ^①오리와 고양이를 합하여 20마리가 있다. ^②오리와 고양이의 다리의 수의 합이 64일 때, 오리와 고양이의 수를 각각 구하려고 한다. 물음에 답하시오.

(1) 오리의 수를 x, 고양이의 수를 y라 할 때, 다음 표를 완성하시오.

	오리	고양이	합계
동물 수	x	y	
한 마리의 다리의 수	2	4	
총 다리의 수			

(2) x, y에 대한 두 일차방정식을 세우시오.

> ① 오리와 고양이의 합은 20마리이다.
>
> →
>
> ② 오리와 고양이의 다리의 수의 합은 64이다.
>
> →

(3) 연립방정식을 세우시오.

(4) 연립방정식을 푸시오.

(5) 오리와 고양이의 수를 각각 구하시오.

12 돼지와 닭을 합하여 33마리가 있다. 돼지와 닭의 다리의 수의 합이 108일 때, 돼지의 수를 구하시오.

13 어떤 농구 선수가 한 경기에서 24개의 슛을 성공하고 57점을 득점하였다. 다음 표를 완성하고, 이 선수가 성공한 3점 슛은 몇 개인지 구하시오.
(단, 이 선수는 2점 또는 3점 슛만 성공하였다.)

	2점 슛	3점 슛	합계
성공 개수(개)	x	y	
슛을 1개 성공하면 얻는 점수(점)	2	3	
총 점수(점)			

14 어떤 학생이 3점 또는 4점짜리 문제로만 구성된 수학 시험에서 총 25문제를 맞혀 78점을 받았다. 이 학생이 맞힌 3점짜리 문제는 몇 개인지 구하시오.

가격에 관한 문제

15 500원짜리 사과와 700원짜리 복숭아를 합하여 ^①12개를 샀더니 ^②7200원이었다. 이때 사과와 복숭아를 각각 몇 개씩 샀는지 구하려고 한다. 물음에 답하시오.

(1) 구입한 사과를 x개, 복숭아를 y개라 할 때, 다음 표를 완성하시오.

	사과	복숭아	합계
개수(개)	x	y	
한 개당 가격(원)	500	700	✕
총 가격(원)			

(2) x, y에 대한 두 일차방정식을 세우시오.

① 사과와 복숭아의 합은 12개이다.

→

② 사과와 복숭아의 총 가격은 7200원이다.

→

(3) 연립방정식을 세우시오.

(4) 연립방정식을 푸시오.

(5) 사과와 복숭아를 각각 몇 개씩 샀는지 구하시오.

16 300원짜리 사탕과 400원짜리 초콜릿을 합하여 17개를 샀더니 5800원이었다. 이때 사탕과 초콜릿을 각각 몇 개씩 샀는지 구하시오.

17 어떤 박물관의 입장료가 청소년은 400원, 어른은 1200원이다. 청소년과 어른을 합하여 23명의 입장료가 13200원일 때, 다음 표를 완성하고 입장한 청소년은 몇 명인지 구하시오.

	청소년	어른	합계
인원(명)	x	y	
한 명당 입장료(원)	400	1200	✕
총 입장료(원)			

18 100원짜리 동전과 500원짜리 동전을 합하여 48개를 모았더니 10800원이었다. 이때 500원짜리 동전은 몇 개 모았는지 구하시오.

나이에 관한 문제

19 ①현재 아빠와 딸의 나이의 합은 42살이고 ②15년 후
에는 아빠의 나이가 딸의 나이의 3배가 된다고 한
다. 현재 아빠와 딸의 나이를 각각 구하려고 할 때,
물음에 답하시오.

(1) 현재 아빠의 나이를 x살, 딸의 나이를 y살이라
할 때, 다음 표를 완성하시오.

	아빠	딸
현재 나이(살)	x	y
15년 후 나이(살)		

(2) x, y에 대한 두 일차방정식을 세우시오.

① 현재 아빠와 딸의 나이의 합은 42살이다.

→

② 15년 후 아빠의 나이가 딸의 나이의 3배
가 된다.

→

(3) 연립방정식을 세우시오.

(4) 연립방정식을 푸시오.

(5) 현재 아빠와 딸의 나이를 각각 구하시오.

20 현재 엄마와 아들의 나이의 합은 58살이고 8년 후
에는 엄마의 나이가 아들의 나이의 2배보다 11살
많아진다고 한다. 현재 엄마와 아들의 나이를 각각
구하시오.

도형에 관한 문제

21 ①둘레의 길이가 30 cm이고, ②가로의 길이가 세로의
길이보다 3 cm만큼 긴 직사각형이 있다. 이 직사
각형의 넓이를 구하려고 할 때, 물음에 답하시오.

(1) 직사각형의 가로의 길이를 x cm, 세로의 길이
를 y cm라 할 때, x, y에 대한 두 일차방정식
을 각각 세우시오.

① 직사각형의 둘레의 길이는 30 cm이다.

→

② 가로의 길이가 세로의 길이보다 3 cm만
큼 길다.

→

(2) 연립방정식을 세우시오.

(3) 연립방정식을 푸시오.

(4) 직사각형의 넓이를 구하시오.

22 둘레의 길이가 20 cm이고, 가로의 길이가 세로의
길이의 2배보다 1 cm만큼 긴 직사각형이 있다.
이 직사각형의 가로의 길이를 구하시오.

23 윗변의 길이가 아랫변의 길이보다 4 cm만큼 짧은
사다리꼴이 있다. 이 사다리꼴의 높이가 5 cm이고
넓이가 20 cm²일 때, 아랫변의 길이를 구하시오.

Tip (사다리꼴의 넓이)
$= \frac{1}{2} \times \{(윗변의 길이) + (아랫변의 길이)\} \times (높이)$

속력이 다르게 왕복하거나 도중에 속력이 바뀌는 경우 전체 거리와 총 시간에 대한 일차방정식을 각각 세운다.

(1) (시속 a km로 간 거리) + (시속 b km로 간 거리) = (전체 거리)

(2) (시속 a km로 간 시간) + (시속 b km로 간 시간) = (총 시간)

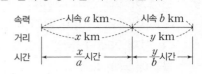

참고 · (거리) = (속력) × (시간)   · (속력) = $\dfrac{(거리)}{(시간)}$ · (시간) = $\dfrac{(거리)}{(속력)}$

속력이 다르게 왕복하는 경우

01 서우가 등산을 하는데 올라갈 때는 시속 3 km로 걷고, 내려올 때는 다른 길로 시속 4 km로 걸었더니 총 3시간이 걸렸다. 올라간 거리와 내려온 거리의 합이 10 km일 때, 올라간 거리와 내려온 거리를 각각 구하려고 한다. 물음에 답하시오.

(1) 올라간 거리를 x km, 내려온 거리를 y km라 할 때, 다음 표를 완성하시오.

	올라갈 때	내려올 때
거리	x km	y km
속력	시속 3 km	시속 4 km
시간	☐ 시간	☐ 시간

(2) x, y에 대한 두 일차방정식을 세우시오.

> ① 올라간 거리와 내려온 거리의 합은 10 km이다.
>
> → ☐
>
> ② 올라간 시간과 내려온 시간의 합은 3시간이다.
>
> → ☐

(3) 연립방정식을 세우시오.

(4) 연립방정식을 푸시오.

(5) 올라간 거리와 내려온 거리를 각각 구하시오.

02 어떤 산에 A, B 두 개의 등산 코스가 있다. 올라갈 때는 A 코스로 시속 4 km로 걷고, 내려올 때는 B 코스로 시속 5 km로 걸었더니 총 5시간이 걸렸다. A, B 두 코스의 거리의 합이 22 km일 때, A 코스의 거리를 구하시오.

03 승민이가 할머니 댁을 다녀오는데 갈 때는 시속 120 km로 달리는 기차를 타고, 올 때는 시속 80 km로 달리는 버스를 탔더니 총 4시간이 걸렸다. 기차를 타고 달린 거리가 버스를 타고 달린 거리보다 50 km만큼 멀다고 할 때, 다음 표를 완성하고 기차를 타고 달린 거리를 구하시오.

	기차	버스
거리	x km	y km
속력	시속 120 km	시속 80 km
시간	☐ 시간	☐ 시간

04 현아가 공원을 다녀오는데 갈 때는 시속 5 km로 뛰어가고, 올 때는 버스를 타고 시속 60 km로 왔더니 총 1시간이 걸렸다. 버스를 타고 달린 거리는 뛰어간 거리보다 8 km만큼 멀다고 할 때, 현아가 뛰어간 거리를 구하시오.

속력이 도중에 바뀌는 경우

05 ①진희네 집에서 학교까지의 거리는 **1.2 km**이다. 진희가 학교를 가는데 시속 **2 km**로 걷다가 도중에 늦을 것 같아서 시속 **3 km**로 뛰었더니 ②총 **30분**이 걸렸다. 진희가 걸어간 거리와 뛰어간 거리를 각각 구하려고 한다. 물음에 답하시오.

(1) 걸어간 거리를 x km, 뛰어간 거리를 y km라 할 때, 다음 표를 완성하시오.

	걸어갈 때	뛰어갈 때
거리	x km	y km
속력	시속 2 km	시속 3 km
시간	☐ 시간	☐ 시간

Tip

(2) x, y에 대한 두 일차방정식을 세우시오.

① 걸어간 거리와 뛰어간 거리의 합은 1.2 km이다. 집에서 학교까지의 거리이다.

➡ ☐

② 걸어간 시간과 뛰어간 시간의 합은 30분이다. 학교에 도착하는 데 걸린 시간 $\frac{1}{2}$시간

➡ ☐

Tip ●분=$\frac{●}{60}$시간이다.

(3) 연립방정식을 세우시오.

(4) 연립방정식을 푸시오.

(5) 걸어간 거리와 뛰어간 거리를 각각 구하시오.

06 동오네 집에서 병원까지의 거리는 **5 km**이다. 동오가 병원을 가는데 시속 **3 km**로 걷다가 도중에 늦을 것 같아서 시속 **4 km**로 뛰었더니 총 **1시간 30분**이 걸렸다. 동오가 뛰어간 거리를 구하시오.

07 세호가 집에서 **4 km** 떨어진 약속 장소를 가는데 시속 **4 km**로 걷다가 상점에서 **10분** 동안 선물을 사고 다시 시속 **6 km**로 뛰어서 총 **1시간**이 걸렸다. 다음 표를 완성하고 세호가 뛰어간 거리를 구하시오.

	걸어갈 때	상점	뛰어갈 때
거리	x km	✕	y km
속력	시속 4 km	✕	시속 6 km
시간	☐ 시간	☐ 시간	☐ 시간

08 소율이가 집에서 **14 km** 떨어진 놀이공원을 가는데 버스를 타고 시속 **60 km**로 가다가 내려서 편의점에서 **30분** 동안 간식을 사고 다시 시속 **3 km**로 걸어서 총 **2시간**이 걸렸다. 소율이가 버스를 타고 간 거리를 구하시오.

동시에 마주 보고 출발하여 만나는 경우

09 7 km 떨어진 두 지점에서 두 사람 A, B가 마주 보고 동시에 출발하여 도중에 만났다. A는 시속 4 km로 걷고, B는 시속 3 km로 걸었다고 할 때, A, B가 만날 때까지 걸어간 거리를 각각 구하려고 한다. 물음에 답하시오.

(1) A가 걸어간 거리를 x km, B가 걸어간 거리를 y km라 할 때, x, y에 대한 두 일차방정식을 세우시오.

> ① A와 B가 걸어간 거리의 합은 7 km이다.
> 두 사람이 처음 떨어져 있던 거리와 같다.
> ➡ [   ]
>
> ② (A가 걸어간 시간)＝(B가 걸어간 시간)
> 두 사람이 만날 때까지 걸어간 시간이 같다.
> ➡ [   ]

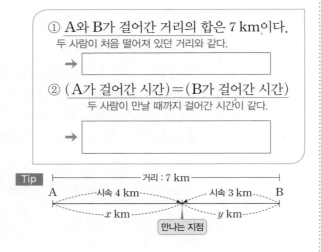

Tip

(2) 연립방정식을 세우시오.

(3) 연립방정식을 푸시오.

(4) 두 사람 A, B가 만날 때까지 걸어간 거리를 각각 구하시오.

10 25 km 떨어진 두 지점에서 수지와 지우가 자전거를 타고 마주 보고 동시에 출발하여 도중에 만났다. 수지는 시속 6 km로 달리고, 지우는 시속 9 km로 달렸다고 할 때, 수지가 만날 때까지 달린 거리를 구하시오.

같은 방향으로 출발하여 만나는 경우

11 동생이 집을 나선 지 10분 후 형이 같은 길을 따라 출발하였다. 동생은 분속 50 m로 걷고 형은 분속 150 m로 걸어갈 때, 형이 집을 나선 지 몇 분 후에 동생과 형이 만나는지 구하려고 한다. 물음에 답하시오.

(1) 형과 동생이 만날 때까지 동생이 걸어간 시간을 x분, 형이 걸어간 시간을 y분이라 할 때, x, y에 대한 두 일차방정식을 세우시오.

> ① (동생이 걸어간 시간)
> ＝(형이 걸어간 시간)＋10분
> 형이 동생보다 10분 후에 걸었다.
> ➡ [   ]
>
> ② (동생이 걸어간 거리)＝(형이 걸어간 거리)
> 두 사람이 만날 때까지 걸어간 거리가 같다.
> ➡ [   ]

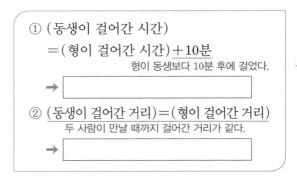

(2) 연립방정식을 세우시오.

(3) 연립방정식을 푸시오.

(4) 형이 집을 나선 지 몇 분 후에 동생과 형이 만나는지 구하시오.

12 동생이 학교를 출발한 지 5분 후 형이 같은 길을 따라 출발하였다. 동생은 분속 200 m로 달리고 형은 분속 300 m로 자전거를 타고 갈 때, 형이 학교를 출발한 지 몇 분 후에 동생과 형이 만나는지 구하시오.

03 농도에 관한 문제

두 소금물을 섞어서 새로운 소금물을 만들 때, 소금물의 양과 소금의 양은 변하지 않는다.

(1) (두 소금물의 양의 합) = (새로 만든 소금물의 양)
(2) (두 소금물의 소금의 양의 합)
  = (새로 만든 소금물의 소금의 양)

참고
- (소금물의 농도) = $\dfrac{(소금의 양)}{(소금물의 양)} \times 100$ (%)
- (소금의 양) = $\dfrac{(소금물의 농도)}{100} \times (소금물의 양)$

소금물의 양을 구하는 문제

01 6 %의 소금물과 10 %의 소금물을 섞어서 8 %의 소금물 300 g을 만들었다. 6 %의 소금물의 양과 10 %의 소금물의 양을 각각 구하려고 한다. 물음에 답하시오.

(1) 6 %의 소금물의 양을 x g, 10 %의 소금물의 양을 y g이라 할 때, 다음 표를 완성하시오.

	6 %의 소금물	10 %의 소금물	8 %의 소금물
농도(%)	6	10	8
소금물의 양(g)	x	y	300
소금의 양(g)			

(2) x, y에 대한 두 일차방정식을 세우시오.

① 6 %와 10 %의 두 소금물의 양의 합은 300 g이다.
  → [   ]

② 6 %와 10 %의 두 소금물의 소금의 양의 합은 8 %의 소금물의 소금의 양과 같다.
  → [   ]

(3) 연립방정식을 세우시오.

(4) 연립방정식을 푸시오.

(5) 6 %의 소금물의 양과 10 %의 소금물의 양을 각각 구하시오.

02 4 %의 소금물과 9 %의 소금물을 섞어서 7 %의 소금물 400 g을 만들었다. 4 %의 소금물의 양과 9 %의 소금물의 양을 각각 구하시오.

03 12 %의 소금물에 소금을 더 넣어 16 %의 소금물 110 g을 만들었다. 더 넣은 소금의 양을 구하시오.

 **Tip** 12 %의 소금물의 양을 x g, 더 넣은 소금의 양을 y g이라 놓고 식을 세운다.

04 8 %의 설탕물에 물을 더 넣어 5 %의 설탕물 600 g을 만들었다. 더 넣은 물의 양을 구하시오.

확인 문제

정답과 풀이 36쪽

01

두 수의 합은 37이고, 작은 수의 3배에서 큰 수를 빼면 7이다. 이때 두 수의 차는?

① 11   ② 13   ③ 15

④ 20   ⑤ 26

02

두 자리 자연수가 있다. 각 자리의 숫자의 합은 10이고, 십의 자리의 숫자와 일의 자리의 숫자를 바꾼 수는 처음 수보다 18만큼 작을 때, 처음 수는?

① 28   ② 37   ③ 46

④ 55   ⑤ 64

03

토끼와 닭을 합하여 22마리가 있다. 토끼와 닭의 다리의 수의 합이 70일 때, 토끼의 수는?

① 9   ② 11   ③ 13

④ 15   ⑤ 17

04

600원짜리 아이스크림과 900원짜리 과자를 합하여 14개를 샀더니 10200원이었다. 이때 구입한 아이스크림은 몇 개인가?

① 5개   ② 6개   ③ 7개

④ 8개   ⑤ 9개

05

현재 아빠와 선우의 나이의 합은 46살이고 7년 후에는 아빠의 나이가 선우의 나이의 3배가 된다고 한다. 현재 아빠의 나이는?

① 32살   ② 34살   ③ 36살

④ 38살   ⑤ 40살

06

정윤이네 집에서 도서관까지의 거리는 4 km이다. 정윤이가 도서관을 가는데 시속 3 km로 걷다가 도중에 늦을 것 같아서 시속 5 km로 뛰었더니 총 1시간이 걸렸다. 정윤이가 뛰어간 거리는?

① 1.5 km   ② 2 km   ③ 2.5 km

④ 3 km   ⑤ 3.5 km

07

3 %의 소금물과 7 %의 소금물을 섞어서 6 %의 소금물 200 g을 만들었다. 7 %의 소금물의 양은?

① 50 g   ② 80 g   ③ 100 g

④ 120 g   ⑤ 150 g

일차함수와 그 그래프

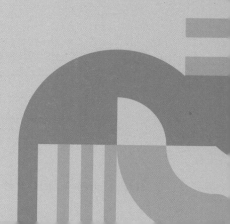

1. 일차함수의 뜻과 그래프

01 함수의 뜻

정답과 풀이 37쪽

> 함수: 두 <u>변수</u> x, y에 대하여 x의 값이 변함에 따라 y의 값이 하나씩 정해지는 대응 관계가 있을 때, y를 x의 함수
> 라 한다. ← 여러 가지로 변하는 값을 나타내는 문자
>
> 예 정비례 관계 $y=ax$와 반비례 관계 $y=\dfrac{a}{x}$는 x의 값이 변함에 따라 y의 값이 하나로 정해지므로 y는 x의 함수이
> 다. (단, $a\neq0$)

함수인지 판별하기

✿ 다음 표를 완성하고, y가 x의 함수인 것은 ○표, 함수가 아닌 것은 ×표를 ( ) 안에 써넣으시오.

 따라하기

자연수 x보다 작은 소수 y

x	1	2	3	4	5	…
y	없다.	없다.	2	2, 3	2, 3	…

y의 값이 2개

→ y의 값이 없거나 여러 개 있는 경우가 있으므로 함수가 아니다.

01 한 개에 400원인 사탕 x개의 가격 y원 ( )

x	1	2	3	4	5	…
y						…

Tip **함수의 판별**
x의 값이 하나 정해질 때 y의 값이
• 하나이면 ➡ 함수이다.
• 없거나 여러 개이면 ➡ 함수가 아니다.

02 절댓값이 x인 정수 y ( )

x	1	2	3	4	5	…
y						…

03 자연수 x의 약수의 개수 y ( )

x	1	2	3	4	5	…
y						…

04 자연수 x의 배수 y ( )

x	1	2	3	4	5	…
y						…

05 시속 x km로 3시간 동안 걸어간 거리 y km ( )

x	1	2	3	4	5	…
y						…

Tip (거리)＝(시간)×(속력)

06 한 개에 100 g인 물건 x개의 무게 y g ( )

x	1	2	3	4	5	…
y						…

07 한 변의 길이가 x cm인 정사각형의 둘레의 길이 y cm ( )

x	1	2	3	4	5	…
y						…

함수의 관계식 구하기

❈ 다음 문장을 보고 물음에 답하시오.

08

자연수 x를 2배한 값은 y이다.

(1) 아래 표를 완성하시오.

x	1	2	3	4	5	⋯
y						⋯

(2) y는 x의 (함수이다, 함수가 아니다).

(3) x와 y 사이의 관계식을 구하시오.

09

하루에 10문제씩 x일 동안 푼 문제의 개수는 y이다.

(1) 아래 표를 완성하시오.

x	1	2	3	4	5	⋯
y						⋯

(2) y는 x의 (함수이다, 함수가 아니다).

(3) x와 y 사이의 관계식을 구하시오.

10

매달 5000원씩 x개월 동안 저축할 때 총 금액은 y원이다.

(1) 아래 표를 완성하시오.

x	1	2	3	4	5	⋯
y						⋯

(2) y는 x의 (함수이다, 함수가 아니다).

(3) x와 y 사이의 관계식을 구하시오.

11

반지름의 길이가 x cm인 원의 넓이는 y cm² 이다.

(1) 아래 표를 완성하시오.

x	1	2	3	4	5	⋯
y						⋯

(2) y는 x의 (함수이다, 함수가 아니다).

(3) x와 y 사이의 관계식을 구하시오.

12

x시간 동안 90 km를 갈 때의 속력은 시속 y km이다.

(1) 아래 표를 완성하시오.

x	1	2	3	4	5	⋯
y						⋯

(2) y는 x의 (함수이다, 함수가 아니다).

(3) x와 y 사이의 관계식을 구하시오.

13 대표 문제 👈

다음 중에서 y가 x의 함수인 것을 모두 고르면? (정답 2개)

① 자연수 x보다 작은 자연수 y

② 키가 x cm인 사람의 몸무게 y kg

③ 소 x마리의 다리의 개수 y

④ 자연수 x의 약수 y

⑤ 물통에 1분에 10 L씩 물을 넣을 때 x분 후 물의 양 y L

02 함숫값

(1) **함수의 표현**: y가 x의 함수일 때, 이것을 기호로 $y=f(x)$와 같이 나타낸다.

(2) **함숫값**: 함수 $y=f(x)$에서 x의 값이 정해지면 그에 따라 하나로 정해지는 y의 값, 즉 $f(x)$를 x에 대한 함숫값 이라 한다.

→ 함수 $y=f(x)$에서 $x=a$일 때 함숫값은 $f(a)$이다.

함숫값 구하기

❈ 함수 $f(x)=2x$에 대하여 다음 함숫값을 구하시오.

ε 따라하기

$$f\left(\frac{1}{2}\right)-f(-3)=2\times\frac{1}{2}-2\times(-3)$$

$x=\frac{1}{2}$을 대입 ┘   └ $x=-3$을 대입

$$=1-(-6)=7$$

01 $f(2)$

02 $f(0)$

03 $f(-5)$

04 $f\left(\frac{1}{4}\right)+f(-2)$

❈ 함수 $f(x)=\dfrac{12}{x}$에 대하여 다음 함숫값을 구하시오.

05 $f(3)$

06 $f(-4)$

07 $\dfrac{1}{2}f(6)$

08 $f(2)+f(-1)$

함숫값을 이용하여 미지수 구하기

❈ 함수 $f(x)=3x$에 대하여 다음을 만족하는 a의 값을 구하시오.

ε 따라하기

$$f(a)=-\frac{3}{2}\ \to\ f(x)=3x에\ x=a를\ 대입하면$$

$$3a=-\frac{3}{2}이므로\ a=-\frac{1}{2}$$

09 $f(a)=9$

10 $f(a)=-2$

11 $f(a)=6$

12 $f(a)=-15$

❈ 함수 $f(x)=-\dfrac{8}{x}$에 대하여 다음을 만족하는 a의 값을 구하시오.

13 $f(a)=1$

14 $f(a)=4$

15 $f(a)=-6$

16 $f(a)=-2$

❈ 함수 $f(x)=ax$에 대하여 다음을 만족하는 상수 a의 값을 구하시오.

따라하기

$f\left(-\dfrac{1}{4}\right)=-2$

→ $f(x)=ax$에 $x=-\dfrac{1}{4}$을 대입하면

$-\dfrac{1}{4}a=-2$이므로 $a=8$

17 $f(1)=5$

18 $f(-3)=9$

19 $f\left(\dfrac{2}{3}\right)=-4$

20 $f(-2)=-8$

❈ 함수 $f(x)=\dfrac{a}{x}$에 대하여 다음을 만족하는 상수 a의 값을 구하시오.

21 $f(-1)=6$

22 $f(2)=3$

23 $f(-3)=-1$

24 $f\left(\dfrac{1}{4}\right)=-4$

❈ 함수 $f(x)=ax$에 대하여 다음을 구하시오.

(단, a는 상수)

25 $f(2)=-10$일 때, $f(3)$의 값

Tip $f(2)=-10$을 이용하여 a의 값을 먼저 구한다.

26 $f(-1)=4$일 때, $f\left(\dfrac{1}{2}\right)$의 값

27 $f(3)=9$일 때, $f(-1)$의 값

❈ 함수 $f(x)=\dfrac{a}{x}$에 대하여 다음을 구하시오.

(단, a는 상수)

28 $f(4)=3$일 때, $f(-6)$의 값

29 $f(-1)=5$일 때, $f(5)$의 값

30 $f(-5)=-2$일 때, $f(2)$의 값

31 **대표 문제**

함수 $f(x)=ax$에 대하여 $f(2)=-6$, $f(b)=12$일 때, $a-b$의 값은? (단, a는 상수)

① 0 　　　② 1 　　　③ 2

④ 3 　　　⑤ 4

03 일차함수의 뜻

일차함수: 함수 $y=f(x)$에서 y가 x의 일차식으로 나타내어질 때, 즉

$$y=ax+b \ (a, \ b는 \ 상수, \ a \neq 0)$$

일 때, 이 함수를 x에 대한 일차함수라 한다.

예 • 일차함수인 경우 → $y=3x(\bigcirc)$, $y=-x+2(\bigcirc)$, $y=\dfrac{1}{4}x-3(\bigcirc)$

• 일차함수가 아닌 경우 → $y=\dfrac{1}{x}(\times)$, $y=5(\times)$, $y=x^2+2(\times)$

  분모에 x가 있다.   일차항이 없다.   이차식이다.

일차함수인지 판별하기

� 다음 중 일차함수인 것은 ○표, 일차함수가 아닌 것은 ×표를 ( ) 안에 써넣으시오.

01 $y=5x$ ( )

02 $y=\dfrac{2}{x}-1$ ( )

03 $y=x^2+4$ ( )

04 $y=-\dfrac{2}{3}x+6$ ( )

05 $y=9$ ( )

06 $x+y=8$ ( )

Tip 먼저 $y=(x$의 식) 꼴로 정리한다.

07 $y+2x=2x+3y-7$ ( )

08 $x-3y=4x-2y-5$ ( )

문장을 관계식으로 나타내고 일차함수인지 판별하기

✧ 다음 문장을 보고 y를 x의 식으로 나타내고, 일차함수인 것은 ○표, 일차함수가 아닌 것은 ×표를 ( ) 안에 써넣으시오.

09 한 개에 600원인 귤 x개의 가격 y원
관계식: _____ ( )

10 현재 10살인 시은이의 x년 후 나이는 y살
관계식: _____ ( )

11 하루 중 낮의 길이가 x시간일 때, 밤의 길이는 y시간
관계식: _____ ( )

12 한 변의 길이가 x cm인 정사각형의 넓이 y cm²
관계식: _____ ( )

13 시속 x km로 y시간 동안 달린 거리는 9 km
관계식: _____ ( )

14 300원짜리 사탕 x개를 사고 5000원을 내었을 때 거스름돈 y원
관계식: _____ ( )

일차함수의 함숫값 구하기

❁ 일차함수 $f(x)=2x+1$에 대하여 다음 함숫값을 구하시오.

15 $f(2)$

16 $f(0)$

17 $f(-3)$

❁ 일차함수 $f(x)=-x+4$에 대하여 다음 함숫값을 구하시오.

18 $f(1)$

19 $f\left(\dfrac{4}{3}\right)$

20 $f(-2)$

❁ 일차함수 $f(x)=\dfrac{1}{3}x-5$에 대하여 다음 함숫값을 구하시오.

21 $2f(6)$

22 $f(-3)+f(9)$

23 $f(0)-f\left(\dfrac{3}{2}\right)$

일차함수의 함숫값을 이용하여 미지수 구하기

❁ 일차함수 $y=f(x)$가 다음과 같고 $f(a)=2$일 때, a의 값을 구하시오.

24 $f(x)=x+1$

25 $f(x)=-3x-4$

26 $f(x)=\dfrac{1}{4}x-1$

❁ 일차함수 $y=f(x)$에 대하여 다음을 만족시키는 상수 a의 값을 구하시오.

27 $f(x)=ax+1$이고, $f(2)=-2$

28 $f(x)=3x-a$이고, $f(-1)=7$

29 $f(x)=ax-4$이고, $f(3)=5$

30 대표 문제 👈

일차함수 $f(x)=ax+b$에 대하여 $f(3)=6$, $f(-2)=1$일 때, $a+b$의 값은? (단, a, b는 상수)

① -4 ② -2 ③ 0
④ 4 ⑤ 6

04 일차함수 $y=ax+b$의 그래프 (1)

정답과 풀이 39쪽

(1) 함수의 그래프: 함수 $y=f(x)$에서 x의 값에 따라 정해지는 y의 값의 순서쌍 $(x,\ y)$를 좌표로 하는 모든 점을 좌표평면 위에 나타낸 것을 함수의 그래프라 한다.

(2) 일차함수의 그래프: x의 값의 범위가 수 전체일 때, 일차함수 $y=ax+b$의 그래프는 직선이다.

(3) 일차함수의 그래프 그리기: 일차함수 $y=ax+b$의 그래프 위의 서로 다른 두 점을 알면 그래프를 그릴 수 있다.

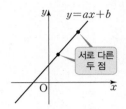

참고 서로 다른 두 점을 지나는 직선은 오직 하나뿐이다.

표를 이용하여 일차함수의 그래프 그리기

✖ 일차함수 $y=2x$에 대하여 물음에 답하시오.

01 다음 표를 완성하시오.

x	...	-2	-1	0	1	2	...
y	...						...

02 01에서 구한 표를 이용하여 x의 값이 모든 수일 때, 일차함수 $y=2x$의 그래프를 그리시오.

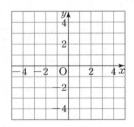

✖ 일차함수 $y=x-3$에 대하여 물음에 답하시오.

03 다음 표를 완성하시오.

x	...	-2	-1	0	1	2	...
y	...						...

04 03에서 구한 표를 이용하여 x의 값이 모든 수일 때, 일차함수 $y=x-3$의 그래프를 그리시오.

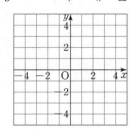

✖ 일차함수 $y=-x$에 대하여 물음에 답하시오.

05 다음 표를 완성하시오.

x	...	-2	-1	0	1	2	...
y	...						...

06 05에서 구한 표를 이용하여 x의 값이 모든 수일 때, 일차함수 $y=-x$의 그래프를 그리시오.

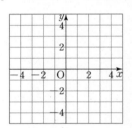

✖ 일차함수 $y=-2x+1$에 대하여 물음에 답하시오.

07 다음 표를 완성하시오.

x	...	-2	-1	0	1	2	...
y	...						...

08 07에서 구한 표를 이용하여 x의 값이 모든 수일 때, 일차함수 $y=-2x+1$의 그래프를 그리시오.

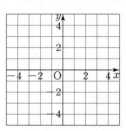

두 점을 이용하여 일차함수의 그래프 그리기

❈ 다음 일차함수의 그래프가 지나는 두 점의 좌표를 구하고, 이를 이용하여 그래프를 그리시오.

 따라하기

$y = \frac{3}{2}x + 2$

→ 두 점 $(-2, -1)$, $(0, 2)$를 지난다.

$\frac{3}{2} \times (-2) + 2 = -1$ $\frac{3}{2} \times 0 + 2 = 2$

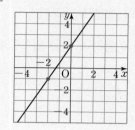

09 $y = 2x + 3$

→ 두 점 $(-2, \boxed{})$, $(\boxed{}, 5)$를 지난다.

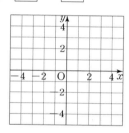

10 $y = -3x - 1$

→ 두 점 $(-1, \boxed{})$, $(\boxed{}, -4)$를 지난다.

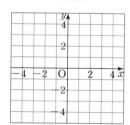

11 $y = x - 1$

→ 두 점 $(\boxed{}, -2)$, $(3, \boxed{})$를 지난다.

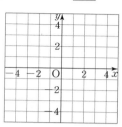

12 $y = -2x + 2$

→ 두 점 $(-1, \boxed{})$, $(\boxed{}, -2)$를 지난다.

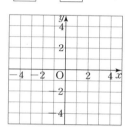

13 $y = \frac{1}{2}x - 4$

→ 두 점 $(-2, \boxed{})$, $(\boxed{}, -2)$를 지난다.

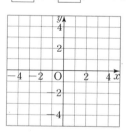

14 $y = -\frac{1}{4}x + 3$

→ 두 점 $(-4, \boxed{})$, $(\boxed{}, 2)$를 지난다.

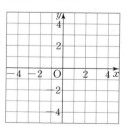

05 일차함수 $y=ax+b$의 그래프 (2)

정답과 풀이 40쪽

(1) **평행이동:** 한 도형을 일정한 방향으로 일정한 거리만큼 옮기는 것

(2) **일차함수의 그래프의 평행이동:** 일차함수 $y=ax+b$의 그래프는 일차함수 $y=ax$의 그래프를 y축의 방향으로 b만큼 평행이동한 직선이다.

→ $y=ax$ $\xrightarrow[b\text{만큼 평행이동}]{y\text{축의 방향으로}}$ $y=ax+b$

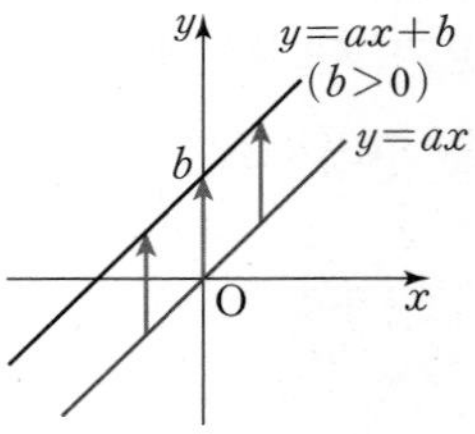

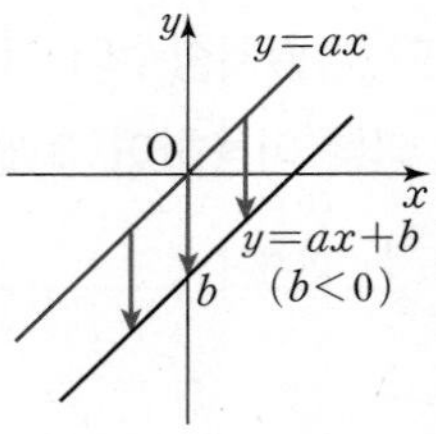

평행이동

다음 일차함수의 그래프에 대하여 □ 안에 알맞은 수를 써넣으시오.

01 $y=x$ $\xrightarrow[\square\text{만큼 평행이동}]{y\text{축의 방향으로}}$ $y=x+6$

02 $y=3x$ $\xrightarrow[\square\text{만큼 평행이동}]{y\text{축의 방향으로}}$ $y=3x-2$

03 $y=-x$ $\xrightarrow[\square\text{만큼 평행이동}]{y\text{축의 방향으로}}$ $y=-x+5$

04 $y=\frac{1}{2}x$ $\xrightarrow[\square\text{만큼 평행이동}]{y\text{축의 방향으로}}$ $y=\frac{1}{2}x+2$

05 $y=4x$ $\xrightarrow[\square\text{만큼 평행이동}]{y\text{축의 방향으로}}$ $y=4x+\frac{1}{3}$

06 $y=-2x$ $\xrightarrow[\square\text{만큼 평행이동}]{y\text{축의 방향으로}}$ $y=-2x-\frac{3}{5}$

평행이동을 이용하여 일차함수의 그래프 그리기

일차함수 $y=2x$의 그래프를 이용하여 다음 일차함수의 그래프를 그리시오.

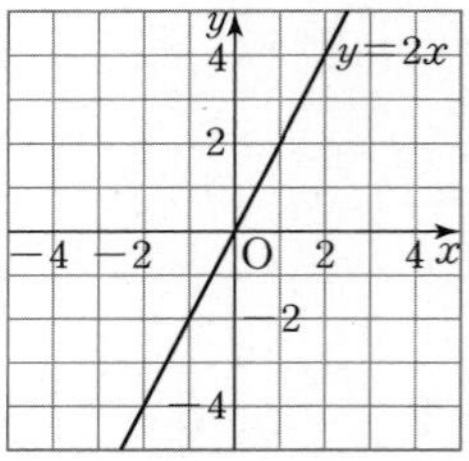

07 $y=2x+3$

08 $y=2x-1$

일차함수 $y=-\frac{1}{3}x$의 그래프를 이용하여 다음 일차함수의 그래프를 그리시오.

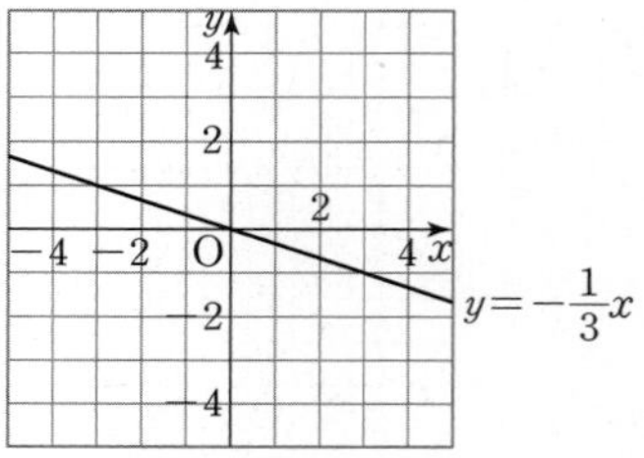

09 $y=-\frac{1}{3}x+1$

10 $y=-\frac{1}{3}x-4$

❈ 다음 일차함수의 그래프를 보고 □ 안에 알맞은 수를 써 넣으시오.

11

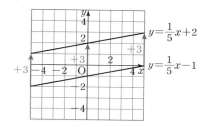

→ $y = \dfrac{1}{5}x - 1$ $\xrightarrow[\boxed{}\text{만큼 평행이동}]{y\text{축의 방향으로}}$ $y = \dfrac{1}{5}x + 2$

Tip $y = ax + b$ $\xrightarrow[c\text{만큼 평행이동}]{y\text{축의 방향으로}}$ $y = ax + b + c$

12

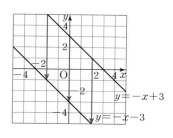

→ $y = -x + 3$ $\xrightarrow[\boxed{}\text{만큼 평행이동}]{y\text{축의 방향으로}}$ $y = -x - 3$

13

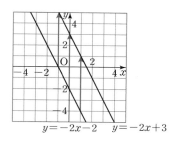

→ $y = -2x - 2$ $\xrightarrow[\boxed{}\text{만큼 평행이동}]{y\text{축의 방향으로}}$ $y = -2x + 3$

14

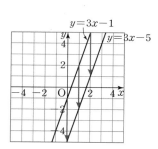

→ $y = 3x - 1$ $\xrightarrow[\boxed{}\text{만큼 평행이동}]{y\text{축의 방향으로}}$ $y = 3x - 5$

평행이동한 일차함수의 식 구하기

❈ 다음 일차함수의 그래프를 y축의 방향으로 [ ] 안의 수만큼 평행이동한 그래프를 나타내는 일차함수의 식을 구하시오.

8 따라하기

> $y = -3x + 4$ [-6]
> → $y = -3x + 4 + (-6)$ 이므로 $y = -3x - 2$

15 $y = x$ [4]

16 $y = -\dfrac{2}{5}x$ [-3]

17 $y = 4x + 1$ [5]

18 $y = -2x - 3$ [-1]

19 $y = \dfrac{2}{3}x - 2$ [6]

20 $y = 7x + 5$ [-2]

21 대표 문제

일차함수 $y = 3x + 4$의 그래프를 y축의 방향으로 -3만큼 평행이동하였더니 $y = ax + b$가 되었다. 이때 두 상수 a, b에 대하여 ab의 값은?

① -3 ② -1 ③ 0

④ 1   ⑤ 3

06 일차함수 $y=ax+b$의 그래프 위의 점

정답과 풀이 40쪽

(1) 일차함수의 그래프 위의 점

일차함수 $y=ax+b$의 그래프가 점 (p, q)를 지난다.

→ $x=p$, $y=q$를 $y=ax+b$에 대입하면 등식이 성립한다.

즉 $q=ap+b$

(2) 평행이동한 그래프 위의 점

일차함수 $y=ax+b$의 그래프를 y축의 방향으로 k만큼 평행이동한 그래프가 점 (p, q)를 지난다.

→ ① $y=ax+b$의 그래프를 y축의 방향으로 k만큼 평행이동한 그래프의 식은 $y=ax+b+k$

② $x=p$, $y=q$를 $y=ax+b+k$에 대입하면 등식이 성립한다.

즉 $q=ap+b+k$

일차함수의 그래프 위의 점인지 판별하기

다음 중 일차함수 $y=4x+2$의 그래프 위의 점인 것은 ○표, 아닌 것은 ×표를 (　　) 안에 써넣으시오.

01 $(1, 6)$ (　　)

Tip $y=4x+2$에 $x=1$, $y=6$을 대입한다.

02 $(0, -2)$ (　　)

03 $(-1, 2)$ (　　)

04 $(-2, -6)$ (　　)

다음 중 일차함수 $y=-x-3$의 그래프 위의 점인 것은 ○표, 아닌 것은 ×표를 (　　) 안에 써넣으시오.

05 $(2, 1)$ (　　)

06 $(-1, -2)$ (　　)

07 $(0, -3)$ (　　)

08 $(3, 0)$ (　　)

일차함수의 그래프가 주어진 점을 지날 때, 미지수 구하기

다음 일차함수의 그래프가 주어진 점을 지날 때, a의 값을 구하시오.

09 $y=5x+2$, $(a, -3)$

10 $y=\frac{3}{4}x-1$, $(4, a)$

11 $y=-4x+3$, $\left(\frac{1}{2}, a\right)$

12 $y=-x-6$, $(-5, a)$

13 $y=x+7$, $(a, 3)$

14 $y=\frac{4}{3}x-2$, $(-6, a)$

15 $y=-\frac{1}{2}x-5$, $(-8, a)$

다음 일차함수의 그래프가 주어진 점을 지날 때, 상수 a의 값을 구하시오.

16 $y=ax-3$, $(-1, -4)$

17 $y=ax-6$, $(2, -7)$

18 $y=-ax+7$, $(-2, -9)$

19 $y=-3x+a$, $(4, 2)$

20 $y=\frac{1}{4}x-a$, $(8, -1)$

21 $y=5x-a$, $(1, -1)$

22 대표 문제

점 $(2a, -a)$가 일차함수 $y=-2x+9$의 그래프 위의 점일 때, a의 값은?

① -6 ② -3 ③ 1
④ 3 ⑤ 6

평행이동한 일차함수의 그래프 위의 점인지 판별하기

다음 중 일차함수 $y=\frac{1}{2}x$의 그래프를 y축의 방향으로 -3만큼 평행이동한 그래프 위의 점인 것은 ○표, 아닌 것은 ×표를 ( ) 안에 써넣으시오.

23 $(2, -2)$ ( )

Tip $y=\frac{1}{2}x$ $\xrightarrow[-3\text{만큼 평행이동}]{y\text{축의 방향으로}}$ $y=\frac{1}{2}x-3$

24 $(-1, 3)$ ( )

25 $(-2, -3)$ ( )

26 $(6, 0)$ ( )

다음 중 일차함수 $y=-3x$의 그래프를 y축의 방향으로 5만큼 평행이동한 그래프 위의 점인 것은 ○표, 아닌 것은 ×표를 ( ) 안에 써넣으시오.

27 $(1, 2)$ ( )

28 $(-3, -4)$ ( )

29 $(-2, 6)$ ( )

30 $(4, -7)$ ( )

평행이동한 일차함수의 그래프 위의 점을 이용하여 미지수 구하기

일차함수 $y=x+2$의 그래프를 y축의 방향으로 1만큼 평행이동한 그래프가 점 $(a, 5)$를 지날 때, 물음에 답하시오.

31 평행이동한 그래프를 나타내는 일차함수의 식을 구하시오.

32 a의 값을 구하시오.

일차함수 $y=-4x+3$의 그래프를 y축의 방향으로 2만큼 평행이동한 그래프가 점 $(1, a)$를 지날 때, 물음에 답하시오.

33 평행이동한 그래프를 나타내는 일차함수의 식을 구하시오.

34 a의 값을 구하시오.

일차함수 $y=\frac{3}{4}x+5$의 그래프를 y축의 방향으로 -3만큼 평행이동한 그래프가 점 $(a, -4)$를 지날 때, 물음에 답하시오.

35 평행이동한 그래프를 나타내는 일차함수의 식을 구하시오.

36 a의 값을 구하시오.

일차함수 $y=-\frac{1}{2}x-7$의 그래프를 y축의 방향으로 4만큼 평행이동한 그래프가 점 $(4, a)$를 지날 때, 물음에 답하시오.

37 평행이동한 그래프를 나타내는 일차함수의 식을 구하시오.

38 a의 값을 구하시오.

일차함수 $y=-5x-1$의 그래프를 y축의 방향으로 -6만큼 평행이동한 그래프가 점 $(-2, a)$를 지날 때, 물음에 답하시오.

39 평행이동한 그래프를 나타내는 일차함수의 식을 구하시오.

40 a의 값을 구하시오.

41 대표 문제

다음 중에서 일차함수 $y=-3x+2$의 그래프를 y축의 방향으로 -5만큼 평행이동한 그래프 위의 점이 아닌 것은?

① $(-4, 9)$　② $(-2, 3)$　③ $(-1, 0)$
④ $(1, 6)$　⑤ $(3, -12)$

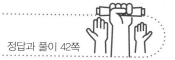
01

다음 중에서 y가 x의 함수인 것을 모두 고르면? (정답 2개)

① 자연수 x와 서로소인 수 y

② 자연수 x보다 작은 자연수 y

③ 자연수 x와 6의 공배수 y

④ 정수 x의 절댓값 y

⑤ 300쪽인 책을 x쪽 읽었을 때 남은 쪽수 y

02

함수 $f(x)=ax$에 대하여 $f(3)=-2$, $f(b)=4$일 때, ab의 값은? (단, a는 상수)

① -6 ② -4 ③ 2

④ 4 ⑤ 6

03

다음 중에서 y가 x에 대한 일차함수인 것은?

① $y=3$ ② $2x-y+1=0$

③ $y=-x^2+4$ ④ $y=\dfrac{1}{x}+2$

⑤ $2x-3y=3(x-y)+5$

04

다음 중에서 일차함수 $y=-\dfrac{2}{3}x+1$의 그래프는?

① 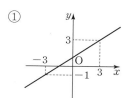   ②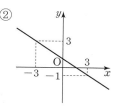

③ 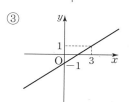   ④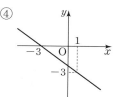

⑤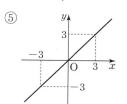

05

다음 중에서 일차함수 $y=4x+1$의 그래프 위의 점이 <u>아닌</u> 것은?

① $(-2, -7)$ ② $(-1, -3)$ ③ $(1, 4)$

④ $(2, 9)$ ⑤ $(3, 13)$

06

일차함수 $y=5x+k$의 그래프를 y축의 방향으로 -4만큼 평행이동한 그래프가 점 $(-2, -9)$를 지날 때, 상수 k의 값은?

① -5 ② -3 ③ -1

④ 3 ⑤ 5

2. 일차함수의 그래프의 절편과 기울기

01 일차함수의 그래프의 x절편과 y절편

정답과 풀이 42쪽

(1) x절편: 일차함수의 그래프가 x축과 만나는 점의 x좌표
　　➡ $y=0$일 때, x의 값
(2) y절편: 일차함수의 그래프가 y축과 만나는 점의 y좌표
　　➡ $x=0$일 때, y의 값
(3) 일차함수 $y=ax+b$의 그래프의 x절편과 y절편
　　① x절편: $-\dfrac{b}{a}$　　② y절편: b

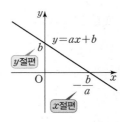

일차함수의 그래프에서 x절편, y절편 구하기

✿ 다음 일차함수의 그래프에서 x절편과 y절편을 각각 구하시오.

3 따라하기

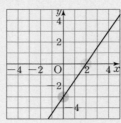

➡ 그래프가 x축과 만나는 점의 x좌표는 2, y축과 만나는 점의 y좌표는 -3이므로
　x절편: 2, y절편: -3

01

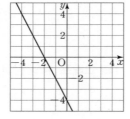

02

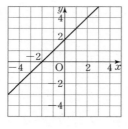

03

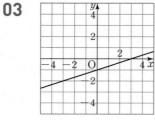

04

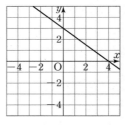

05

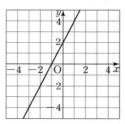

06

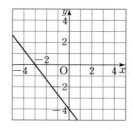

일차함수의 식에서 x절편, y절편 구하기

❖ 다음 일차함수의 그래프의 x절편과 y절편을 각각 구하시오.

따라하기

$y=4x+1$

→ $y=0$을 대입하면 $0=4x+1$이므로 $x=-\dfrac{1}{4}$

또 $x=0$을 대입하면 $y=1$

따라서 x절편: $-\dfrac{1}{4}$, y절편: 1

07 $y=-3x+6$

08 $y=2x-8$

09 $y=-5x+10$

10 $y=x+3$

11 $y=-3x-9$

12 $y=\dfrac{1}{2}x+7$

13 $y=-\dfrac{3}{4}x-6$

x절편을 이용하여 미지수 구하기

❖ 다음 일차함수의 그래프의 x절편이 2일 때, 상수 a의 값을 구하시오.

따라하기

$y=ax+2$

→ x절편이 2이므로 그래프가 점 $(2,\ 0)$을 지난다.

$y=ax+2$에 $x=2$, $y=0$을 대입하면

$0=2a+2$이므로 $a=-1$

14 $y=ax-4$

15 $y=-ax+1$

16 $y=-2x+a$

❖ 다음 일차함수의 그래프의 x절편이 -3일 때, 상수 a의 값을 구하시오.

17 $y=ax+1$

18 $y=-x+a$

19 $y=2ax-3$

20 대표 문제

다음 일차함수의 그래프 중에서 x절편과 y절편이 같은 것은?

① $y=-2x-2$ ② $y=-2x-1$

③ $y=-x-2$ ④ $y=x+2$

⑤ $y=2x+2$

02 x절편과 y절편을 이용하여 일차함수의 그래프 그리기

정답과 풀이 43쪽

x절편과 y절편을 알면 일차함수의 그래프를 그릴 수 있다.
① x절편과 y절편을 각각 구한다.
② 그래프가 x축, y축과 만나는 점의 좌표를 각각 구한다. → $(x$절편, $0)$, $(0$, y절편$)$
③ ②의 두 점을 좌표평면 위에 나타내고 직선으로 연결한다.

x절편과 y절편을 알 때 일차함수의 그래프 그리기

일차함수의 그래프의 x절편과 y절편이 각각 다음과 같을 때, 일차함수의 그래프를 그리시오.

ε 따라하기

x절편: -3, y절편: -1
→ 그래프는 두 점 $\underbrace{(-3,\ 0)}_{(x\text{절편},\ 0)}$, $\underbrace{(0,\ -1)}_{(0,\ y\text{절편})}$을 지난다.

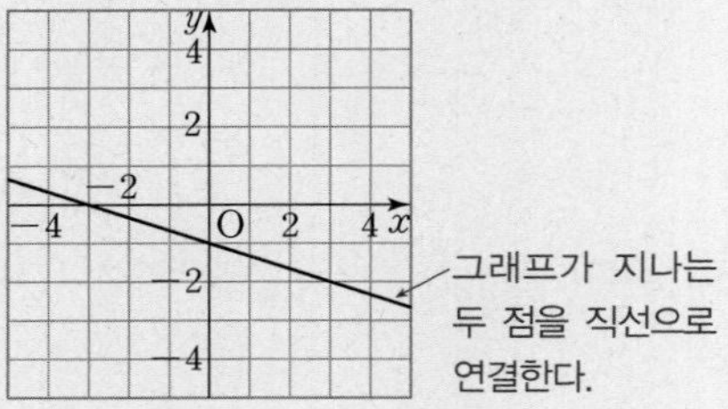

01 x절편: 1, y절편: 4

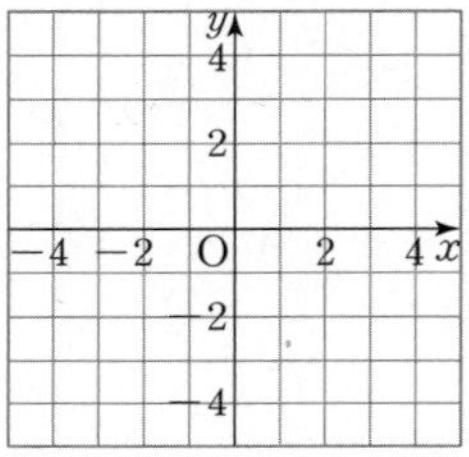

02 x절편: -2, y절편: -3

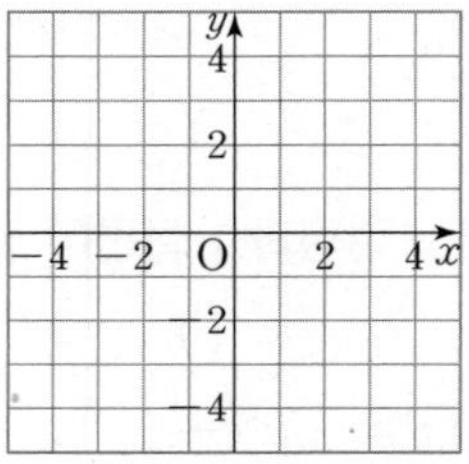

03 x절편: 4, y절편: 1

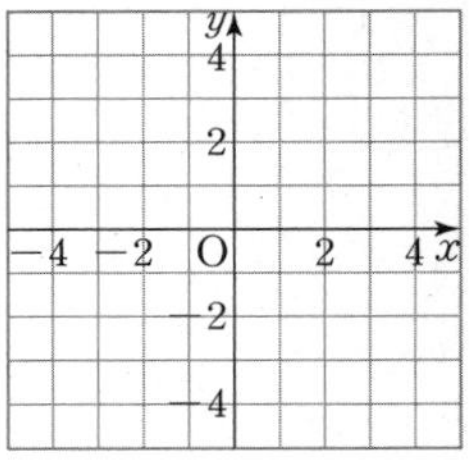

04 x절편: -2, y절편: 2

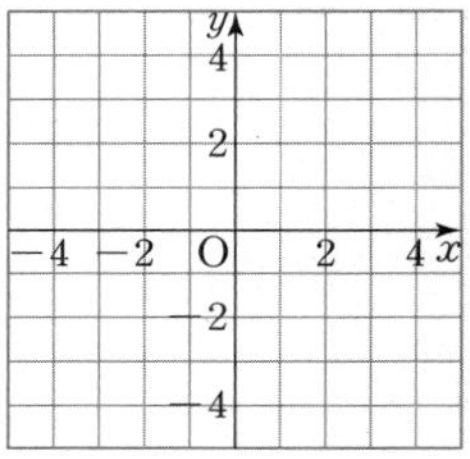

05 x절편: 3, y절편: -2

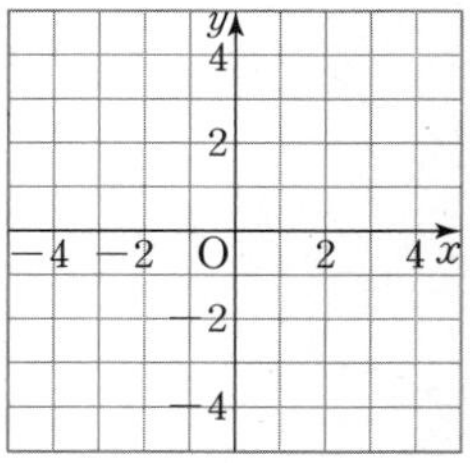

x절편과 y절편을 구하여 일차함수의 그래프 그리기

✖ 다음 일차함수의 그래프의 x절편과 y절편을 각각 구하고, 이를 이용하여 그래프를 그리시오.

 따라하기

$y=2x+4$

→ $y=0$을 대입하면 $0=2x+4$, $x=-2$

　$x=0$을 대입하면 $y=4$

따라서 x절편은 -2, y절편은 4

즉 그래프는 두 점 $(-2, 0)$, $(0, 4)$를 지난다.

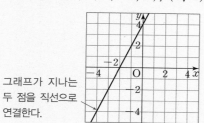

그래프가 지나는 두 점을 직선으로 연결한다.

06 $y=x+3$

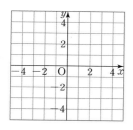

07 $y=-3x-3$

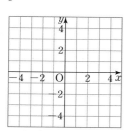

08 $y=\dfrac{1}{4}x+1$

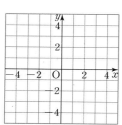

09 $y=-x+2$

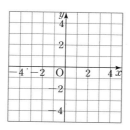

10 $y=\dfrac{5}{2}x+5$

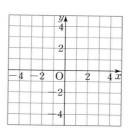

11 $y=-\dfrac{2}{3}x-2$

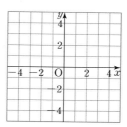

12 대표 문제 👉

다음 중에서 일차함수 $y=x+1$의 그래프는?

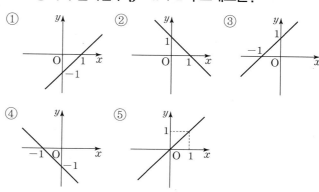

03 일차함수의 그래프와 좌표축으로 둘러싸인 도형의 넓이

정답과 풀이 44쪽

일차함수 $y=ax+b$의 그래프와 x축, y축으로 둘러싸인 삼각형의 넓이

→ $\frac{1}{2}\times$(밑변의 길이)$\times$(높이)$=\frac{1}{2}\times|(x\text{절편})|\times|(y\text{절편})|$

$=\frac{1}{2}\times\left|-\frac{b}{a}\right|\times|b|$

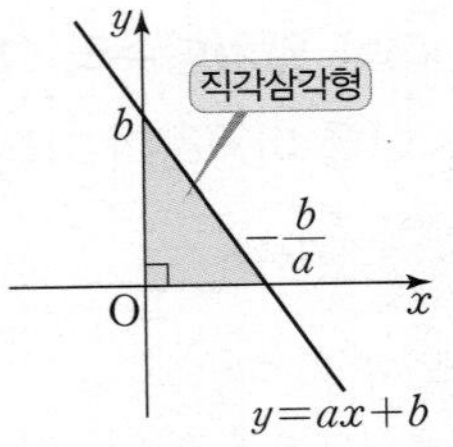

x절편, y절편을 이용하여 삼각형의 넓이 구하기

다음 그림과 같은 일차함수의 그래프의 x절편과 y절편을 각각 구하고, 그래프와 x축, y축으로 둘러싸인 삼각형의 넓이를 구하시오.

ε 따라하기

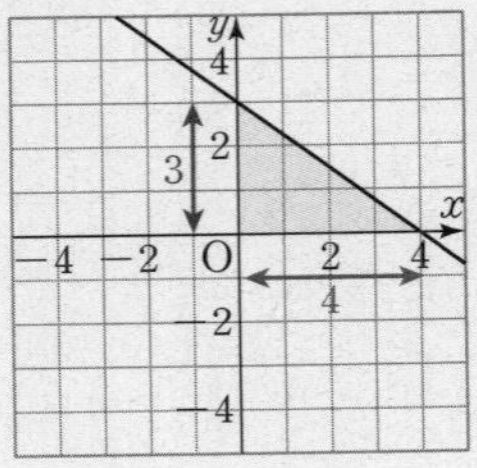

→ x절편은 4, y절편은 3이므로
삼각형의 넓이는
$\frac{1}{2}\times4\times3=6$
|(x절편)| |(y절편)|

01

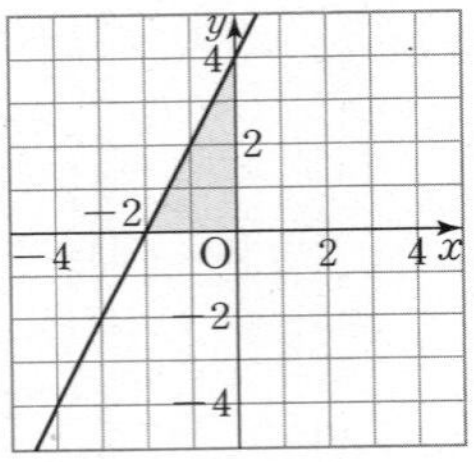

02

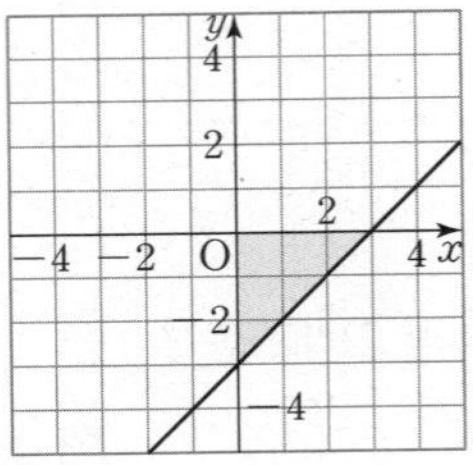

03

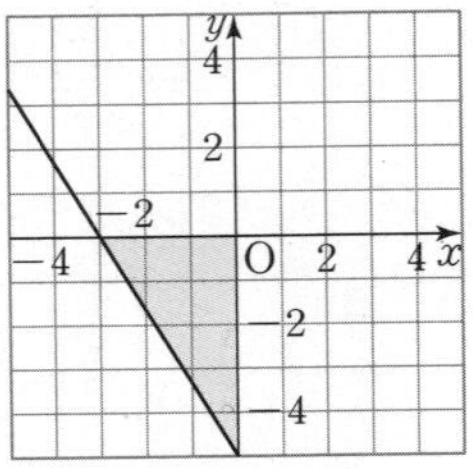

다음 일차함수의 그래프를 그리고, 그래프와 x축, y축으로 둘러싸인 삼각형의 넓이를 구하시오.

04 $y=x+4$

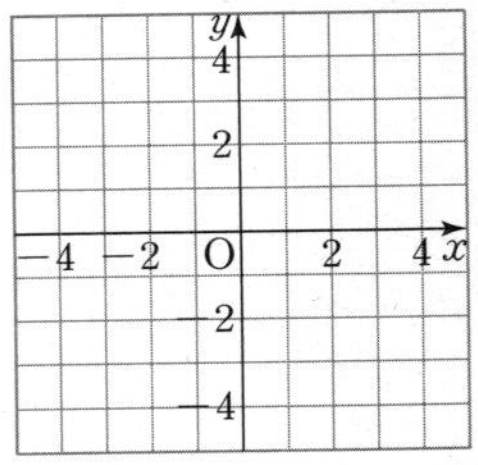

Tip 일차함수의 그래프의 x절편과 y절편을 먼저 구한다.

05 $y=-2x+2$

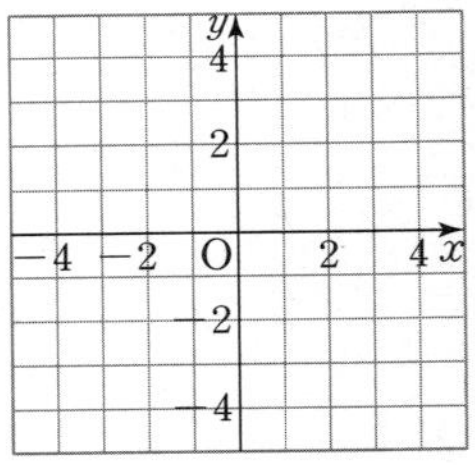

06 $y=\frac{3}{4}x-3$

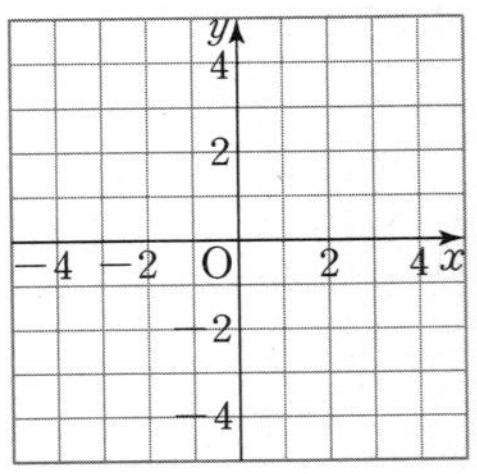

04 일차함수의 그래프의 기울기

(1) **기울기**: 일차함수 $y=ax+b$에서 x의 값의 증가량에 대한 y의 값의 증가량의 비율은 항상 일정하고, 이 증가량의 비율을 기울기라 한다.

(2) 일차함수 $y=ax+b$의 그래프의 기울기

$$\rightarrow (기울기)=\frac{(y의\ 값의\ 증가량)}{(x의\ 값의\ 증가량)}=\underset{\underset{x의\ 계수}{\uparrow}}{a}$$

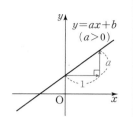

참고 두 점 (a, b), (c, d)를 지나는 일차함수의 그래프의 기울기

$$\rightarrow (기울기)=\frac{d-b}{c-a}(단,\ a\neq c)$$

표를 이용하여 기울기 구하기

❈ 다음 일차함수에 대하여 표를 완성하고, 기울기를 구하시오.

 따라하기

$y=5x-2$

x	...	-2	-1	0	1	2	...
y	...	-12	-7	-2	3	8	...

(위: +1, +1, +1, +1 / 아래: +5, +5, +5, +5)

→ x의 값이 1만큼 증가할 때, y의 값은 5만큼 증가하므로

$(기울기)=\dfrac{5}{1}=5$

01 $y=2x+1$

x	...	-2	-1	0	1	2	...
y	...						...

02 $y=-3x+4$

x	...	-2	-1	0	1	2	...
y	...						...

03 $y=-4x-5$

x	...	-2	-1	0	1	2	...
y	...						...

04 $y=6x+1$

x	...	-2	-1	0	1	2	...
y	...						...

05 $y=-5x+3$

x	...	-2	-1	0	1	2	...
y	...						...

06 $y=x-7$

x	...	-2	-1	0	1	2	...
y	...						...

07 $y=-2x-8$

x	...	-2	-1	0	1	2	...
y	...						...

일차함수의 그래프가 주어질 때 기울기 구하기

✿ 다음 그림과 같은 일차함수의 그래프의 기울기를 구하시오.

3 따라하기

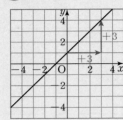

→ x의 값이 3만큼 증가할 때,
y의 값도 3만큼 증가하므로
$(기울기) = \dfrac{3}{3} = 1$

08

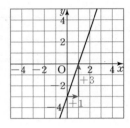

09

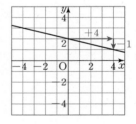

10

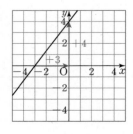

11

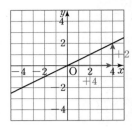

12

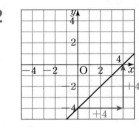

13

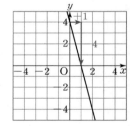

14

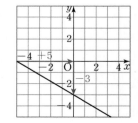

일차함수의 식이 주어질 때 기울기 구하기

❈ 다음 일차함수의 그래프의 기울기를 구하시오.

15 $y=x+4$

Tip 그래프의 기울기는 x의 계수와 같다.

16 $y=-2x-5$

17 $y=3x-7$

18 $y=-6x+2$

19 $y=\dfrac{5}{2}x+1$

20 $y=-\dfrac{1}{6}x+3$

21 $y=\dfrac{3}{5}x-2$

x의 값의 증가량 또는 y의 값의 증가량이 주어지는 경우

❈ 다음 일차함수의 y의 값의 증가량을 구하시오.

③ 따라하기

$y=3x-6$, x의 값의 증가량: ④

→ 기울기는 ③이므로

$\dfrac{(y의\ 값의\ 증가량)}{④}=3$　$(기울기)=\dfrac{(y의\ 값의\ 증가량)}{(x의\ 값의\ 증가량)}$

따라서 $(y의\ 값의\ 증가량)=12$

22 $y=2x-5$, x의 값의 증가량: 3

23 $y=-4x-2$, x의 값의 증가량: 2

24 $y=-3x+6$, x의 값이 1에서 3까지 증가

Tip x의 값의 증가량은 $3-1$이다.

25 $y=\dfrac{1}{4}x-2$, x의 값이 1에서 9까지 증가

❈ 다음 일차함수의 x의 값의 증가량을 구하시오.

26 $y=6x+1$, y의 값의 증가량: 18

27 $y=\dfrac{1}{5}x+3$, y의 값의 증가량: 1

28 $y=-\dfrac{1}{5}x-9$, y의 값이 5에서 7까지 증가

그래프가 지나는 두 점을 이용하여 기울기 구하기

✖ 다음 두 점을 지나는 일차함수의 그래프의 기울기를 구하시오.

> **따라하기**
>
> $(2, 4), (5, -1)$
>
> → (기울기)$= \dfrac{-1-4}{5-2} = -\dfrac{5}{3}$

29 $(-1, -7), (3, -2)$

30 $(-3, 5), (2, -2)$

31 $(3, 6), (4, 9)$

32 $(1, 5), (5, -3)$

33 $(-4, -7), (-1, -4)$

34 $(-3, 6), (2, -3)$

기울기가 주어질 때 미지수 구하기

✖ 일차함수의 그래프의 기울기와 그래프가 지나는 두 점이 다음과 같을 때, a의 값을 구하시오.

> **따라하기**
>
> 기울기가 5이고 두 점 $(-4, -2), (-2, a)$를 지난다.
>
> → (기울기)$= \dfrac{a-(-2)}{-2-(-4)} = 5$이므로
>
> $a+2=10$에서 $a=8$

35 기울기가 2이고 두 점 $(1, 3), (a, 7)$을 지난다.

36 기울기가 -3이고 두 점 $(2, a), (4, 9)$를 지난다.

37 기울기가 4이고 두 점 $(-6, -2), (-4, a)$를 지난다.

38 기울기가 $\dfrac{1}{2}$이고 두 점 $(-1, 5), (a, 8)$을 지난다.

39 기울기가 $-\dfrac{3}{4}$이고 두 점 $(-3, a), (5, 6)$을 지난다.

40 대표 문제

다음 중에서 두 점 $(3, 2), (5, 8)$을 지나는 일차함수의 그래프와 기울기가 같은 것은?

① $y = -3x+2$ ② $y = -x+2$

③ $y = x+4$ ④ $y = 2x-5$

⑤ $y = 3x-2$

기울기와 y절편을 알면 일차함수의 그래프를 그릴 수 있다.
① y축과 만나는 점을 좌표평면 위에 나타낸다. → $(0, y$절편$)$
② 기울기를 이용하여 그래프가 지나는 다른 한 점을 찾는다.
③ ①, ②의 두 점을 직선으로 연결한다.

기울기와 y절편을 알 때 일차함수의 그래프 그리기

✖ 일차함수의 그래프의 기울기와 y절편이 각각 다음과 같을 때, 일차함수의 그래프를 그리시오.

 따라하기

기울기: -3, y절편: 2

→ ① 점 $(0, \underset{y절편}{2})$를 지난다.

② 기울기가 -3이므로 x의 값이 1만큼 증가할 때, y의 값은 -3만큼 증가, 즉 3만큼 감소한다.

$$\overset{+1}{즉\ (0, 2)에서\ (0+1,\ 2\underset{-3}{-3})이므로}$$

점 $(1, -1)$을 지난다.

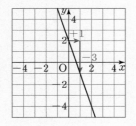

01 기울기: 2, y절편: 1

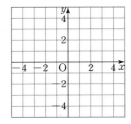

02 기울기: 5, y절편: -3

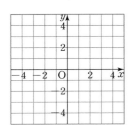

03 기울기: -4, y절편: 4

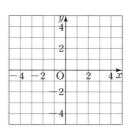

04 기울기: $\dfrac{1}{3}$, y절편: -1

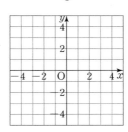

05 기울기: $-\dfrac{4}{5}$, y절편: 2

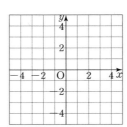

기울기와 y절편을 구하여 일차함수의 그래프 그리기

다음 일차함수의 그래프의 기울기와 y절편을 각각 구하고, 이를 이용하여 그래프를 그리시오.

ε 따라하기

$y=x+3$

→ 기울기는 1, y절편은 3이므로

① 점 $(0, 3)$을 지난다.

② 기울기가 1이므로 $(0, 3)$에서 $(0+1, 3+1)$ (1만큼 증가, 1만큼 증가)

즉 점 $(1, 4)$를 지난다.

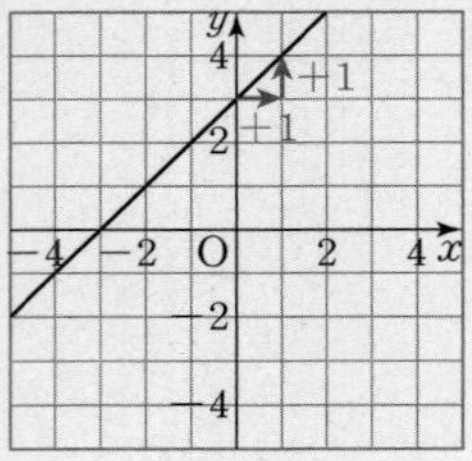

06 $y=3x-2$

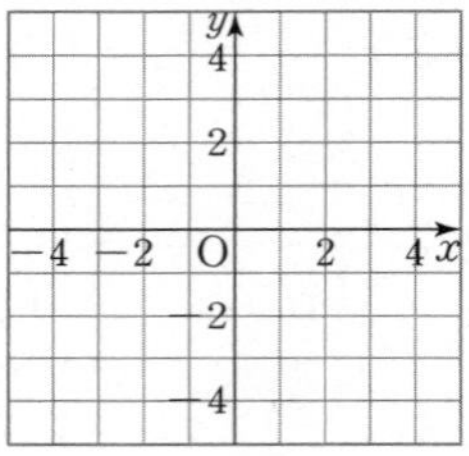

07 $y=-2x+5$

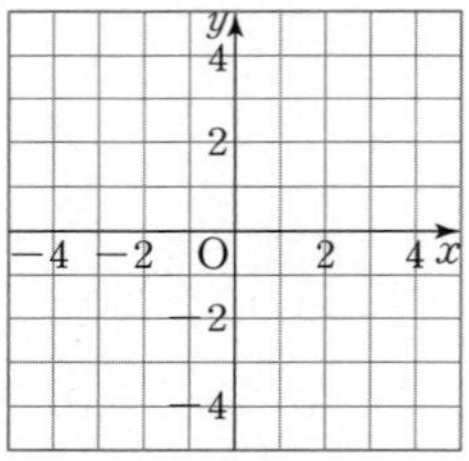

08 $y=4x+1$

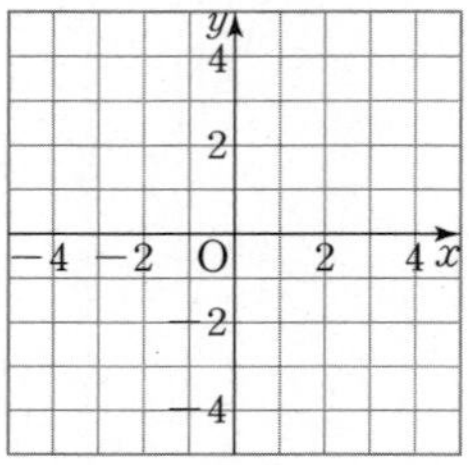

09 $y=-\frac{2}{3}x-1$

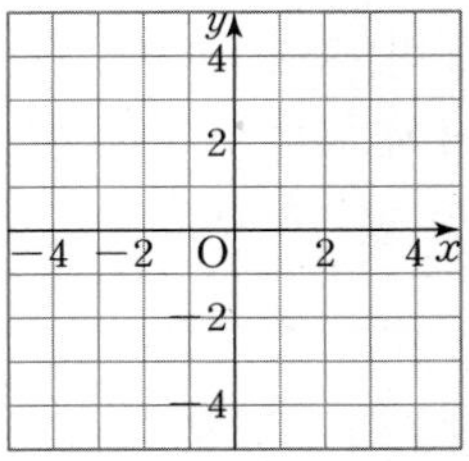

10 $y=\frac{1}{4}x+2$

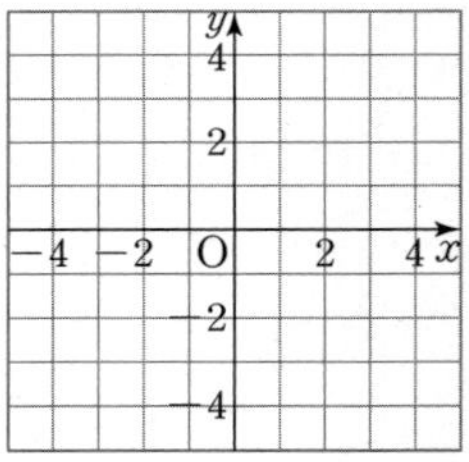

11 $y=-\frac{1}{2}x+3$

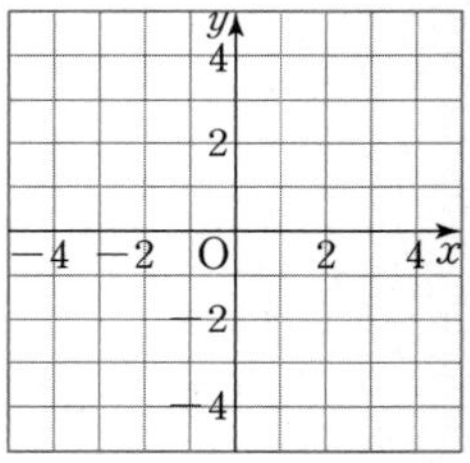

12 대표 문제

일차함수 $y=2x-1$의 그래프가 지나지 않는 사분면은?

① 제1사분면 ② 제2사분면

③ 제3사분면 ④ 제4사분면

⑤ 제3사분면, 제4사분면

01

일차함수 $y = -3x + 4$의 그래프의 x절편을 a, y절편을 b 라 할 때, $\dfrac{b}{a}$의 값은?

① $\dfrac{4}{3}$ 　　② 3 　　③ 4

④ 5 　　⑤ $\dfrac{16}{3}$

02

일차함수 $y = 2x + 7$의 그래프가 오른 쪽 그림과 같을 때, 이 그래프와 x축, y축으로 둘러싸인 삼각형의 넓이는?

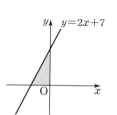

① $\dfrac{7}{4}$ 　　② $\dfrac{21}{4}$

③ 7 　　④ $\dfrac{49}{4}$

⑤ 14

03

다음 중에서 일차함수 $y = \dfrac{2}{5}x - 2$의 그래프는?

① 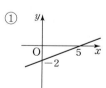　② 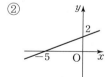　③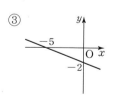

④ 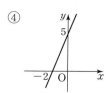　⑤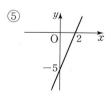

04

다음 일차함수의 그래프 중에서 x의 값이 2만큼 증가할 때, y의 값은 3만큼 감소하는 것은?

① $y = -3x + 1$ 　　② $y = -2x - 3$

③ $y = -\dfrac{3}{2}x + 5$ 　　④ $y = -\dfrac{2}{3}x + 2$

⑤ $y = \dfrac{3}{2}x + 6$

05

두 점 $(-2, 6)$, $(3, -4)$를 지나는 일차함수의 그래프의 기울기는?

① -4 　　② -3 　　③ -2

④ 2 　　⑤ 3

06

두 점 $(1, a)$, $(4, 6)$을 지나는 일차함수의 그래프의 기울 기가 3일 때, a의 값은?

① -3 　　② -1 　　③ 0

④ 3 　　⑤ 5

3. 일차함수의 그래프의 성질과 활용

01 일차함수의 그래프의 성질

정답과 풀이 47쪽

일차함수 $y=ax+b$의 그래프에서

(1) a의 부호: 그래프의 방향 결정

① $a>0$일 때, x의 값이 증가하면 y의 값도 증가한다.

→ 오른쪽 위로 향하는 직선

② $a<0$일 때, x의 값이 증가하면 y의 값은 감소한다.

→ 오른쪽 아래로 향하는 직선

(2) b의 부호: 그래프가 y축과 만나는 부분 결정

① $b>0$일 때, y축과 양의 부분에서 만난다.

② $b<0$일 때, y축과 음의 부분에서 만난다.

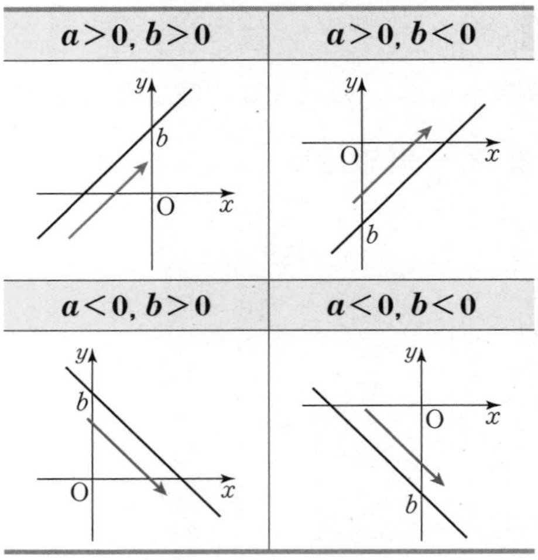

$a>0, b>0$
$a>0, b<0$
$a<0, b>0$
$a<0, b<0$

일차함수의 그래프의 성질

✤ 일차함수 $y=3x+2$의 그래프를 그리고, 옳은 것에 ○표를 하시오.

01 그래프 그리기

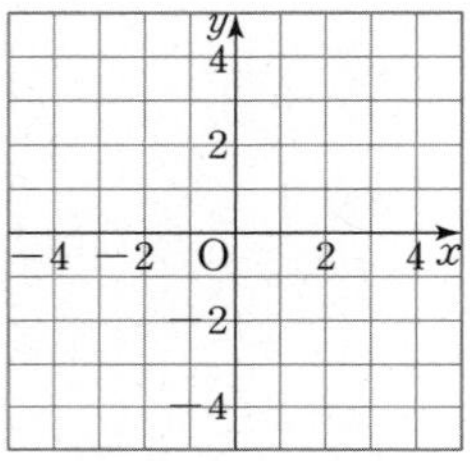

02 그래프의 기울기는 (양수, 음수)이다.

03 그래프는 오른쪽 (위, 아래)로 향하는 직선이다.

04 x의 값이 증가할 때, y의 값이 (증가, 감소)한다.

05 그래프의 y절편은 (양수, 음수)이다.

06 그래프는 y축과 (양, 음)의 부분에서 만난다.

✤ 일차함수 $y=-2x-3$의 그래프를 그리고, 옳은 것에 ○표를 하시오.

07 그래프 그리기

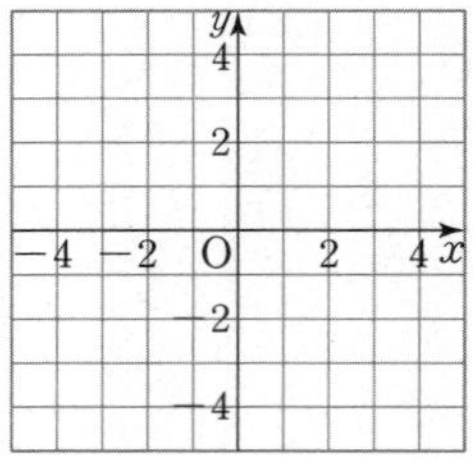

08 그래프의 기울기는 (양수, 음수)이다.

09 그래프는 오른쪽 (위, 아래)로 향하는 직선이다.

10 x의 값이 증가할 때, y의 값이 (증가, 감소)한다.

11 그래프의 y절편은 (양수, 음수)이다.

12 그래프는 y축과 (양, 음)의 부분에서 만난다.

❄ 다음 조건을 만족시키는 일차함수의 그래프를 보기에서 모두 고르시오.

보기
ㄱ. $y=x-1$ ㄴ. $y=-3x+1$
ㄷ. $y=2x+5$ ㄹ. $y=-x-6$
ㅁ. $y=\frac{1}{2}x+2$ ㅂ. $y=-\frac{2}{3}x-4$

13 기울기가 양수인 직선

14 x의 값이 증가할 때, y의 값은 감소하는 직선

15 오른쪽 아래로 향하는 직선

16 오른쪽 위로 향하는 직선

17 y절편이 음수인 직선

18 y축과 양의 부분에서 만나는 직선

19 y축과 음의 부분에서 만나는 직선

❄ 다음 조건을 만족시키는 일차함수의 그래프를 보기에서 모두 고르시오.

보기
ㄱ. $y=2x+4$ ㄴ. $y=-6x-2$
ㄷ. $y=7x-1$ ㄹ. $y=5x-4$
ㅁ. $y=-\frac{1}{3}x+1$ ㅂ. $y=-\frac{5}{2}x-3$

20 기울기가 음수인 직선

21 x의 값이 증가할 때, y의 값도 증가하는 직선

22 오른쪽 위로 향하는 직선

23 y절편이 양수인 직선

24 y축과 음의 부분에서 만나는 직선

25 대표 문제 👈

다음 중에서 일차함수 $y=\frac{3}{4}x-9$의 그래프에 대한 설명으로 옳지 <u>않은</u> 것은?

① 점 $(-4, -12)$를 지난다.

② 오른쪽 위로 향하는 직선이다.

③ y축과 양의 부분에서 만난다.

④ x절편은 12이다.

⑤ x의 값이 4만큼 증가할 때, y의 값은 3만큼 증가한다.

일차함수의 그래프의 모양과 계수의 부호

일차함수 $y=ax+b$의 그래프가 다음과 같을 때, 상수 a, b의 부호를 각각 구하시오.

ε 따라하기

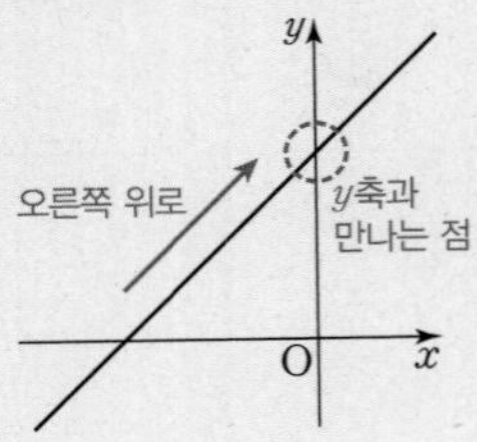

① 그래프가 오른쪽 위로 향하므로 $a>0$

② y축과 양의 부분에서 만나므로 $b>0$

26

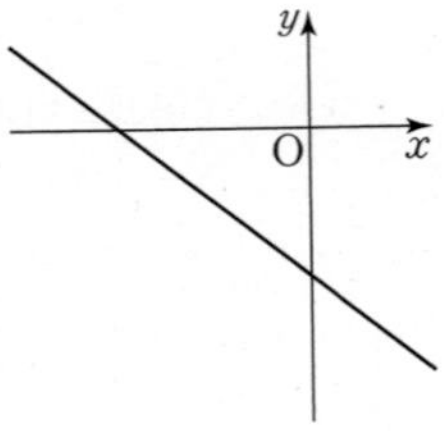

27

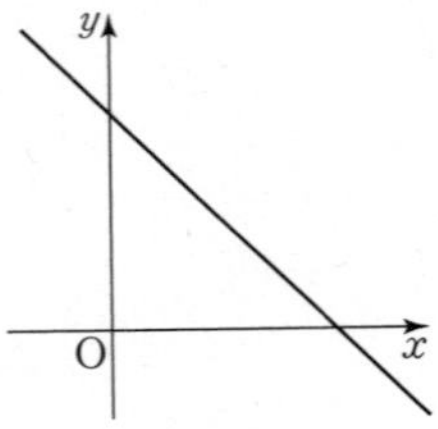

28

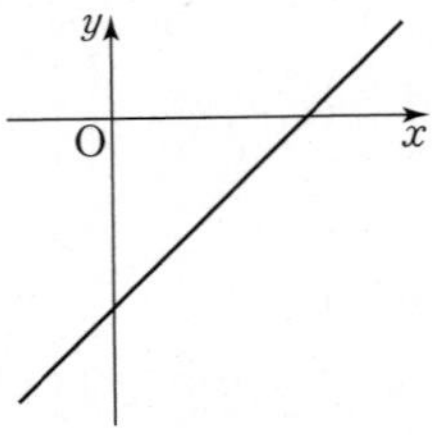

일차함수 $y=ax-b$의 그래프가 다음과 같을 때, 상수 a, b의 부호를 각각 구하시오.

29

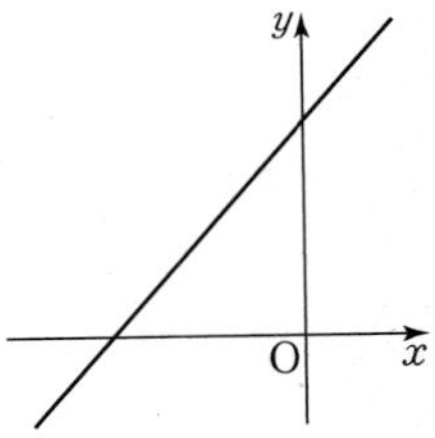

30

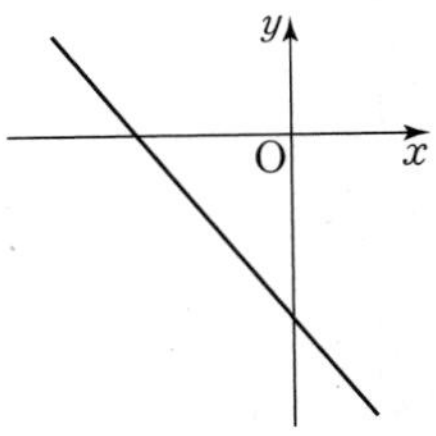

31

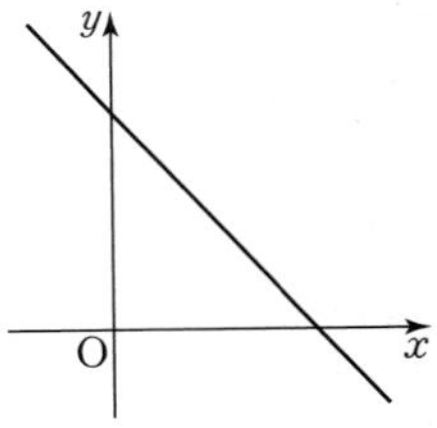

32

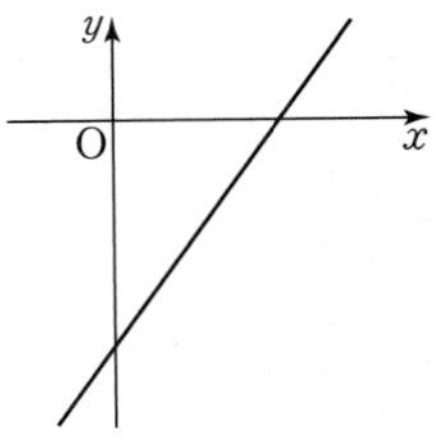

일차함수의 식의 계수의 부호가 주어질 때 그래프의 모양

❋ 상수 a, b의 부호가 다음과 같을 때, 일차함수 $y=ax+b$ 의 그래프의 개형을 그리시오.

3 따라하기

$a>0$, $b<0$

➜ $y=ax+b$에서 기울기는 a, y절편은 b

① (기울기)$=a>0$이므로 그 래프는 오른쪽 위로 향한다.
② (y절편)$=b<0$이므로 y축 과 음의 부분에서 만난다.

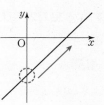

33 $a>0$, $b>0$

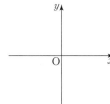

34 $a<0$, $b>0$

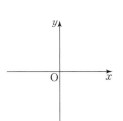

35 $a<0$, $b<0$

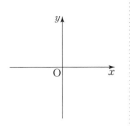

❋ $a<0$, $b>0$일 때, 다음 일차함수의 그래프의 개형을 그 리시오. (단, a, b는 상수)

36 $y=ax+b$

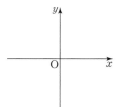

37 $y=ax-b$

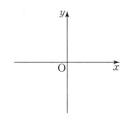

38 $y=-ax+b$

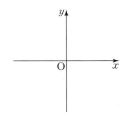

39 대표 문제

$a<0$, $b>0$일 때, 다음 일차함수 $y=-ax-b$의 그래프 가 지나지 <u>않는</u> 사분면은? (단, a, b는 상수)

① 제1사분면   ② 제2사분면

③ 제3사분면   ④ 제4사분면

⑤ 없다.

(1) 기울기가 같은 두 일차함수의 그래프는 서로 평행하거나 일치한다.
  ① 기울기가 같고, y절편이 다르면 ➡ 평행
  ② 기울기가 같고, y절편도 같으면 ➡ 일치
(2) 서로 평행한 두 일차함수의 그래프의 기울기는 같다.

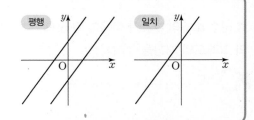

일차함수의 그래프의 평행·일치

✖ 다음 두 일차함수의 그래프가 평행하면 '평', 일치하면 '일'을 ( ) 안에 써넣으시오.

01 $y=x$, $y=x+2$ ( )

02 $y=-3x+1$, $y=-3x+3$ ( )

03 $y=2x-4$, $y=2(x-2)$ ( )
Tip 먼저 식을 정리한 후 비교한다.

04 $y=\dfrac{1}{3}x+2$, $y=\dfrac{1}{3}(x-6)$ ( )

05 $y=-5x-1$, $y=-(5x+1)$ ( )

06 $y=2\left(\dfrac{3}{2}x-1\right)$, $y=3\left(x-\dfrac{1}{3}\right)$ ( )

✖ 다음 보기의 일차함수의 그래프에 대하여 물음에 답하시오.

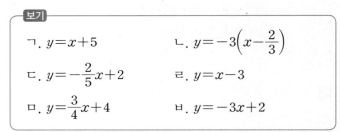

보기
ㄱ. $y=x+5$　　　　ㄴ. $y=-3\left(x-\dfrac{2}{3}\right)$
ㄷ. $y=-\dfrac{2}{5}x+2$　　ㄹ. $y=x-3$
ㅁ. $y=\dfrac{3}{4}x+4$　　　ㅂ. $y=-3x+2$

07 서로 평행한 것끼리 짝 지으시오.

08 일치하는 것끼리 짝 지으시오.

09 다음 그래프와 평행한 것을 찾으시오.

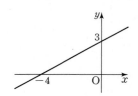

10 다음 그래프와 일치하는 것을 찾으시오.

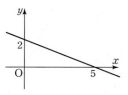

두 일차함수의 그래프가 평행 또는 일치할 때, 미지수 구하기

✖ 다음 두 일차함수의 그래프가 서로 평행할 때, 상수 a의 값을 구하시오.

ε 따라하기

$y=ax+2$, $y=4x-1$

→ 두 그래프가 서로 평행하려면 기울기가 같아야 하므로 $a=4$

11 $y=3x$, $y=ax+1$

12 $y=-4x-3$, $y=ax+8$

13 $y=-ax-5$, $y=2x+2$

14 $y=-\dfrac{1}{2}x+7$, $y=-ax+6$

15 $y=ax+5$, $y=3(x-2)$

16 $y=\dfrac{4}{3}(3x-9)$, $y=ax+4$

✖ 다음 두 일차함수의 그래프가 일치할 때, 상수 a, b의 값을 각각 구하시오.

ε 따라하기

$y=ax-2$, $y=4x+b$

→ 두 그래프가 일치하려면 기울기와 y절편이 각각 같아야 하므로 $a=4$, $b=-2$

17 $y=ax+7$, $y=-3x-b$

18 $y=\dfrac{1}{2}x+5$, $y=-ax+b$

19 $y=\dfrac{a}{3}x-2$, $y=x-b$

20 $y=2ax-b$, $y=4x+1$

21 $y=-\dfrac{5}{2}x-8$, $y=-5ax+b$

22 대표 문제

두 일차함수 $y=-\dfrac{1}{3}x+a$, $y=bx-6$의 그래프가 일치할 때, 상수 a, b에 대하여 ab의 값은?

① -4 ② -3 ③ 2

④ 3 ⑤ 4

03 기울기와 y절편을 알 때, 일차함수의 식 구하기

기울기가 a이고 y절편이 b인 직선을 그래프로 하는 일차함수의 식은

$$y = \underset{\uparrow\ 기울기}{a}x + \underset{\uparrow\ y절편}{b}$$

참고 '기울기가 ■이다.'의 다른 표현
→ x의 값이 1만큼 증가할 때, y의 값은 ■만큼 증가한다.
→ 일차함수 $y = $ ■$x + $ ●의 그래프와 평행하다.

기울기와 y절편을 알 때 일차함수의 식 구하기

❋ 다음 직선을 그래프로 하는 일차함수의 식을 구하시오.

ε 따라하기

기울기가 3이고, y절편이 −1인 직선
→ $y = ax + b$에서 $a = 3$, $b = -1$이므로
$y = 3x - 1$

01 기울기가 −5이고 y절편이 3인 직선

02 기울기가 $\dfrac{3}{7}$이고 y절편이 −2인 직선

03 기울기가 $-\dfrac{1}{5}$이고 y절편이 −7인 직선

04 기울기가 6이고 y절편이 1인 직선

05 기울기가 $-\dfrac{1}{2}$이고 점 $(0, 5)$를 지나는 직선

Tip 점 $(0, k)$를 지난다. → y절편이 k이다.

06 기울기가 4이고 점 $(0, -8)$을 지나는 직선

❋ 다음 직선을 그래프로 하는 일차함수의 식을 구하시오.

07 x의 값이 4만큼 증가할 때 y의 값은 8만큼 증가하고, y절편은 3인 직선

Tip $(기울기) = \dfrac{(y의\ 값의\ 증가량)}{(x의\ 값의\ 증가량)}$임을 이용하여 기울기를 구한다.

08 x의 값이 1만큼 증가할 때 y의 값은 3만큼 증가하고, y절편은 −5인 직선

09 x의 값이 3만큼 증가할 때 y의 값은 4만큼 감소하고, y절편은 −1인 직선

10 x의 값이 2만큼 증가할 때 y의 값은 6만큼 증가하고, y절편은 2인 직선

11 x의 값이 5만큼 증가할 때 y의 값은 3만큼 감소하고, 점 $(0, 8)$을 지나는 직선

12 x의 값이 6만큼 증가할 때 y의 값은 9만큼 증가하고, 점 $(0, -3)$을 지나는 직선

❄ 다음 직선을 그래프로 하는 일차함수의 식을 구하시오.

13 일차함수 $y=2x+4$의 그래프와 평행하고, y절편이 1인 직선

Tip 평행한 두 그래프의 기울기는 같다.

14 일차함수 $y=-3x+2$의 그래프와 평행하고, y절편이 -4인 직선

15 일차함수 $y=4x-6$의 그래프와 평행하고, y절편이 5인 직선

16 일차함수 $y=-\dfrac{1}{5}x-7$의 그래프와 평행하고, y절편이 -3인 직선

17 일차함수 $y=\dfrac{1}{2}x+2$의 그래프와 평행하고, 점 $(0, 6)$을 지나는 직선

18 일차함수 $y=-\dfrac{4}{5}x-3$의 그래프와 평행하고, 점 $(0, -1)$을 지나는 직선

19 오른쪽 그림의 직선과 평행하고, y절편이 2인 직선

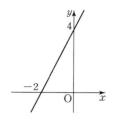

Tip 두 점 $(m, 0)$, $(0, n)$을 지나는 직선의 기울기는 $\dfrac{n-0}{0-m}=-\dfrac{n}{m}$

20 오른쪽 그림의 직선과 평행하고, y절편이 -5인 직선

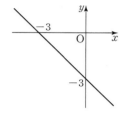

21 오른쪽 그림의 직선과 평행하고, 점 $(0, -8)$을 지나는 직선

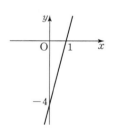

22 오른쪽 그림의 직선과 평행하고, 점 $(0, 7)$을 지나는 직선

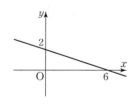

㉓ 대표 문제 ☞

기울기가 1이고 y절편이 -3인 직선이 점 $(a, 2)$를 지날 때, a의 값은?

① 6   ② 5   ③ 4

④ 3   ⑤ 2

04 기울기와 한 점을 알 때, 일차함수의 식 구하기

정답과 풀이 49쪽

기울기가 a이고, 점 (x_1, y_1)을 지나는 직선을 그래프로 하는 일차함수의 식은 다음과 같이 구한다.

① 일차함수의 식을 $y=ax+b$로 놓는다.

② $y=ax+b$에 $x=x_1$, $y=y_1$을 대입하여 b의 값을 구한다.

기울기와 한 점을 알 때 일차함수의 식 구하기

다음 직선을 그래프로 하는 일차함수의 식을 구하시오.

ε 따라하기

기울기가 -2이고 점 $(1, 3)$을 지나는 직선

↓ ① $y=ax+b$ 꼴로 나타내기

$y=-2x+b$

↓ ② $x=1$, $y=3$을 대입

$3=-2\times1+b$, $b=5$

↓ ③ 일차함수의 식 구하기

$y=-2x+5$

01 기울기가 3이고 점 $(2, -1)$을 지나는 직선

02 기울기가 -4이고 점 $(-3, -2)$를 지나는 직선

03 기울기가 5이고 점 $(1, 4)$를 지나는 직선

04 기울기가 $-\frac{2}{3}$이고 점 $(-3, 5)$를 지나는 직선

05 기울기가 $\frac{1}{2}$이고 점 $(6, 4)$를 지나는 직선

06 기울기가 -7이고 점 $(-1, 4)$를 지나는 직선

다음 직선을 그래프로 하는 일차함수의 식을 구하시오.

07 x의 값이 2만큼 증가할 때 y의 값은 6만큼 증가하고, 점 $(2, 3)$을 지나는 직선

08 x의 값이 1만큼 증가할 때 y의 값은 4만큼 감소하고, 점 $(1, -3)$을 지나는 직선

09 x의 값이 4만큼 증가할 때 y의 값은 8만큼 증가하고, 점 $(5, 6)$을 지나는 직선

10 x의 값이 3만큼 증가할 때 y의 값은 9만큼 감소하고, 점 $(3, 0)$을 지나는 직선

11 x의 값이 1만큼 증가할 때 y의 값은 1만큼 증가하고, 점 $(-6, -7)$을 지나는 직선

12 x의 값이 5만큼 증가할 때 y의 값은 2만큼 감소하고, 점 $(5, 8)$을 지나는 직선

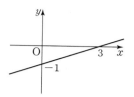

✿ 다음 직선을 그래프로 하는 일차함수의 식을 구하시오.

13 일차함수 $y=3x+5$의 그래프와 평행하고,
점 $(2, 1)$을 지나는 직선

14 일차함수 $y=-x+5$의 그래프와 평행하고,
점 $(-4, 5)$를 지나는 직선

15 일차함수 $y=2x-7$의 그래프와 평행하고,
점 $(-3, -3)$을 지나는 직선

16 일차함수 $y=-\dfrac{3}{4}x+2$의 그래프와 평행하고,
점 $(4, 1)$을 지나는 직선

17 일차함수 $y=\dfrac{1}{5}x-7$의 그래프와 평행하고,
점 $(10, 0)$을 지나는 직선

18 일차함수 $y=-\dfrac{1}{2}x-6$의 그래프와 평행하고,
점 $(-6, -1)$을 지나는 직선

19 오른쪽 그림의 직선과 평행하고, 점 $(3, 5)$를 지나는 직선

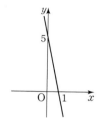

20 오른쪽 그림의 직선과 평행하고, 점 $(-1, -2)$를 지나는 직선

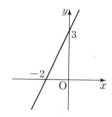

21 오른쪽 그림의 직선과 평행하고, 점 $(4, 0)$을 지나는 직선

22 오른쪽 그림의 직선과 평행하고, 점 $(4, -6)$을 지나는 직선

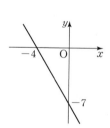

23 대표 문제

일차함수 $y=2x+7$의 그래프와 평행하고 점 $(-2, -3)$을 지나는 직선의 x절편은?

① $-\dfrac{3}{4}$ ② $-\dfrac{1}{2}$ ③ $-\dfrac{1}{4}$

④ $\dfrac{1}{4}$ ⑤ $\dfrac{1}{2}$

05 두 점을 알 때, 일차함수의 식 구하기

서로 다른 두 점 (x_1, y_1), (x_2, y_2)를 지나는 직선을 그래프로 하는 일차함수의 식은 다음과 같이 구한다.

① 기울기 a를 구한다. → $a = \dfrac{y_2 - y_1}{x_2 - x_1}$ (단, $x_1 \neq x_2$)

② 일차함수의 식을 $y = ax + b$로 놓는다.

③ $y = ax + b$에 한 점의 좌표를 대입하여 b의 값을 구한다.

두 점을 알 때 일차함수의 식 구하기

❖ 다음 두 점을 지나는 직선을 그래프로 하는 일차함수의 식을 구하시오.

따라하기

두 점 $(-1, 1)$, $(2, 4)$를 지나는 직선

↓ ① 기울기 구하기

(기울기) $= \dfrac{4-1}{2-(-1)} = 1$이므로 $y = x + b$

↓ ② $x = -1$, $y = 1$을 대입

$1 = -1 + b$, $b = 2$

↓ ③ 일차함수의 식 구하기

$y = x + 2$

01 두 점 $(-3, -2)$, $(1, 6)$을 지나는 직선

02 두 점 $(1, 1)$, $(3, -7)$을 지나는 직선

03 두 점 $(-5, -3)$, $(-1, 1)$을 지나는 직선

04 두 점 $(2, -7)$, $(4, -3)$을 지나는 직선

05 두 점 $(3, 4)$, $(6, -2)$를 지나는 직선

06 두 점 $(1, 6)$, $(4, -3)$을 지나는 직선

07 두 점 $(-6, -2)$, $(-4, 8)$을 지나는 직선

08 두 점 $(2, 3)$, $(6, 9)$를 지나는 직선

09 두 점 $(-7, 3)$, $(1, -5)$를 지나는 직선

✾ 다음 그림과 같은 직선을 그래프로 하는 일차함수의 식을 구하시오.

10

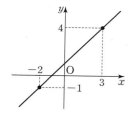

11

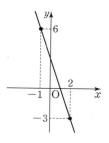

12

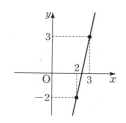

13

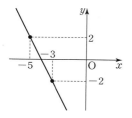

14

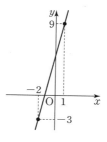

15

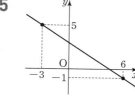

16

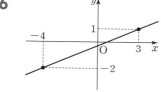

17 대표 문제

두 점 $(2, 3)$, $(6, 11)$을 지나는 직선이 y축과 만나는 점의 좌표는?

① $(0, -3)$ ② $(0, -2)$ ③ $(0, -1)$

④ $(0, 1)$ ⑤ $(0, 2)$

06 x절편과 y절편을 알 때, 일차함수의 식 구하기

정답과 풀이 53쪽

x절편이 m, y절편이 n인 직선을 그래프로 하는 일차함수의 식은 다음과 같이 구한다.

① 두 점 $(m, 0)$, $(0, n)$을 지나는 직선의 기울기 a를 구한다.

→ $a = \dfrac{n-0}{0-m} = -\dfrac{n}{m}$ (기울기) $= -\dfrac{(y절편)}{(x절편)}$

② y절편이 n이므로 구하는 일차함수의 식은 $y = -\dfrac{n}{m}x + n$

---

x절편, y절편을 알 때 일차함수의 식 구하기

❋ x절편, y절편이 다음과 같은 직선을 그래프로 하는 일차함수의 식을 구하시오.

③ 따라하기

x절편이 1이고, y절편이 6인 직선

↓ ① 그래프가 지나는 두 점 찾기

두 점 $(1, 0)$, $(0, 6)$을 지난다.

↓ ② 기울기 구하기

(기울기) $= \dfrac{6-0}{0-1} = -6$

↓ ③ 일차함수의 식 구하기

$y = -6x + 6$

01 x절편이 -3이고, y절편이 -3인 직선

02 x절편이 5이고, y절편이 -2인 직선

03 x절편이 -4이고, y절편이 7인 직선

04 x절편이 1이고, y절편이 8인 직선

05 x절편이 -2이고, y절편이 -4인 직선

❋ 다음 두 점을 지나는 직선을 그래프로 하는 일차함수의 식을 구하시오.

06 두 점 $(-4, 0)$, $(0, 3)$을 지나는 직선

Tip x절편이 -4이고, y절편이 3이다.

07 두 점 $(2, 0)$, $(0, -1)$을 지나는 직선

08 두 점 $(6, 0)$, $(0, 9)$를 지나는 직선

09 두 점 $(-3, 0)$, $(0, -5)$를 지나는 직선

10 두 점 $(4, 0)$, $(0, 8)$을 지나는 직선

✿ 다음 그림과 같은 직선을 그래프로 하는 일차함수의 식을 구하시오.

11

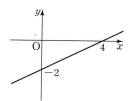

12

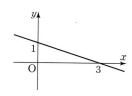

13

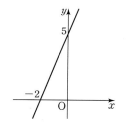

14

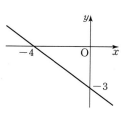

15

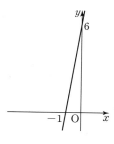

16

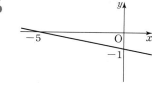

17

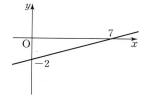

18 대표 문제

다음 중에서 x절편이 2이고, y절편이 -6인 직선 위에 있지 <u>않은</u> 점은?

① $(-3, -15)$ ② $(-2, -12)$ ③ $(-1, -6)$

④ $(1, -3)$ ⑤ $(3, 3)$

일차함수의 활용 문제를 푸는 순서
① 변수 정하기 ➡ 문제의 뜻을 파악하여 변하는 두 양을 x와 y로 놓는다.
② 함수 구하기 ➡ x와 y 사이의 관계를 일차함수 $y=ax+b$로 나타낸다.
③ 값 구하기 ➡ 일차함수의 식이나 그래프를 이용하여 필요한 값을 구한다.
④ 확인하기 ➡ 구한 값이 문제의 뜻에 맞는지 확인한다.

길이에 관한 문제

01 길이가 30 cm인 양초에 불을 붙이면 1분마다 2 cm씩 짧아진다고 한다. 불을 붙인 지 x분 후의 양초의 길이를 y cm라 할 때, 물음에 답하시오.

(1) 다음 표를 완성하시오.

x(분)	0	1	2	3	4	⋯
y(cm)						⋯

(2) x분 후 줄어든 양초의 길이를 x의 식으로 나타내시오.

(3) x와 y 사이의 관계식을 구하시오.
Tip $y=$(처음 양초의 길이)$-$(x분 후 줄어든 양초의 길이)

(4) 13분 후 양초의 길이를 구하시오.

(5) 양초가 완전히 타는 데 걸리는 시간은 몇 분인지 구하시오.

02 길이가 15 cm인 용수철에 무게가 같은 추를 한 개 매달 때마다 용수철의 길이가 3 cm씩 늘어난다고 한다. 추의 개수를 x개, 용수철의 길이를 y cm라 할 때, 물음에 답하시오.

(1) x와 y 사이의 관계식을 구하시오.

(2) 4개의 추를 매달았을 때, 용수철의 길이를 구하시오.

(3) 용수철의 길이가 51 cm일 때, 매달려 있는 추는 모두 몇 개인지 구하시오.

03 높이가 150 cm인 나무가 10년에 120 cm씩 자란다고 한다. x년 후 나무의 높이를 y cm라 할 때, 물음에 답하시오.

(1) x와 y 사이의 관계식을 구하시오.
Tip 나무가 1년에 몇 cm씩 자라는지 구한다.

(2) 8년 후 나무의 높이를 구하시오.

(3) 나무의 높이가 330 cm가 되는 것은 몇 년 후인지 구하시오.

온도에 관한 문제

04 지면으로부터 높이가 10 km까지는 1 km 높아질 때마다 기온이 6 ℃씩 내려간다고 한다. 지면의 기온이 28 ℃일 때, 지면으로부터의 높이가 x km인 지점의 기온을 y ℃라 하자. 물음에 답하시오.

(1) 지면으로부터 x km 높아질 때마다 내려가는 기온을 x의 식으로 나타내시오.

(2) x와 y 사이의 관계식을 구하시오.

(3) 지면으로부터 높이가 6 km인 지점의 기온을 구하시오.

(4) 기온이 -2 ℃인 지점은 지면으로부터 몇 km 높이인지 구하시오.

05 비커에 30 ℃의 물을 넣고 가열하면서 1분마다 온도를 재었더니 5 ℃씩 일정하게 올라갔다. 가열한 지 x분 후의 물의 온도를 y ℃라 할 때, 물음에 답하시오.

(1) x와 y 사이의 관계식을 구하시오.

(2) 5분 후 물의 온도를 구하시오.

(3) 물의 온도가 100 ℃가 되는 것은 몇 분 후인지 구하시오.

06 비커에 80 ℃의 물이 들어 있다. 이 비커를 실온에 두면 2분마다 4 ℃씩 온도가 내려간다고 한다. x분 후 물의 온도를 y ℃라 할 때, 물음에 답하시오.

(1) x와 y 사이의 관계식을 구하시오.

Tip 1분에 몇 ℃씩 물의 온도가 내려가는지 구한다.

(2) 20분 후 물의 온도를 구하시오.

(3) 물의 온도가 36 ℃가 되는 것은 몇 분 후인지 구하시오.

07 300 L의 물을 담을 수 있는 물탱크에 20 L의 물이 들어 있다. 이 물탱크에 5분마다 10 L씩 물을 넣는다고 한다. 물을 넣기 시작한 지 x분 후에 물탱크에 들어 있는 물의 양을 y L라 할 때, 물음에 답하시오.

(1) 1분 동안 몇 L의 물을 넣었는지 구하시오.

(2) x분 동안 물탱크에 넣은 물의 양을 x의 식으로 나타내시오.

(3) x와 y 사이의 관계식을 구하시오.
> **Tip** $y =$ (x분 동안 넣은 물의 양)$+$(처음 물의 양)

(4) 12분 후 물탱크에 들어 있는 물의 양을 구하시오.

(5) 물탱크를 가득 채우는 데 걸리는 시간은 몇 분인지 구하시오.

08 60 L의 물이 들어 있는 물탱크에서 1분에 4 L씩 물을 빼내고 있다. 물을 빼기 시작한 지 x분 후에 물탱크에 들어 있는 물의 양을 y L라 할 때, 물음에 답하시오.

(1) x와 y 사이의 관계식을 구하시오.

(2) 3분 후 물탱크에 들어 있는 물의 양을 구하시오.

(3) 물탱크에서 물을 모두 빼내는 데 몇 분이 걸리는지 구하시오.

09 10 km를 가는 데 4 L의 연료를 사용하는 자동차가 있다. 이 자동차에 100 L의 연료를 넣고 x km를 달리고 남은 연료의 양을 y L라 할 때, 물음에 답하시오.

(1) x와 y 사이의 관계식을 구하시오.
> **Tip** 1 km가는 데 몇 L의 연료를 사용하는지 구한다.

(2) 180 km를 달린 후 남은 연료의 양을 구하시오.

(3) 이 자동차가 최대 몇 km까지 달릴 수 있는지 구하시오.

속력에 관한 문제

10 A 지점을 출발하여 시속 60 km로 240 km 떨어진 B 지점까지 가려고 한다. x시간 후 남은 거리를 y km라 할 때, 물음에 답하시오.

(1) x시간 동안 이동한 거리를 x의 식으로 나타내시오.

Tip (거리)＝(속력)×(시간)이다.

(2) x와 y 사이의 관계식을 구하시오.

(3) A 지점을 출발한 지 2시간 후 남은 거리를 구하시오.

(4) 남은 거리가 60 km일 때, 걸린 시간은 몇 시간인지 구하시오.

(5) B 지점에 도착할 때까지 걸린 시간은 몇 시간인지 구하시오.

11 나혜가 집에서 출발하여 시속 8 km로 자전거를 타고 16 km 떨어진 도서관을 가려고 한다. x시간 후 남은 거리를 y km라 할 때, 물음에 답하시오.

(1) x와 y 사이의 관계식을 구하시오.

(2) 집을 출발한 지 30분 후 도서관까지 남은 거리를 구하시오.

(3) 도서관에 도착할 때까지 걸린 시간을 구하시오.

12 어떤 건물의 엘리베이터가 지면으로부터 90 m 높이에서 초속 3 m로 내려오고 있다. x초 후 지면으로부터의 높이가 y m라 할 때, 물음에 답하시오. (단, 도중에 서지 않고 내려온다.)

(1) x와 y 사이의 관계식을 구하시오.

(2) 12초 후 엘리베이터의 높이를 구하시오.

(3) 엘리베이터가 지상에 도착할 때까지 걸린 시간은 몇 초인지 구하시오.

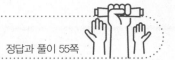

01

다음 중에서 일차함수 $y=-\dfrac{1}{3}x+4$의 그래프에 대한 설명으로 옳지 <u>않은</u> 것은?

① 오른쪽 아래로 향하는 직선이다.

② 기울기는 $-\dfrac{1}{3}$이다.

③ x축과 만나는 점의 좌표는 $(12, 0)$이다.

④ 점 $(3, 3)$을 지난다.

⑤ 그래프가 제3사분면을 지난다.

02

일차함수 $y=-ax+b$의 그래프가 오른쪽 그림과 같을 때, 다음 중에서 옳은 것은? (단, a, b는 상수)

① $a>0$, $b>0$

② $a>0$, $b<0$

③ $a<0$, $b>0$

④ $a<0$, $b<0$

⑤ $a<0$, $b=0$

03

$a<0$, $b<0$일 때, 다음 중에서 일차함수 $y=ax-b$의 그래프로 알맞은 것은? (단, a, b는 상수)

① 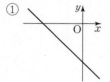   ② 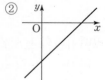   ③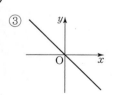

④ 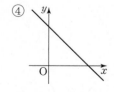   ⑤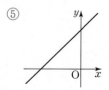

04

다음 일차함수의 그래프 중에서 일차함수 $y=\dfrac{1}{4}x+5$의 그래프와 평행한 것은?

① $y=4x-3$

② $y=\dfrac{1}{4}(2x-4)$

③ $y=\dfrac{1}{4}(x-8)$

④ $y=-4(x+2)$

⑤ $y=-\dfrac{1}{4}x+1$

05

오른쪽 그림과 같은 일차함수의 그래프와 평행하고 y절편이 -2인 직선의 x절편은?

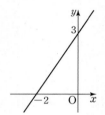

① $-\dfrac{2}{3}$

② $-\dfrac{1}{3}$

③ 1

④ $\dfrac{4}{3}$

⑤ 2

06

어떤 양초에 불을 붙이면 양초의 길이는 시간이 지남에 따라 다음 표와 같이 일정하게 줄어든다. 이 양초에 불을 붙인 지 x분 후에 남은 양초의 길이를 y cm라 하자. 양초에 불을 붙인 지 6분 후 남은 양초의 길이는?

x(분)	0	1	2	3	⋯
y(cm)	20	17	14	11	⋯

① 2 cm   ② 4 cm   ③ 7 cm

④ 8 cm   ⑤ 10 cm

6 일차함수와 일차방정식

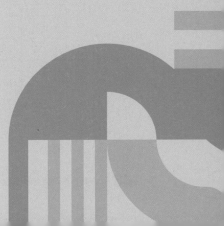

01 미지수가 2개인 일차방정식의 그래프

정답과 풀이 56쪽

미지수가 2개인 일차방정식의 그래프: 미지수가 2개인 일차방정식의 해의 순서쌍 (x, y)를 좌표로 하는 점을 좌표평면 위에 나타낸 것

> **참고** 일차방정식 $ax+by+c=0(a, b, c$는 상수, $a\neq0, b\neq0)$의 그래프는 x, y의 값의 범위가 자연수 또는 정수이면 점, 모든 수이면 직선이다.

미지수가 2개인 일차방정식의 그래프 그리기

✖ 일차방정식 $2x-y+1=0$에 대하여 물음에 답하시오.

01 다음 표를 완성하시오.

x	⋯	-3	-2	-1	0	1	2	⋯
y	⋯							⋯

02 아래 좌표평면 ① 위에 x, y의 값이 정수일 때, 그래프를 그리시오.

03 아래 좌표평면 ② 위에 x, y의 값의 범위가 모든 수일 때, 그래프를 그리시오.

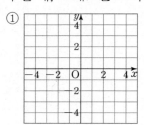 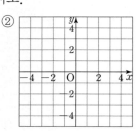

✖ 일차방정식 $x+2y-4=0$에 대하여 물음에 답하시오.

04 다음 표를 완성하시오.

x	⋯	-4	-2	0	2	4	⋯
y	⋯						⋯

05 아래 좌표평면 ① 위에 x, y의 값이 정수일 때, 그래프를 그리시오.

06 아래 좌표평면 ② 위에 x, y의 값의 범위가 모든 수일 때, 그래프를 그리시오.

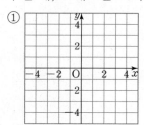 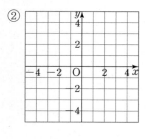

일차방정식의 그래프 위의 점 판별하기

✖ 다음 중 일차방정식 $3x-y-5=0$의 그래프 위의 점인 것은 ○표, 아닌 것은 ×표를 ( ) 안에 써넣으시오.

③ 따라하기

$(3, 1)$

$\rightarrow 3x-y-5=0 \xrightarrow{x=3, y=1을 대입} 3\times3-1-5\neq0$

따라서 점 $(3, 1)$은 그래프 위의 점이 아니다.

07 $(1, -2)$ ( )

08 $(2, -1)$ ( )

09 $(-1, -8)$ ( )

10 $(-3, 4)$ ( )

11 $(-2, -11)$ ( )

12 대표 문제

일차방정식 $ax-y+2=0$의 그래프가 점 $(-1, -3)$을 지날 때, 상수 a의 값은?

① -5 ② -3 ③ -1

④ 3 ⑤ 5

일차방정식 $ax+by+c=0$ (a, b, c는 상수, $a\neq0$, $b\neq0$)의 그래프는 일차함수 $y=-\dfrac{a}{b}x-\dfrac{c}{b}$의 그래프와 같다.

일차방정식	함수 →	일차함수
$ax+by+c=0$	← 방정식	$y=-\dfrac{a}{b}x-\dfrac{c}{b}$

일차방정식을 $y=ax+b$ 꼴로 나타내기

✖ 다음 일차방정식을 일차함수 $y=ax+b$ 꼴로 나타내시오.

따라하기

$4x+5y-20=0$

↓ ① y항을 제외한 나머지 항을 이항한다.

$5y=-4x+20$

↓ ② 양변을 y의 계수로 나눈다.

$y=-\dfrac{4}{5}x+4$

01 $x+y+4=0$

02 $3x+y+5=0$

03 $5x-y-1=0$

04 $x-2y-3=0$

05 $x+4y-6=0$

06 $3x-2y+4=0$

07 $6x+3y-9=0$

✖ 다음 일차방정식의 그래프의 기울기, x절편, y절편을 각각 구하시오.

따라하기

$2x-4y-12=0$

↓ ① $y=ax+b$ 꼴로 나타낸다.

$y=\dfrac{1}{2}x-3$

↓ ② 기울기, x절편, y절편을 각각 구한다.

기울기는 $\dfrac{1}{2}$, <u>x절편은 6</u>, y절편은 -3

↳ $y=0$일 때, $0=\dfrac{1}{2}x-3$이므로 $x=6$

08 $x-y+3=0$

09 $6x+3y-2=0$

10 $x+2y+4=0$

11 $5x-2y-10=0$

12 $3x+y-7=0$

13 $-x-3y+9=0$

일차방정식과 일차함수의 관계 이해하기

다음 주어진 조건을 만족시키는 일차방정식의 그래프를 보기에서 모두 고르시오.

보기	
ㄱ. $2x+y-6=0$	ㄴ. $x-y-3=0$
ㄷ. $x-3y+6=0$	ㄹ. $4x+5y+10=0$

14 x의 값이 증가하면 y의 값도 증가하는 그래프

15 오른쪽 아래로 향하는 그래프

16 제2사분면을 지나지 않는 그래프

17 y축과 양의 부분에서 만나는 그래프

다음 중 일차방정식 $4x+2y-8=0$의 그래프에 대한 설명으로 옳은 것은 ○표, 옳지 않은 것은 ×표를 ( ) 안에 써넣으시오.

18 일차함수 $y=-2x+1$의 그래프와 평행하다. ( )

19 x절편은 2이다. ( )

20 점 $(0, -4)$를 지난다. ( )

21 제1, 2, 4사분면을 지난다. ( )

다음 중 일차방정식 $2x-3y+6=0$의 그래프에 대한 설명으로 옳은 것은 ○표, 옳지 않은 것은 ×표를 ( ) 안에 써넣으시오.

22 일차함수 $y=\frac{2}{3}x+2$의 그래프와 일치한다. ( )

23 y절편은 6이다. ( )

24 오른쪽 위로 향하는 직선이다. ( )

25 점 $(3, 4)$를 지난다. ( )

26 제4사분면을 지난다. ( )

27 대표 문제

다음 중에서 일차방정식 $2x+y-7=0$의 그래프에 대한 설명으로 옳지 않은 것은?

① x절편은 $\frac{7}{2}$이다.
② y축과 양의 부분에서 만난다.
③ x의 값이 증가할 때, y의 값은 감소한다.
④ 점 $(2, 3)$을 지난다.
⑤ 제3사분면을 지난다.

03 방정식 $x=p$, $y=q$의 그래프

정답과 풀이 57쪽

(1) 방정식 $x=p$, $y=q$ $(p\neq0, q\neq0)$의 그래프

방정식 $x=p(p\neq0)$의 그래프		방정식 $y=q(q\neq0)$의 그래프	
점 $(p, 0)$을 지나고 y축에 평행한 직선 x축에 수직		점 $(0, q)$를 지나고 x축에 평행한 직선 y축에 수직	

참고 방정식 $x=0$의 그래프는 y축을, 방정식 $y=0$의 그래프는 x축을 나타낸다.

(2) **직선의 방정식**

x, y의 값의 범위가 모든 수일 때, 방정식
$$ax+by+c=0(a, b, c는 상수, a\neq0 또는 b\neq0)$$
을 직선의 방정식이라 한다.

축에 평행한 직선 그리기

✖ **다음 방정식의 그래프를 좌표평면 위에 그리시오.**

3 따라하기

$y=2$

→ 점 $(0, 2)$를 지나고 x축에 평행한 직선
└ y축에 수직인 직선

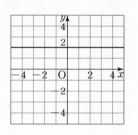

01 $x=4$

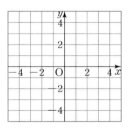

02 $y=-3$

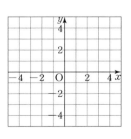

03 $x=-1$

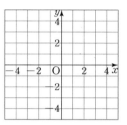

04 $2y=6$

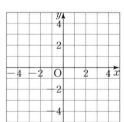

05 $3x=-9$

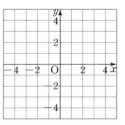

축에 평행한 직선의 방정식 구하기

※ 다음 그래프가 나타내는 직선의 방정식을 구하시오.

06

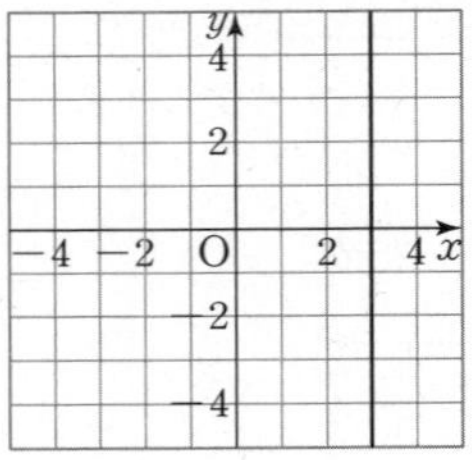

07

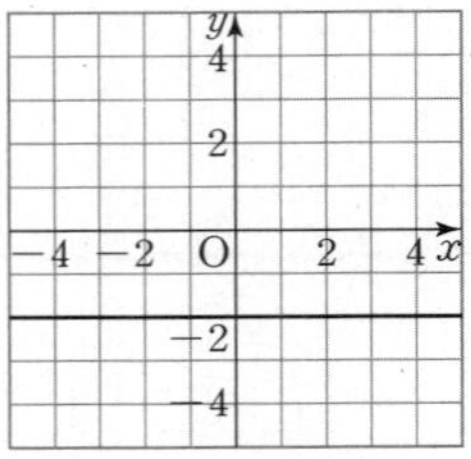

08

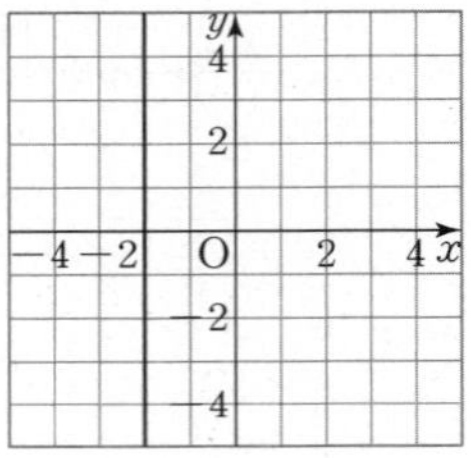

09

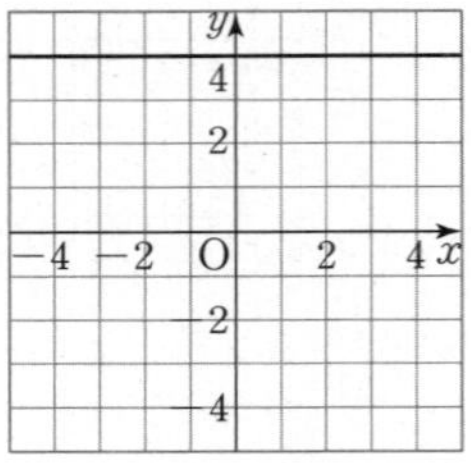

10

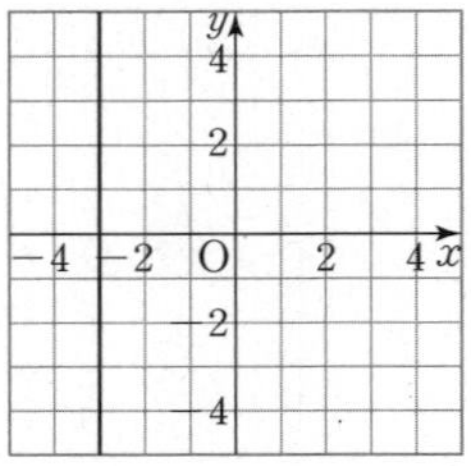

※ 다음을 만족시키는 직선의 방정식을 보기에서 모두 고르시오.

보기

ㄱ. $x=2$	ㄴ. $3x-12=0$
ㄷ. $y-1=0$	ㄹ. $2y=-10$

11 x축에 평행한 직선의 방정식

12 y축에 평행한 직선의 방정식

※ 다음 직선의 방정식을 구하시오.

ε 따라하기

점 $(2,\ 5)$를 지나고 x축에 평행한 직선
→ x축에 평행하므로 $y=q$ 꼴이다.
이때 $y=q$의 그래프가 점 $(2,\ 5)$를 지나므로
$q=5$, 즉 $y=5$

13 점 $(-1,\ -3)$을 지나고 y축에 평행한 직선

14 점 $(-3,\ 4)$를 지나고 x축에 평행한 직선

15 점 $(2,\ -7)$을 지나고 x축에 수직인 직선

16 점 $(4,\ 6)$을 지나고 y축에 수직인 직선

17 두 점 $(1, 3)$, $(1, 5)$를 지나는 직선

> **Tip** 두 점의 x좌표가 같으면 방정식은 $x=p$ 꼴
> 두 점의 y좌표가 같으면 방정식은 $y=q$ 꼴

18 두 점 $(3, -4)$, $(6, -4)$를 지나는 직선

19 두 점 $(0, 2)$, $(0, 9)$를 지나는 직선

축에 평행한 직선의 방정식을 이용하여 미지수 구하기

✿ 다음을 만족시키는 a의 값을 구하시오.

3 따라하기

두 점 $(1, a)$, $(5, -3)$을 지나는 직선이 x축에 평행하다.
→ x축에 평행하므로 두 점의 y좌표가 같다.
따라서 $a=-3$

20 두 점 $(3, 2)$, $(a, -7)$을 지나는 직선이 y축에 평행하다.

21 두 점 $(-1, 4)$, $(3, 2a)$를 지나는 직선이 x축에 평행하다.

22 두 점 $(a-2, -3)$, $(5, 6)$을 지나는 직선이 x축에 수직이다.

23 두 점 $(-3, -5)$, $(1, 3a+1)$을 지나는 직선이 y축에 수직이다.

24 두 점 $(-4, 1)$, $(a+2, 5)$를 지나는 직선이 y축에 평행하다.

25 두 점 $(-6, 3)$, $(0, 2a-5)$를 지나는 직선이 x축에 평행하다.

26 두 점 $(4a-7, -1)$, $(a+2, 8)$을 지나는 직선이 y축에 평행하다.

27 두 점 $(-2, -a-1)$, $(4, a-3)$을 지나는 직선이 x축에 평행하다.

28 대표 문제 👉

방정식 $ax-4=2$의 그래프가 오른쪽 그림과 같을 때, 상수 a의 값은?

(단, $a \neq 0$)

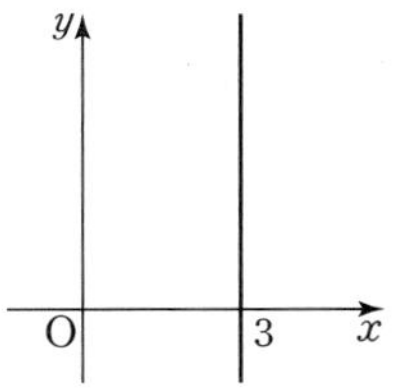

① -2 ② -1

③ 1 ④ 2

⑤ 3

연립방정식 $\begin{cases} ax+by+c=0 \\ a'x+b'y+c'=0 \end{cases}$ $(a\neq 0,\ b\neq 0,\ a'\neq 0,\ b'\neq 0)$의 해는

두 일차함수 $y=-\dfrac{a}{b}x-\dfrac{c}{b}$, $y=-\dfrac{a'}{b'}x-\dfrac{c'}{b'}$의 그래프의 교점의 좌표와 같다.

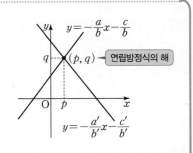

$$\boxed{\begin{array}{c}\text{연립방정식의 해}\\ x=p,\ y=q\end{array}} = \boxed{\begin{array}{c}\text{두 일차함수의}\\ \text{그래프의 교점}\\ (p,\ q)\end{array}}$$

그래프를 이용하여 연립방정식의 해 구하기

❖ 다음 그래프를 이용하여 연립방정식을 푸시오.

따라하기

$\begin{cases} x+y=3 \\ 2x+y=5 \end{cases}$

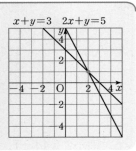

→ 두 그래프의 교점의 좌표가 $(2,\ 1)$이므로 연립방정식의 해는 $x=2,\ y=1$

교점의 좌표는 연립방정식의 해와 같다.

01 $\begin{cases} 2x+y=-1 \\ x+2y=4 \end{cases}$

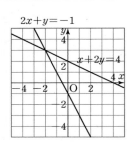

02 $\begin{cases} x-3y=-2 \\ x-y=2 \end{cases}$

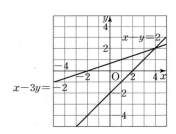

03 $\begin{cases} 5x-2y=3 \\ x+y=2 \end{cases}$

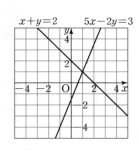

❖ 다음 연립방정식에서 일차방정식의 그래프를 각각 그리고, 이를 이용하여 연립방정식을 푸시오.

04 $\begin{cases} x+2y=-3 \\ 3x-y=-2 \end{cases}$

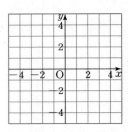

05 $\begin{cases} x-y=3 \\ x+4y=-2 \end{cases}$

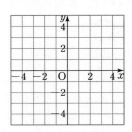

06 $\begin{cases} 3x+y=12 \\ x-2y=-3 \end{cases}$

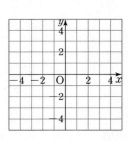

07 $\begin{cases} 4x-y=-8 \\ x+2y=7 \end{cases}$

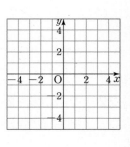

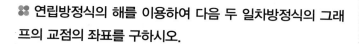

❋ 연립방정식의 해를 이용하여 다음 두 일차방정식의 그래프의 교점의 좌표를 구하시오.

08 $\begin{cases} x+y=-3 & \cdots\cdots\ \bigcirc \\ x-y=1 & \cdots\cdots\ \bigcirc \end{cases}$

Tip 연립방정식의 해가 $x=p,\ y=q$이면 두 그래프의 교점의 좌표는 $(p,\ q)$이다.

09 $\begin{cases} x+3y=5 & \cdots\cdots\ \bigcirc \\ x+2y=6 & \cdots\cdots\ \bigcirc \end{cases}$

10 $\begin{cases} 2x+y=5 & \cdots\cdots\ \bigcirc \\ 3x+2y=4 & \cdots\cdots\ \bigcirc \end{cases}$

11 $\begin{cases} 2x-5y=8 & \cdots\cdots\ \bigcirc \\ 3x-4y=-2 & \cdots\cdots\ \bigcirc \end{cases}$

두 그래프의 교점의 좌표를 이용하여 미지수 구하기

❋ 다음 연립방정식의 해를 구하기 위해 두 일차방정식의 그래프를 그렸다. 상수 $a,\ b$의 값을 각각 구하시오.

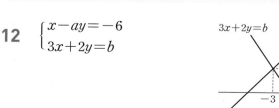

따라하기

$\begin{cases} x+y=a & \cdots\cdots\ \bigcirc \\ 7x+by=2 & \cdots\cdots\ \bigcirc \end{cases}$

→ 두 그래프의 교점의 좌표는 $(2,\ 4)$

$\bigcirc$에서 $a=\underline{2+4}=6$
　　　　$x=2,\ y=4$를 대입

$\bigcirc$에서 $\underline{7\times2+4b=2}$
　　　　$x=2,\ y=4$를 대입

$4b=-12$이므로 $b=-3$

12 $\begin{cases} x-ay=-6 \\ 3x+2y=b \end{cases}$

13 $\begin{cases} ax+y=-3 \\ 3x-y=b \end{cases}$

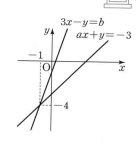

14 $\begin{cases} x+ay=7 \\ 2x-5y=b \end{cases}$

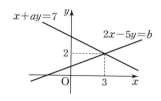

15 $\begin{cases} ax+2y=4 \\ 2x+by=-1 \end{cases}$

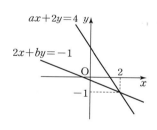

16   **대표 문제**

연립방정식 $\begin{cases} x+ay=1 \\ bx+y=3 \end{cases}$ 의 그래프가 오른쪽 그림과 같을 때, $a-b$ 의 값은? (단, $a,\ b$는 상수)

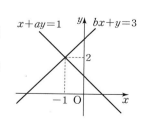

① -2　　　　② -1

③ 0　　　　④ 1

⑤ 2

연립방정식 $\begin{cases} ax+by+c=0 \\ a'x+b'y+c'=0 \end{cases}$ 의 해의 개수는 두 일차방정식 $ax+by+c=0$, $a'x+b'y+c'=0$의 그래프의 교점의 개수와 같다.

두 일차방정식의 그래프의 위치 관계	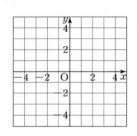 한 점에서 만난다.	평행하다. (만나지 않는다.)	일치한다.
연립방정식의 해의 개수	한 개	해가 없다.	해가 무수히 많다.
기울기와 y절편	기울기가 다르다.	기울기는 같고, y절편은 다르다.	기울기와 y절편이 각각 같다.
두 일차방정식의 계수의 관계	$\dfrac{a}{a'} \neq \dfrac{b}{b'}$	$\dfrac{a}{a'} = \dfrac{b}{b'} \neq \dfrac{c}{c'}$	$\dfrac{a}{a'} = \dfrac{b}{b'} = \dfrac{c}{c'}$

연립방정식의 해의 개수와 그래프의 교점의 개수

✿ 다음 연립방정식의 해의 개수를 두 일차방정식의 그래프를 이용하여 구하려고 한다. 좌표평면 위에 일차방정식의 그래프를 각각 그리고, 연립방정식의 해의 개수를 구하시오.

'01 $\begin{cases} x-2y=4 \\ 2x+4y=-8 \end{cases}$

02 $\begin{cases} 2x+3y=1 \\ 4x+6y=2 \end{cases}$

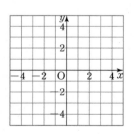

03 $\begin{cases} -3x+y=2 \\ 9x-3y=12 \end{cases}$

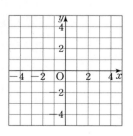

✿ 다음에 해당하는 연립방정식을 보기에서 모두 고르시오.

보기

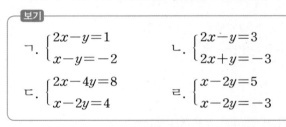

ㄱ. $\begin{cases} 2x-y=1 \\ x-y=-2 \end{cases}$ ㄴ. $\begin{cases} 2x-y=3 \\ 2x+y=-3 \end{cases}$

ㄷ. $\begin{cases} 2x-4y=8 \\ x-2y=4 \end{cases}$ ㄹ. $\begin{cases} x-2y=5 \\ x-2y=-3 \end{cases}$

04 한 개의 해를 갖는 연립방정식

05 해가 없는 연립방정식

06 해가 무수히 많은 연립방정식

연립방정식의 해의 개수가 주어질 때, 미지수 구하기

다음 연립방정식의 해가 없을 때, 상수 a, b의 값 또는 조건을 각각 구하시오.

따라하기

$\begin{cases} x+ay=1 \\ x-y=b \end{cases}$

→ 해가 없으므로 $\frac{1}{1}=\frac{a}{-1}\neq\frac{1}{b}$

↳ 기울기는 같고, y절편은 다르다.

$\frac{1}{1}=\frac{a}{-1}$에서 $a=-1$

$\frac{1}{1}\neq\frac{1}{b}$에서 $b\neq1$

07 $\begin{cases} ax-2y=1 \\ 3x-6y=b \end{cases}$

08 $\begin{cases} x+ay=-3 \\ 2x+8y=b \end{cases}$

09 $\begin{cases} ax-2y=12 \\ 4x-y=b \end{cases}$

10 $\begin{cases} x+ay=-10 \\ 2x-y=b \end{cases}$

11 $\begin{cases} -ax+5y=8 \\ 6x-10y=b \end{cases}$

다음 연립방정식의 해가 무수히 많을 때, 상수 a, b의 값을 각각 구하시오.

따라하기

$\begin{cases} 3x-ay=6 \\ x+y=b \end{cases}$

→ 해가 무수히 많으므로 $\frac{3}{1}=\frac{-a}{1}=\frac{6}{b}$

↳ 기울기와 y절편이 각각 같다.

$\frac{3}{1}=\frac{-a}{1}$에서 $a=-3$

$\frac{3}{1}=\frac{6}{b}$에서 $b=2$

12 $\begin{cases} ax-y=-1 \\ x+y=b \end{cases}$

13 $\begin{cases} 2x+ay=5 \\ 4x+2y=b \end{cases}$

14 $\begin{cases} ax-4y=-3 \\ 9x+by=9 \end{cases}$

15 $\begin{cases} -ax+y=2 \\ 20x-by=-8 \end{cases}$

16 대표 문제

연립방정식 $\begin{cases} \boldsymbol{x-3y=2} \\ \boldsymbol{4x-12y=a} \end{cases}$의 해가 없을 때, 상수 a의 값이 될 수 없는 것은?

① 8 ② 4 ③ 2
④ −4 ⑤ −8

01

일차방정식 $x+2y-6=0$의 그래프의 기울기를 a, x절편을 b, y절편을 c라 할 때, abc의 값은?

① -9 ② -6 ③ -3
④ -1 ⑤ 3

02

다음 중에서 일차방정식 $3x-y-1=0$의 그래프에 대한 설명으로 옳지 않은 것은?

① x절편은 $\frac{1}{3}$이다.
② y축과 음의 부분에서 만난다.
③ x의 값이 증가할 때, y의 값은 감소한다.
④ 오른쪽 위로 향하는 그래프이다.
⑤ 제2사분면을 지나지 않는다.

03

다음 중에서 오른쪽 그림과 같은 직선 위의 점은?

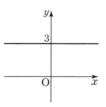

① $(1, 2)$ ② $(3, 1)$
③ $(-1, 3)$ ④ $(-3, 2)$
⑤ $(3, -3)$

04

두 점 $(a, 3)$, $(2a+5, 1)$을 지나는 직선이 x축에 수직일 때, a의 값은?

① -6 ② -5 ③ -4
④ -3 ⑤ -2

05

오른쪽 그림은 연립방정식 $\begin{cases} x+y=1 \\ ax+y=5 \end{cases}$ 의 해를 구하기 위해 두 일차방정식의 그래프를 그린 것이다. $a+b$의 값은? (단, a는 상수)

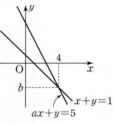

① -4 ② -3 ③ -2
④ -1 ⑤ 1

06

연립방정식 $\begin{cases} ax-3y=2 \\ 4x+6y=b \end{cases}$ 의 해가 무수히 많을 때, 상수 a, b에 대하여 $\frac{b}{a}$의 값은?

① -8 ② -6 ③ -4
④ 4 ⑤ 2

MEMO

사뿐

중학 사회
중학 역사

사회를 한 권으로
가뿐하게!

중학 사회

①-1 　　　②-1 　　　①-2 　　　②-2

중학 역사

①-1 　　　②-1 　　　①-2 　　　②-2

중|학|도|역|시 **EBS**

중학 수학의 기초력 강화

연산 3 엡실론

정답과 풀이

중학 수학

2·1

Contents 이 책의 차례

정답과 풀이

● 정답과 풀이

1 유리수와 순환소수

1. 유리수와 순환소수

01 유리수 | 6쪽 |

01 6
02 6, -10, 0, $-\dfrac{28}{4}$
03 -2.7, $\dfrac{7}{9}$, 4.5
04 6, $\dfrac{7}{9}$, 4.5
05 -2.7, -10, $-\dfrac{28}{4}$
06 -2.7, 6, -10, 0, $\dfrac{7}{9}$, $-\dfrac{28}{4}$, 4.5
07 ○
08 ×
09 ○
10 ×
11 ○
12 ③

08 1.3은 양의 유리수이다.

10 $\dfrac{54}{9}=6$은 정수이다.

12 정수가 아닌 유리수는 0.75, 1.8383, $\dfrac{1}{6}$의 3개이다.

02 유한소수와 무한소수 | 7쪽 |

01 유
02 무
03 유
04 무
05 유
06 무
07 유
08 0.111…, 무
09 0.75, 유
10 -1.6, 유
11 0.272727…, 무
12 3.5, 유
13 $-\dfrac{5}{6}$, $\dfrac{2}{9}$

08 $\dfrac{1}{9}=1\div9=0.111\cdots$

09 $\dfrac{3}{4}=3\div4=0.75$

10 $-\dfrac{8}{5}=-(8\div5)=-1.6$

11 $\dfrac{3}{11}=3\div11=0.272727\cdots$

12 $\dfrac{7}{2}=7\div2=3.5$

13 $\dfrac{7}{8}=0.875$, $-\dfrac{5}{6}=-0.8333\cdots$,
$\dfrac{1}{5}=0.2$, $\dfrac{2}{9}=0.222\cdots$
따라서 무한소수가 되는 것은 $-\dfrac{5}{6}$, $\dfrac{2}{9}$이다.

03 순환소수 | 8~10쪽 |

01 ○
02 ○
03 ×
04 ○
05 ○
06 ×
07 1
08 59
09 47
10 276
11 8
12 101
13 $0.\dot{7}$
14 $2.\dot{6}\dot{1}$
15 $0.9\dot{3}$
16 $3.\dot{3}4\dot{7}$
17 $0.0\dot{6}\dot{2}$
18 $1.0\dot{8}$
19 $1.47\dot{8}2\dot{1}$
20 ○
21 ×
22 ○
23 ×
24 ×
25 ×
26 ○
27 ③
28 0.1666…, $0.1\dot{6}$
29 0.454545…, $0.\dot{4}\dot{5}$
30 0.555…, $0.\dot{5}$
31 0.91666…, $0.91\dot{6}$
32 4
33 6
34 1
35 2
36 2
37 ②

13 순환마디는 7이므로 순환마디의 숫자 위에 점을 찍어 간단히 나타내면 $0.\dot{7}$이다.

14 순환마디는 61이므로 순환마디의 양 끝의 숫자 위에 점을 찍어 간단히 나타내면 $2.\dot{6}\dot{1}$이다.

15 순환마디는 3이므로 순환마디의 숫자 위에 점을 찍어 간단히 나타내면 $0.9\dot{3}$이다.

16 순환마디는 347이므로 순환마디의 양 끝의 숫자 위에 점을 찍어 간단히 나타내면 $3.\dot{3}4\dot{7}$이다.

17 순환마디는 62이므로 순환마디의 양 끝의 숫자 위에 점을 찍어 간단히 나타내면 $0.0\dot{6}\dot{2}$이다.

18 순환마디는 08이므로 순환마디의 양 끝의 숫자 위에 점을 찍어 간단히 나타내면 $1.0\dot{8}$이다.

19 순환마디는 821이므로 순환마디의 양 끝의 숫자 위에 점을 찍어 간단히 나타내면 $1.47\dot{8}2\dot{1}$이다.

21 5.151515… ➔ $5.\dot{1}\dot{5}$
23 0.2444… ➔ $0.2\dot{4}$
24 0.135135135… ➔ $0.\dot{1}3\dot{5}$
25 9.289289… ➔ $9.\dot{2}8\dot{9}$

27 ① 0.666… ➔ 6
② 1.919191… ➔ 91
④ 8.768768768… ➔ 768
⑤ 0.154154154… ➔ 154

32 순환마디의 숫자는 4, 9의 2개이고 $15=2\times7+1$이므로 소수점 아래 15번째 자리의 숫자는 순환마디의 1번째 숫자와 같은 4이다.

33 순환마디의 숫자는 5, 6, 7의 3개이고 $20=3\times6+2$이므로 소수점 아래 20번째 자리의 숫자는 순환마디의 2번째 숫자와 같은 6이다.

34 순환마디의 숫자는 1, 5의 2개이고 $55=2\times27+1$이므로 소수점 아래 55번째 자리의 숫자는 순환마디의 1번째 숫자와 같은 1이다.

35 순환마디의 숫자는 2, 8, 4의 3개이고 $55=3\times18+1$이므로 소수점 아래 55번째 자리의 숫자는 순환마디의 1번째 숫자와 같은 2이다.

36 순환마디의 숫자는 5, 1, 2, 7의 4개이고 $55=4\times13+3$이므로 소수점 아래 55번째 자리의 숫자는 순환마디의 3번째 숫자와 같은 2이다.

37 $\dfrac{5}{22}=0.2272727\cdots=0.2\dot{2}\dot{7}$

04 유한소수 또는 순환소수로 나타낼 수 있는 분수 | 11~13쪽 |

01 $\dfrac{2}{5}$, 5	**02** $\dfrac{2}{25}$, 5	**03** $\dfrac{1}{4}$, 2	**04** $\dfrac{13}{25}$, 5	**05** $\dfrac{77}{100}$, 2, 5
06 2, 2, 0.2		**07** 5, 5, 75, 0.75		**08** 5, 5, 625, 0.625
09 2, 2, 16, 0.16		**10** 2, 2, 14, 0.14		**11** 2, 5, 있다
12 3, 5, 없다		**13** 2, 있다		**14** 7, 2, 7, 없다
15 11, 5, 11, 없다		**16** 2, 있다		**17** 3, 없다
18 3, 없다		**19** 12, 2, 없다		**20** 25, 5, 있다
21 순	**22** 유	**23** 유	**24** 순	**25** 유
26 유	**27** ②	**28** 3	**29** 9	**30** 7
31 21	**32** 13	**33** ④		

01 $0.4=\dfrac{4}{10}=\dfrac{2}{5}$이므로 분모의 소인수는 5이다.

02 $0.08=\dfrac{8}{100}=\dfrac{2}{25}=\dfrac{2}{5^2}$이므로 분모의 소인수는 5이다.

03 $0.25=\dfrac{25}{100}=\dfrac{1}{4}=\dfrac{1}{2^2}$이므로 분모의 소인수는 2이다.

04 $0.52=\dfrac{52}{100}=\dfrac{13}{25}=\dfrac{13}{5^2}$이므로 분모의 소인수는 5이다.

05 $0.77=\dfrac{77}{100}=\dfrac{77}{2^2\times5^2}$이므로 분모의 소인수는 2, 5이다.

21 $\dfrac{3}{2\times3^2}=\dfrac{1}{2\times3}$

22 $\dfrac{14}{2^2\times5\times7}=\dfrac{1}{2\times5}$

23 $\dfrac{9}{36}=\dfrac{1}{4}=\dfrac{1}{2^2}$

24 $\dfrac{6}{45}=\dfrac{2}{15}=\dfrac{2}{3\times5}$

25 $\dfrac{55}{110}=\dfrac{1}{2}$

26 $\dfrac{9}{150}=\dfrac{3}{50}=\dfrac{3}{2\times5^2}$

27 ① $\dfrac{5}{3\times5}=\dfrac{1}{3}$이므로 순환소수로 나타낼 수 있다.

② $\dfrac{3}{2\times3\times5}=\dfrac{1}{2\times5}$이므로 순환소수로 나타낼 수 없다.

③ $\dfrac{5}{14}=\dfrac{5}{2\times7}$이므로 순환소수로 나타낼 수 있다.

④ $\dfrac{3}{33}=\dfrac{1}{11}$이므로 순환소수로 나타낼 수 있다.

⑤ $\dfrac{2}{48}=\dfrac{1}{24}=\dfrac{1}{2^3\times3}$이므로 순환소수로 나타낼 수 있다.

30 $\dfrac{18}{3\times5\times7}=\dfrac{6}{5\times7}$이므로 유한소수로 나타낼 때 곱해야 할 가장 작은 자연수는 7이다.

31 $\dfrac{1}{42}=\dfrac{1}{2\times3\times7}$이므로 유한소수로 나타낼 때 곱해야 할 가장 작은 자연수는 $3\times7=21$이다.

32 $\dfrac{3}{26}=\dfrac{3}{2\times13}$이므로 유한소수로 나타낼 때 곱해야 할 가장 작은 자연수는 13이다.

33 $\dfrac{3}{66}=\dfrac{1}{22}=\dfrac{1}{2\times11}$이므로 유한소수로 나타낼 때 곱해야 할 가장 작은 자연수는 11이다.

확인문제 | 14쪽 |

01 ③	**02** ③, ⑤	**03** ④	**04** 8	**05** ②	**06** ⑤

01 ③ 0은 유리수이다.

02 ③ $4.545454\cdots=4.\dot{5}\dot{4}$

⑤ $3.509509509\cdots=3.\dot{5}0\dot{9}$

03 $\dfrac{7}{27}=0.259259259\cdots=0.\dot{2}5\dot{9}$

04 $\dfrac{9}{11}=0.818181\cdots=0.\dot{8}\dot{1}$이므로 순환마디의 숫자는 8, 1의 2개이다.

$15=2\times7+1$이므로 소수점 아래 15번째 자리의 숫자는 순환마디의 1번째 숫자와 같은 8이다.

05 $\dfrac{3}{20}=\dfrac{3}{2^2\times5}=\dfrac{3\times5}{2^2\times5\times5}=\dfrac{15}{100}=0.15$

06 $\dfrac{a}{140}=\dfrac{a}{2^2\times5\times7}$이므로 a는 7의 배수이어야 한다.

1. 유리수와 순환소수 ★ **3**

2. 순환소수의 분수 표현

01 순환소수를 분수로 나타내기 (1) | 15~16쪽 |

01 10, 9, 9	**02** 100, 99, 99
03 100, 99, 99	**04** 100, 99, 99, 11
05 1000, 999, 999, 333	

06 ㄱ   **07** ㄴ   **08** ㄴ   **09** ㄷ   **10** ㄱ

11 ㄹ   **12** ㄷ   **13** $\frac{2}{9}$ **14** $\frac{17}{9}$ **15** $\frac{46}{99}$

16 $\frac{25}{11}$ **17** $\frac{382}{999}$ **18** $\frac{577}{111}$ **19** ②

---

13 $x=0.222\cdots$라 하면

$$10x=2.222\cdots$$
$$-)\quad x=0.222\cdots$$
$$\overline{\quad 9x=2 \quad}$$

따라서 $x=\dfrac{2}{9}$

14 $x=1.888\cdots$이라 하면

$$10x=18.888\cdots$$
$$-)\quad x=1.888\cdots$$
$$\overline{\quad 9x=17 \quad}$$

따라서 $x=\dfrac{17}{9}$

15 $x=0.464646\cdots$이라 하면

$$100x=46.464646\cdots$$
$$-)\quad x=0.464646\cdots$$
$$\overline{\quad 99x=46 \quad}$$

따라서 $x=\dfrac{46}{99}$

16 $x=2.272727\cdots$이라 하면

$$100x=227.272727\cdots$$
$$-)\quad x=2.272727\cdots$$
$$\overline{\quad 99x=225 \quad}$$

따라서 $x=\dfrac{225}{99}=\dfrac{25}{11}$

17 $x=0.382382382\cdots$라 하면

$$1000x=382.382382382\cdots$$
$$-)\quad x=0.382382382\cdots$$
$$\overline{\quad 999x=382 \quad}$$

따라서 $x=\dfrac{382}{999}$

---

18 $x=5.198198198\cdots$이라 하면

$$1000x=5198.198198198\cdots$$
$$-)\quad x=5.198198198\cdots$$
$$\overline{\quad 999x=5193 \quad}$$

따라서 $x=\dfrac{5193}{999}=\dfrac{577}{111}$

19 $100x=347.474747\cdots$, $x=3.474747\cdots$이므로

$$100x=347.474747\cdots$$
$$-)\quad x=3.474747\cdots$$
$$\overline{\quad 100x-x=344 \quad}$$

02 순환소수를 분수로 나타내기 (2) | 17~18쪽 |

01 100, 10, 90, 90	**02** 100, 10, 90, 90, 52
03 1000, 100, 900, 900	**04** 1000, 100, 900, 900, 300
05 1000, 10, 990, 990	

06 ㄷ   **07** ㄴ   **08** ㄱ   **09** ㄴ   **10** ㄷ

11 ㄱ   **12** ㄹ   **13** $\frac{11}{90}$ **14** $\frac{419}{900}$ **15** $\frac{2}{55}$

16 $\frac{179}{450}$ **17** $\frac{2083}{900}$ **18** $\frac{361}{110}$ **19** ③

---

13 $x=0.1222\cdots$라 하면

$$100x=12.222\cdots$$
$$-)\quad 10x=1.222\cdots$$
$$\overline{\quad 90x=11 \quad}$$

따라서 $x=\dfrac{11}{90}$

14 $x=0.46555\cdots$라 하면

$$1000x=465.555\cdots$$
$$-)\quad 100x=46.555\cdots$$
$$\overline{\quad 900x=419 \quad}$$

따라서 $x=\dfrac{419}{900}$

15 $x=0.0363636\cdots$이라 하면

$$1000x=36.363636\cdots$$
$$-)\quad 10x=0.363636\cdots$$
$$\overline{\quad 990x=36 \quad}$$

따라서 $x=\dfrac{36}{990}=\dfrac{2}{55}$

16 $x=0.39777\cdots$이라 하면

$$1000x=397.777\cdots$$
$$-)\quad 100x=39.777\cdots$$
$$\overline{\quad 900x=358 \quad}$$

따라서 $x=\dfrac{358}{900}=\dfrac{179}{450}$

17 $x=2.31444\cdots$ 라 하면

$$1000x=2314.444\cdots$$
$$-)\ \ 100x=\ \ 231.444\cdots$$
$$\overline{\quad 900x=2083\quad}$$

따라서 $x=\dfrac{2083}{900}$

18 $x=3.2818181\cdots$ 이라 하면

$$1000x=3281.818181\cdots$$
$$-)\ \ \ 10x=\ \ \ 32.818181\cdots$$
$$\overline{\quad 990x=3249\quad}$$

따라서 $x=\dfrac{3249}{990}=\dfrac{361}{110}$

19 $x=0.2777\cdots$ 이라 하면

$$100x=27.777\cdots$$
$$-)\ \ 10x=\ \ 2.777\cdots$$
$$\overline{\quad 90x=25\quad}$$

따라서 $x=\dfrac{25}{90}=\dfrac{5}{18}$

---

03 순환소수를 분수로 나타내는 공식 (1) | 19쪽 |

01 9	**02** 1, 9, $\dfrac{13}{9}$	**03** 99	**04** 99, $\dfrac{4}{33}$
05 999, $\dfrac{127}{333}$	**06** 3, 999, 999, $\dfrac{1054}{333}$	**07** $\dfrac{1}{3}$	
08 $\dfrac{26}{99}$	**09** $\dfrac{5}{11}$	**10** $\dfrac{478}{99}$	**11** $\dfrac{23}{999}$	**12** $\dfrac{16}{111}$
13 $\dfrac{1057}{999}$	**14** ③		

07 $0.\dot{3}=\dfrac{3}{9}=\dfrac{1}{3}$

08 $0.\dot{2}\dot{6}=\dfrac{26}{99}$

09 $0.\dot{4}\dot{5}=\dfrac{45}{99}=\dfrac{5}{11}$

10 $4.\dot{8}\dot{2}=\dfrac{482-4}{99}=\dfrac{478}{99}$

11 $0.\dot{0}2\dot{3}=\dfrac{23}{999}$

12 $0.\dot{1}4\dot{4}=\dfrac{144}{999}=\dfrac{16}{111}$

13 $1.\dot{0}5\dot{8}=\dfrac{1058-1}{999}=\dfrac{1057}{999}$

14 $0.\dot{6}\dot{3}=\dfrac{63}{99}=\dfrac{7}{11}$ 이므로 $a=11$

---

04 순환소수를 분수로 나타내는 공식 (2) | 20쪽 |

01 3, 90, $\dfrac{29}{90}$	**02** 41, 90, 90, $\dfrac{187}{45}$
03 21, 900, $\dfrac{197}{900}$	**04** 169, 900, $\dfrac{1523}{900}$
05 3, 990, 990, $\dfrac{172}{495}$ **06** $\dfrac{19}{90}$ **07** $\dfrac{82}{15}$ **08** $\dfrac{443}{900}$	
09 $\dfrac{3263}{900}$ **10** $\dfrac{17}{165}$ **11** $\dfrac{227}{165}$ **12** $\dfrac{668}{165}$ **13** ③	

06 $0.2\dot{1}=\dfrac{21-2}{90}=\dfrac{19}{90}$

07 $5.4\dot{6}=\dfrac{546-54}{90}=\dfrac{492}{90}=\dfrac{82}{15}$

08 $0.49\dot{2}=\dfrac{492-49}{900}=\dfrac{443}{900}$

09 $3.62\dot{5}=\dfrac{3625-362}{900}=\dfrac{3263}{900}$

10 $0.1\dot{0}\dot{3}=\dfrac{103-1}{990}=\dfrac{102}{990}=\dfrac{17}{165}$

11 $1.3\dot{7}\dot{5}=\dfrac{1375-13}{990}=\dfrac{1362}{990}=\dfrac{227}{165}$

12 $4.0\dot{4}\dot{8}=\dfrac{4048-40}{990}=\dfrac{4008}{990}=\dfrac{668}{165}$

13 ③ $1.0\dot{7}=\dfrac{107-10}{90}$

---

05 유리수와 순환소수의 관계 | 21쪽 |

01 ○	**02** ×	**03** ○	**04** ×	**05** ○
06 ○	**07** ○	**08** ×	**09** ×	**10** ×
11 ×	**12** ○	**13** ×	**14** ○	**15** ④

09 순환소수가 아닌 무한소수는 유리수가 아니다.

10 순환소수는 모두 유리수이다.

11 순환소수가 아닌 무한소수는 분수로 나타낼 수 없다.

13 정수가 아닌 유리수는 유한소수 또는 순환소수로 나타낼 수 있다.

15 ④ 순환소수가 아닌 무한소수이므로 유리수가 아니다.

확인문제 | 22쪽 |

01 ② **02** ④ **03** ③ **04** ④ **05** ⑤ **06** ①, ③

01 $x=0.151515\cdots$라 하면

$100x=15.151515\cdots$

$-)\quad x=0.151515\cdots$

$99x=15$

따라서 $x=\dfrac{15}{99}=\dfrac{5}{33}$

02 $1000x=1594.949494\cdots$, $10x=15.949494\cdots$이므로

$1000x=1594.949494\cdots$

$-)\quad 10x=\ \ 15.949494\cdots$

$1000x-10x=1579$

03 ③ $0.8\dot3=\dfrac{83-8}{90}=\dfrac{75}{90}=\dfrac{5}{6}$

04 $0.\dot0\dot3=\dfrac{3}{99}=\dfrac{1}{33}$이므로

$a=1$, $b=33$

따라서 $a+b=1+33=34$

05 $0.7\dot3\dot8=\dfrac{738-7}{990}=\dfrac{731}{990}$

06 ① 유리수는 유한소수 또는 순환소수로 나타낼 수 있다.
③ 모든 순환소수는 유리수이다.

2 식의 계산

1. 지수법칙

01 지수법칙 – 지수의 합 | 24쪽 |

01 x^8 **02** a^6 **03** y^{10} **04** 3^{13} **05** x^9
06 a^8b^6 **07** x^7y^5 **08** 3 **09** 6 **10** 3
11 7 **12** 5 **13** 4 **14** ③

01 $x^3\times x^5=x^{3+5}=x^8$

02 $a^4\times a^2=a^{4+2}=a^6$

03 $y^7\times y^3=y^{7+3}=y^{10}$

04 $3^5\times3^7\times3=3^{5+7+1}=3^{13}$

05 $x^2\times x\times x^6=x^{2+1+6}=x^9$

06 $a^5\times a^3\times b^4\times b^2=a^{5+3}b^{4+2}=a^8b^6$

07 $x^5\times x^2\times y^2\times y^3=x^{5+2}y^{2+3}=x^7y^5$

08 $3^4\times3^\square=3^{4+\square}=3^7$
$4+\square=7$이므로 $\square=3$

09 $7^\square\times7^2=7^{\square+2}=7^8$
$\square+2=8$이므로 $\square=6$

10 $2^3\times2^\square=2^{3+\square}=64=2^6$
$3+\square=6$이므로 $\square=3$

11 $5^5\times25=5^5\times5^2=5^{5+2}=5^7=5^\square$이므로 $\square=7$

12 $x^\square\times x^6=x^{\square+6}=x^{11}$
$\square+6=11$이므로 $\square=5$

13 $y^2\times y^\square\times y^3=y^{2+\square+3}=y^9$
$2+\square+3=9$이므로 $\square=4$

14 $2^4\times8=2^4\times2^3=2^{4+3}=2^7=2^x$이므로 $x=7$

02 지수법칙 – 지수의 곱 | 25~26쪽 |

01 3, 9 **02** 2, 10 **03** 3, 12 **04** 4, 28 **05** 3, 15
06 18, 18, 20 **07** 9, 4, 9, 4, 13 **08** x^{10}
09 y^{21} **10** 5^{16} **11** 6^{16} **12** a^{13} **13** x^{11}
14 x^{22} **15** $x^{16}y^8$ **16** $a^{10}b^5$ **17** a^7b^8 **18** $x^{15}y^5$
19 $x^{11}y^{15}$ **20** $x^{20}y^{10}$ **21** a^9b^{21} **22** 4 **23** 3
24 6 **25** 5 **26** 3 **27** 4 **28** ②

08 $(x^5)^2=x^{5\times2}=x^{10}$

09 $(y^7)^3=y^{7\times3}=y^{21}$

10 $(5^4)^4=5^{4\times4}=5^{16}$

11 $(6^2)^8=6^{2\times8}=6^{16}$

12 $a\times(a^4)^3=a\times a^{4\times3}=a\times a^{12}=a^{13}$

13 $(x^2)^4\times x^3=x^8\times x^3=x^{11}$

14 $(x^2)^5\times(x^6)^2=x^{10}\times x^{12}=x^{22}$

15 $x^7\times(x^3)^3\times y^8=x^7\times x^9\times y^8=x^{16}y^8$

16 $(a^3)^2\times a^4\times b^5=a^6\times a^4\times b^5=a^{10}b^5$

17 $a^2\times a^5\times(b^4)^2=a^2\times a^5\times b^8=a^7b^8$

18 $(x^5)^3\times y^3\times y^2=x^{15}\times y^3\times y^2=x^{15}y^5$

19 $(x^2)^4\times(y^5)^3\times x^3=x^8\times y^{15}\times x^3$
$\qquad=x^8\times x^3\times y^{15}$
$\qquad=x^{11}y^{15}$

20 $x^6\times(y^2)^5\times(x^7)^2=x^6\times y^{10}\times x^{14}$
$\qquad=x^6\times x^{14}\times y^{10}$
$\qquad=x^{20}y^{10}$

21 $a^3\times(b^4)^4\times(a^2)^3\times b^5=a^3\times b^{16}\times a^6\times b^5$
$\qquad=a^3\times a^6\times b^{16}\times b^5$
$\qquad=a^9b^{21}$

22 $(5^3)^\square=5^{3\times\square}=5^{12}$
$\quad 3\times\square=12$이므로 $\square=4$

23 $(x^7)^\square=x^{7\times\square}=x^{21}$
$\quad 7\times\square=21$이므로 $\square=3$

24 $(7^\square)^4=7^{\square\times4}=7^{24}$
$\quad \square\times4=24$이므로 $\square=6$

25 $(a^\square)^6=a^{\square\times6}=a^{30}$
$\quad \square\times6=30$이므로 $\square=5$

26 $(x^\square)^2\times x^4=x^{\square\times2}\times x^4=x^{\square\times2+4}=x^{10}$
$\quad \square\times2+4=10$이므로 $\square=3$

27 $(5^4)^\square\times(5^2)^7=5^{4\times\square}\times5^{2\times7}=5^{4\times\square+14}=5^{30}$
$\quad 4\times\square+14=30$이므로 $4\times\square=16,\ \square=4$

28 $(3^2)^a\times3^3=3^{2a}\times3^3=3^{2a+3}=3^{11}$
$\quad 2a+3=11$이므로 $a=4$

03 지수법칙 – 지수의 차

| 27~28쪽 |

01 2, 3	**02** 8, 2	**03** 7, 6	**04** 1	**05** 1
06 9, 3	**07** 8, 3	**08** a^3	**09** x^7	**10** 1
11 $\dfrac{1}{a}$	**12** y^4	**13** $\dfrac{1}{a^{20}}$	**14** 1	**15** x^3
16 b^3	**17** 1	**18** $\dfrac{1}{y^2}$	**19** x^3	**20** $\dfrac{1}{5^7}$
21 1	**22** 9	**23** 8	**24** 3	**25** 10
26 2	**27** 3	**28** ⑤		

08 $a^7\div a^4=a^{7-4}=a^3$

09 $x^{11}\div x^4=x^{11-4}=x^7$

10 $9^5\div9^5=1$

11 $a^8\div a^9=\dfrac{1}{a^{9-8}}=\dfrac{1}{a}$

12 $(y^3)^4\div y^8=y^{12}\div y^8=y^{12-8}=y^4$

13 $(a^8)^2\div(a^4)^9=a^{16}\div a^{36}=\dfrac{1}{a^{36-16}}=\dfrac{1}{a^{20}}$

14 $(5^6)^4\div(5^3)^8=5^{24}\div5^{24}=1$

15 $x^9\div x^4\div x^2=x^5\div x^2=x^3$

16 $b^8\div b^3\div b^2=b^5\div b^2=b^3$

17 $6^6\div6^3\div6^3=6^3\div6^3=1$

18 $y^4\div y\div y^5=y^3\div y^5=\dfrac{1}{y^2}$

19 $(x^3)^5\div(x^2)^2\div(x^4)^2=x^{15}\div x^4\div x^8=x^{11}\div x^8=x^3$

20 $(5^4)^2\div(5^2)^3\div(5^3)^3=5^8\div5^6\div5^9=5^2\div5^9=\dfrac{1}{5^7}$

21 $(a^5)^4\div(a^4)^3\div(a^2)^4=a^{20}\div a^{12}\div a^8=a^8\div a^8=1$

22 $3^\square\div3^5=3^{\square-5}=3^4$
$\quad \square-5=4$이므로 $\square=9$

23 $x^5\div x^\square=\dfrac{1}{x^{\square-5}}=\dfrac{1}{x^3}$
$\quad \square-5=3$이므로 $\square=8$

24 $y^\square\div y^3=1$이므로 $y^\square=y^3$
$\quad$따라서 $\square=3$

25 $a^8\div a^\square=\dfrac{1}{a^{\square-8}}=\dfrac{1}{a^2}$
$\quad \square-8=2$이므로 $\square=10$

26 $(y^2)^\square \div (y^4)^2 = y^{2\times\square} \div y^8 = \dfrac{1}{y^{8-2\times\square}} = \dfrac{1}{a^4}$

$8-2\times\square=4$이므로 $\square=2$

27 $(4^2)^5 \div (4^\square)^3 = 4^{10} \div 4^{\square\times3} = 4^{10-\square\times3} = 4$

$10-\square\times3=1$이므로 $\square=3$

28 $x^{11} \div x^4 \div x^3 = x^7 \div x^3 = x^4$

① $x\times x^4 = x^5$

② $x^{11} \div x^5 \div x^3 = x^6 \div x^3 = x^3$

③ $(x^2)^3 \div x^4 = x^6 \div x^4 = x^2$

④ $x^3 \times x \times x^2 = x^4 \times x^2 = x^6$

⑤ $x^8 \div x \div x^3 = x^7 \div x^3 = x^4$

---

04 지수법칙 – 지수의 분배

| 29~30쪽 |

01 2	**02** 3, 3, 12, 3	**03** 6, 6, 18, 6
04 2, 2, 6, 2	**05** 3, 3, 9, 12	**06** a^2b^2
07 x^4y^4	**08** x^6y^2	**09** $a^{10}b^4$ **10** $x^{15}y^{15}$ **11** $9a^4b^2$
12 $-a^{12}b^6$	**13** $\dfrac{y^4}{x^4}$	**14** $\dfrac{b^8}{a^2}$ **15** $\dfrac{a^3}{b^{15}}$ **16** $\dfrac{x^8}{y^{12}}$
17 $\dfrac{a^{21}}{b^7}$	**18** $-\dfrac{y^3}{x^{18}}$	**19** $\dfrac{y^{10}}{x^4}$ **20** 6 **21** 5
22 7	**23** 4	**24** 5 **25** 6 **26** ②

08 $(x^3y)^2 = x^{3\times2}y^2 = x^6y^2$

09 $(a^5b^2)^2 = a^{5\times2}b^{2\times2} = a^{10}b^4$

10 $(x^3y^3)^5 = x^{3\times5}y^{3\times5} = x^{15}y^{15}$

11 $(-3a^2b)^2 = (-3)^2a^{2\times2}b^2 = 9a^4b^2$

12 $(-a^4b^2)^3 = (-1)^3a^{4\times3}b^{2\times3} = -a^{12}b^6$

14 $\left(\dfrac{b^4}{a}\right)^2 = \dfrac{b^{4\times2}}{a^2} = \dfrac{b^8}{a^2}$

15 $\left(\dfrac{a}{b^5}\right)^3 = \dfrac{a^3}{b^{5\times3}} = \dfrac{a^3}{b^{15}}$

16 $\left(\dfrac{x^2}{y^3}\right)^4 = \dfrac{x^{2\times4}}{y^{3\times4}} = \dfrac{x^8}{y^{12}}$

17 $\left(\dfrac{a^3}{b}\right)^7 = \dfrac{a^{3\times7}}{b^7} = \dfrac{a^{21}}{b^7}$

18 $\left(-\dfrac{y}{x^6}\right)^3 = (-1)^3 \times \dfrac{y^3}{x^{6\times3}} = -\dfrac{y^3}{x^{18}}$

19 $\left(-\dfrac{y^5}{x^2}\right)^2 = (-1)^2 \times \dfrac{y^{5\times2}}{x^{2\times2}} = \dfrac{y^{10}}{x^4}$

---

20 $(ab^\square)^3 = a^3b^{\square\times3} = a^3b^{18}$

$\square\times3=18$이므로 $\square=6$

21 $(a^\square b^4)^2 = a^{\square\times2}b^{4\times2} = a^{10}b^8$

$\square\times2=10$이므로 $\square=5$

22 $(x^2y^5)^\square = x^{2\times\square}y^{5\times\square} = x^{14}y^{35}$

$2\times\square=14$, $5\times\square=35$이므로 $\square=7$

23 $\left(\dfrac{y}{x^3}\right)^\square = \dfrac{y^\square}{x^{3\times\square}} = \dfrac{y^4}{x^{12}}$

$3\times\square=12$, $\square=4$

24 $\left(\dfrac{y^\square}{x^2}\right)^4 = \dfrac{y^{\square\times4}}{x^{2\times4}} = \dfrac{y^{20}}{x^8}$

$\square\times4=20$이므로 $\square=5$

25 $\left(\dfrac{b^3}{a^4}\right)^\square = \dfrac{b^{3\times\square}}{a^{4\times\square}} = \dfrac{b^{18}}{a^{24}}$

$3\times\square=18$, $4\times\square=24$이므로 $\square=6$

26 ② $(-2y^2)^3 = (-2)^3y^{2\times3} = -8y^6$

확인문제

| 31쪽 |

01 ④	**02** ①	**03** ④	**04** ④	**05** ②, ⑤	**06** ①

01 $3^4 \times 81 = 3^4 \times 3^4 = 3^8 = 3^\square$이므로 $\square=8$

02 $x^3 \times y^5 \times y^3 \times x^4 = x^3 \times x^4 \times y^5 \times y^3 = x^{3+4}y^{5+3} = x^7y^8 = x^ay^b$

$a=7$, $b=8$이므로 $a+b=15$

03 $x^a \div x^3 = x^{a-3} = x^5$

$a-3=5$이므로 $a=8$

04 ① $a^{\boxed{4}} \times a^2 = a^{\boxed{4}+2} = a^6$

② $a^9 \div a^{\boxed{7}} = a^{9-\boxed{7}} = a^2$

③ $x^3 \times x^2 \times x = x^{3+2+1} = x^{\boxed{6}}$

④ $y^{\boxed{8}} \div y^4 = y^{\boxed{8}-4} = y^4$

⑤ $x \times x \times x \times x \times x = x^{\boxed{5}}$

05 ① $a^2 \times a \times a^3 = a^{2+1+3} = a^6$

③ $a^3 \div a^5 = \dfrac{1}{a^{5-3}} = \dfrac{1}{a^2}$

④ $(a^2b)^3 = a^{2\times3}b^3 = a^6b^3$

06 $(x^7)^3 \div (x^4)^4 = x^{21} \div x^{16} = x^5$

① $(x^3)^3 \div (x^2)^2 = x^9 \div x^4 = x^5$

② $(x^4)^4 \div (x^3)^3 = x^{16} \div x^9 = x^7$

③ $(x^2)^5 \div (x^3)^2 = x^{10} \div x^6 = x^4$

④ $(x^5)^2 \div x^4 = x^{10} \div x^4 = x^6$

⑤ $(x^5)^5 \div (x^3)^6 = x^{25} \div x^{18} = x^7$

2. 단항식의 곱셈과 나눗셈

01 단항식의 곱셈
| 32~33쪽 |

01 $12xy$ 02 $8a^2$ 03 $30ab$ 04 $-14ab$ 05 $-18xy$
06 $25a^2$ 07 $-4x^3y$ 08 $-6x^5y^3$ 09 $6x^2y$ 10 $-6a^3$
11 $12x^3y^4$ 12 $\frac{1}{2}x^3y^2$ 13 $-5a^5b^4$ 14 $-a^8b^6$ 15 $4x^6y^6$
16 $-6xy^3$ 17 $\frac{2}{9y}$ 18 $\frac{1}{16ab^3}$ 19 $2x^7y^8$ 20 $-7a^8b^6$
21 $18x^{15}y^6$ 22 $-18a^3b^3$ 23 $-5a^9b^8$ 24 ④

13 $(-ab)^3 \times 5a^2b = -a^3b^3 \times 5a^2b = -5a^5b^4$

14 $(a^2b)^3 \times (-a^2b^3) = a^6b^3 \times (-a^2b^3) = -a^8b^6$

15 $4x^3 \times (xy^2)^3 = 4x^3 \times x^3y^6 = 4x^6y^6$

16 $(-2xy)^3 \times \frac{3}{4x^2} = (-8x^3y^3) \times \frac{3}{4x^2} = -6xy^3$

17 $\left(-\frac{y}{3x^2}\right)^2 \times \frac{2x^4}{y^3} = \frac{y^2}{9x^4} \times \frac{2x^4}{y^3} = \frac{2}{9y}$

18 $\left(\frac{a}{b^3}\right)^3 \times \left(-\frac{b^3}{4a^2}\right)^2 = \frac{a^3}{b^9} \times \frac{b^6}{16a^4} = \frac{1}{16ab^3}$

19 $x^4 \times (-xy^3)^2 \times 2xy^2 = x^4 \times x^2y^6 \times 2xy^2 = 2x^7y^8$

20 $a^4b \times 7ab^2 \times (-ab)^3 = a^4b \times 7ab^2 \times (-a^3b^3) = -7a^8b^6$

21 $-2xy \times (-3x^4y)^2 \times (-x^2y)^3 = -2xy \times 9x^8y^2 \times (-x^6y^3)$
$\qquad\qquad\qquad\qquad\qquad\qquad\qquad\qquad = 18x^{15}y^6$

22 $(-3a)^2 \times (-ab) \times 2b^2 = 9a^2 \times (-ab) \times 2b^2 = -18a^3b^3$

23 $5a^3 \times (-a^3b)^2 \times (-b^2)^3 = 5a^3 \times a^6b^2 \times (-b^6) = -5a^9b^8$

24 $2^a \times x^3 \times x^4 = 2^a x^7$, $8x^b = 2^3 x^b$이므로 $2^a x^7 = 2^3 x^b$
$\qquad$ 따라서 $a=3$, $b=7$이므로 $a+b=10$

02 단항식의 나눗셈
| 34~35쪽 |

01 3   02 3   03 $5y$ 04 $-8b^2$ 05 $-\frac{y^2}{5x}$
06 $8ab^2$ 07 $8y^5$ 08 $8a^5$ 09 $-81x^2y$ 10 $\frac{25b}{a^2}$
11 $\frac{1}{16}x^2$ 12 $-\frac{b^7}{a^4}$ 13 $\frac{3}{2}a^2b^3$ 14 $2xy^2$ 15 $-\frac{10x}{y^2}$
16 $\frac{2x^3}{y}$ 17 $-\frac{2a^3}{b^2}$ 18 $-\frac{4b^4}{3a^5}$ 19 $\frac{5}{y^2}$ 20 $-25x^2$
21 $-4a^5$ 22 $-\frac{3}{2y^4}$ 23 $4a^2b^2$ 24 ③

01 $9a \div 3a = \frac{9a}{3a} = 3$

02 $12x \div 4x = \frac{12x}{4x} = 3$

03 $25y^2 \div 5y = \frac{25y^2}{5y} = 5y$

04 $-16b^3 \div 2b = \frac{-16b^3}{2b} = -8b^2$

05 $3x^2y^3 \div (-15x^3y) = \frac{3x^2y^3}{-15x^3y} = -\frac{y^2}{5x}$

06 $64a^5b^2 \div 8a^4 = \frac{64a^5b^2}{8a^4} = 8ab^2$

07 $(-4xy^3)^2 \div 2x^2y = \frac{16x^2y^6}{2x^2y} = 8y^5$

08 $(2a^3)^3 \div (-a^2)^2 = \frac{8a^9}{a^4} = 8a^5$

09 $(3xy)^4 \div (-x^2y^3) = \frac{81x^4y^4}{-x^2y^3} = -81x^2y$

10 $(-5ab)^3 \div (-5a^5b^2) = \frac{-125a^3b^3}{-5a^5b^2} = \frac{25b}{a^2}$

11 $(-x^4y^2)^2 \div (-4x^3y^2)^2 = \frac{x^8y^4}{16x^6y^4} = \frac{1}{16}x^2$

12 $(ab^2)^5 \div (-a^3b)^3 = \frac{a^5b^{10}}{-a^9b^3} = -\frac{b^7}{a^4}$

13 $a^7b^2 \div \frac{2a^5}{3b} = a^7b^2 \times \frac{3b}{2a^5} = \frac{3}{2}a^2b^3$

14 $6x^2y \div \frac{3x}{y} = 6x^2y \times \frac{y}{3x} = 2xy^2$

15 $-\frac{2}{5}x^2 \div \frac{1}{25}xy^2 = -\frac{2x^2}{5} \times \frac{25}{xy^2} = -\frac{10x}{y^2}$

16 $-\frac{2y^2}{x^3} \div \left(-\frac{y}{x^2}\right)^3 = -\frac{2y^2}{x^3} \times \left(-\frac{x^6}{y^3}\right) = \frac{2x^3}{y}$

17 $-\frac{1}{2}a^2b^3 \div \frac{b^5}{4a} = -\frac{a^2b^3}{2} \times \frac{4a}{b^5} = -\frac{2a^3}{b^2}$

18 $\left(\frac{6}{ab}\right)^2 \div \left(-\frac{3a}{b^2}\right)^3 = \frac{36}{a^2b^2} \times \left(-\frac{b^6}{27a^3}\right) = -\frac{4b^4}{3a^5}$

19 $15x^3y^2 \div 3xy \div x^2y^3 = 15x^3y^2 \times \frac{1}{3xy} \times \frac{1}{x^2y^3} = \frac{5}{y^2}$

20 $125x^7 \div (-5x^3) \div x^2 = 125x^7 \times \left(-\frac{1}{5x^3}\right) \times \frac{1}{x^2} = -25x^2$

21 $-32a^5 \div \dfrac{1}{2}a^4 \div \left(-\dfrac{4}{a^2}\right)^2 = -32a^5 \div \dfrac{a^4}{2} \div \dfrac{16}{a^4}$
$\qquad = -32a^5 \times \dfrac{2}{a^4} \times \dfrac{a^4}{16} = -4a^5$

22 $\dfrac{9}{xy^3} \div \left(-\dfrac{3}{x^2y}\right) \div 2xy^2 = \dfrac{9}{xy^3} \times \left(-\dfrac{x^2y}{3}\right) \times \dfrac{1}{2xy^2} = -\dfrac{3}{2y^4}$

23 $(4a^3b)^2 \div \left(-\dfrac{a^2}{2b}\right) \div (-8a^2b) = 16a^6b^2 \times \left(-\dfrac{2b}{a^2}\right) \times \left(-\dfrac{1}{8a^2b}\right)$
$\qquad = 4a^2b^2$

24 ③ $(-a^2b)^2 \div 2ab^2 = a^4b^2 \times \dfrac{1}{2ab^2} = \dfrac{1}{2}a^3$

---

03 단항식의 곱셈과 나눗셈의 혼합 계산 | 36~37쪽 |

01 $10x^2$	**02** $4x^2$	**03** $-6a^3$	**04** $4b^2$	**05** $-15y^5$
06 $-6x^3y^2$	**07** $2x^7y^6$	**08** x^5y^2	**09** $-32a^2b^3$	**10** $-2a^7b^2$
11 $8y^5$	**12** $54x^3y^6$	**13** $\dfrac{10}{3}b^2$	**14** $-\dfrac{3}{2}x^5y^4$	**15** $18b$
16 $\dfrac{5a^4}{2b^4}$	**17** $\dfrac{24b^4}{a^5}$	**18** $\dfrac{25}{2}y^4$	**19** $-\dfrac{12}{25}$	**20** $-\dfrac{5}{2}x^3y^4$
21 -2	**22** $-5x^6y^4$	**23** $-\dfrac{16}{b}$	**24** ①	

01 $4x^3 \div 2x^2 \times 5x = 4x^3 \times \dfrac{1}{2x^2} \times 5x = 10x^2$

02 $8x^3 \times 3x \div 6x^2 = 8x^3 \times 3x \times \dfrac{1}{6x^2} = 4x^2$

03 $-12a^4 \div 8a^2 \times 4a = -12a^4 \times \dfrac{1}{8a^2} \times 4a = -6a^3$

04 $-2b^4 \times 8b^3 \div (-4b^5) = -2b^4 \times 8b^3 \times \left(-\dfrac{1}{4b^5}\right) = 4b^2$

05 $-18y^4 \div (-6y^2) \times (-5y^3) = -18y^4 \times \left(-\dfrac{1}{6y^2}\right) \times (-5y^3)$
$\qquad = -15y^5$

06 $21x^2y^5 \div (-7xy^4) \times 2x^2y = 21x^2y^5 \times \left(-\dfrac{1}{7xy^4}\right) \times 2x^2y$
$\qquad = -6x^3y^2$

07 $(2x^2y)^3 \times x^4y^5 \div 4x^3y^2 = 8x^6y^3 \times x^4y^5 \times \dfrac{1}{4x^3y^2} = 2x^7y^6$

08 $32x^4y^3 \div (-8xy^3)^2 \times 2x^3y^5 = 32x^4y^3 \times \dfrac{1}{64x^2y^6} \times 2x^3y^5 = x^5y^2$

09 $-24a^3b^2 \div (3ab)^3 \times (-6ab^2)^2 = -24a^3b^2 \times \dfrac{1}{27a^3b^3} \times 36a^2b^4$
$\qquad = -32a^2b^3$

10 $-2a^3b^5 \div (-ab^3)^2 \times (a^2b)^3 = -2a^3b^5 \div a^2b^6 \times a^6b^3$
$\qquad = -2a^3b^5 \times \dfrac{1}{a^2b^6} \times a^6b^3$
$\qquad = -2a^7b^2$

11 $(4xy^2)^2 \times 2x^2y^3 \div (-2x^2y)^2 = 16x^2y^4 \times 2x^2y^3 \div 4x^4y^2$
$\qquad = 16x^2y^4 \times 2x^2y^3 \times \dfrac{1}{4x^4y^2}$
$\qquad = 8y^5$

12 $(3xy)^3 \div 8x^2y \times (-4xy^2)^2 = 27x^3y^3 \times \dfrac{1}{8x^2y} \times 16x^2y^4$
$\qquad = 54x^3y^6$

13 $5ab^3 \div \dfrac{1}{2}a^2b^5 \times \dfrac{1}{3}ab^4 = 5ab^3 \times \dfrac{2}{a^2b^5} \times \dfrac{ab^4}{3} = \dfrac{10}{3}b^2$

14 $-\dfrac{9}{10}x^7y^2 \div \dfrac{3}{5}x^4y \times x^2y^3 = -\dfrac{9x^7y^2}{10} \times \dfrac{5}{3x^4y} \times x^2y^3$
$\qquad = -\dfrac{3}{2}x^5y^4$

15 $21ab \times \dfrac{8}{7}a^3b^2 \div \dfrac{4}{3}a^4b^2 = 21ab \times \dfrac{8a^3b^2}{7} \times \dfrac{3}{4a^4b^2} = 18b$

16 $\dfrac{3a}{b^2} \div a^2b^3 \times \dfrac{5}{6}a^5b = \dfrac{3a}{b^2} \times \dfrac{1}{a^2b^3} \times \dfrac{5a^5b}{6} = \dfrac{5a^4}{2b^4}$

17 $-\dfrac{4b^2}{a^3} \times 3a^2b^3 \div \left(-\dfrac{1}{2}a^4b\right) = -\dfrac{4b^2}{a^3} \times 3a^2b^3 \times \left(-\dfrac{2}{a^4b}\right)$
$\qquad = \dfrac{24b^4}{a^5}$

18 $\dfrac{7}{2}x^3y^3 \div \dfrac{42}{5}x^4y \times 30xy^2 = \dfrac{7x^3y^3}{2} \times \dfrac{5}{42x^4y} \times 30xy^2 = \dfrac{25}{2}y^4$

19 $(-2xy)^3 \times \dfrac{3}{8}xy^3 \div \left(-\dfrac{5}{2}x^2y^3\right)^2 = -8x^3y^3 \times \dfrac{3xy^3}{8} \div \dfrac{25x^4y^6}{4}$
$\qquad = -8x^3y^3 \times \dfrac{3xy^3}{8} \times \dfrac{4}{25x^4y^6}$
$\qquad = -\dfrac{12}{25}$

20 $(-3xy^2)^3 \times \dfrac{4}{27}x^2y \div \dfrac{8}{5}x^2y^3 = -27x^3y^6 \times \dfrac{4x^2y}{27} \times \dfrac{5}{8x^2y^3}$
$\qquad = -\dfrac{5}{2}x^3y^4$

21 $-9a^5b^4 \div \left(\dfrac{3}{2}a^2b^2\right)^3 \times \dfrac{3}{4}ab^2 = -9a^5b^4 \div \dfrac{27a^6b^6}{8} \times \dfrac{3ab^2}{4}$
$\qquad = -9a^5b^4 \times \dfrac{8}{27a^6b^6} \times \dfrac{3ab^2}{4} = -2$

22 $(2xy)^5 \div \left(-\dfrac{8}{5}x^3y^2\right) \times \dfrac{1}{4}x^4y = 32x^5y^5 \times \left(-\dfrac{5}{8x^3y^2}\right) \times \dfrac{x^4y}{4}$
$$= -5x^6y^4$$

23 $-9ab \times \left(\dfrac{2}{3}ab\right)^2 \div \dfrac{1}{4}a^3b^4 = -9ab \times \dfrac{4a^2b^2}{9} \times \dfrac{4}{a^3b^4} = -\dfrac{16}{b}$

24 $\dfrac{1}{2}x^2y^4 \div 8xy^3 \times (-16xy^2) = \dfrac{x^2y^4}{2} \times \dfrac{1}{8xy^3} \times (-16xy^2)$
$$= -x^2y^3$$

04 □ 안에 알맞은 식 구하기 | 38~39쪽 |

01 $4y^2$	**02** $3a^2b^2$	**03** $-3a^4b^2$	**04** $-7y^3$	**05** $6x^3y^2$
06 $-7a^2b$	**07** $-3xy^3$	**08** $8a^2b^3$	**09** $12x^2y^3$	**10** $2a^5b^3$
11 $-10x^4y^7$	**12** $3ab^2$	**13** $-3x^5y^2$	**14** $5x^3y^2$	**15** $3ab^2$
16 $-3a^2$	**17** $5a^3b$	**18** $16x^2y^4$	**19** x^2y^4	**20** $4x^2y^4$
21 $3x^2y$	**22** ③			

01 $\square = 16x^2y^2 \div 4x^2 = 4y^2$

02 $\square = -6a^5b^3 \div (-2a^3b) = 3a^2b^2$

03 $\square = -15a^5b^5 \div 5ab^3 = -3a^4b^2$

04 $\square = 7x^2y^5 \div (-x^2y^2) = -7y^3$

05 $\square = 18x^4y^3 \div 3xy = 6x^3y^2$

06 $\square = 14a^7b^3 \div (-2a^5b^2) = -7a^2b$

07 $\square = -9x^5y^4 \div 3x^4y = -3xy^3$

08 $\square = -8a^4b^6 \div (-a^2b^3) = 8a^2b^3$

09 $\square = 3xy^2 \times 4xy = 12x^2y^3$

10 $\square = -2a^3b^2 \times (-a^2b) = 2a^5b^3$

11 $\square = 5x^3y^4 \times (-2xy^3) = -10x^4y^7$

12 $6ab^3 \times \dfrac{1}{\square} = 2b, \; \square = 6ab^3 \div 2b = 3ab^2$

13 $-21x^6y^4 \times \dfrac{1}{\square} = 7xy^2, \; \square = -21x^6y^4 \div 7xy^2 = -3x^5y^2$

14 $20x^7y^7 \times \dfrac{1}{\square} = 4x^4y^5, \; \square = 20x^7y^7 \div 4x^4y^5 = 5x^3y^2$

15 $9a^5b^3 \times \dfrac{1}{\square} = 3a^4b, \; \square = 9a^5b^3 \div 3a^4b = 3ab^2$

16 $3a^6b^4 \times \dfrac{1}{\square} = -a^4b^4, \; \square = 3a^6b^4 \div (-a^4b^4) = -3a^2$

17 $-20a^4b^4 \times \dfrac{1}{\square} = -4ab^3, \; \square = -20a^4b^4 \div (-4ab^3) = 5a^3b$

18 $\square = -8x^3y^3 \times 2xy^4 \times \left(-\dfrac{1}{x^2y^3}\right) = 16x^2y^4$

19 $\square = 3x^4y^3 \times 5x^3y^4 \times \dfrac{1}{15x^5y^3} = x^2y^4$

20 $8x^3y^6 \times \dfrac{1}{\square} \times 4x^2y^2 = 8x^3y^4$
$\square = 8x^3y^6 \times 4x^2y^2 \times \dfrac{1}{8x^3y^4} = 4x^2y^4$

21 $24x^5y^4 \times \dfrac{1}{\square} \times \dfrac{1}{8x^2y} = xy^2$
$\square = 24x^5y^4 \times \dfrac{1}{8x^2y} \times \dfrac{1}{xy^2} = 3x^2y$

22 $\boxed{\bigcirc} = 15x^3y^4 \div 3xy^3 = 5x^2y$
$\boxed{\bigcirc} = 21x^3y^4 \div 3xy^2 = 7x^2y^2$
따라서 $\bigcirc \times \bigcirc = 5x^2y \times 7x^2y^2 = 35x^4y^3$

확인문제 | 40쪽 |

01 ③	**02** ④	**03** $4x$	**04** ②	**05** ⑤	**06** ④

01 ③ $24x^3y \div \dfrac{8}{3}x^2y = 24x^3y \times \dfrac{3}{8x^2y} = 9x$

02 $(-2xy^2)^3 \times (-x^4y) = -8x^3y^6 \times (-x^4y) = 8x^7y^7 = 8x^Ay^B$
$A = 7, \; B = 7$이므로 $A + B = 14$

03 $A = -3x^2y^2 \times (-8xy^2) = 24x^3y^4$,
$B = 2xy^3 \times 3xy = 6x^2y^4$이므로
$A \div B = 24x^3y^4 \div 6x^2y^4 = 4x$

04 $16x^7 \div (-2x^4) \div x^2 = 16x^7 \times \left(-\dfrac{1}{2x^4}\right) \times \dfrac{1}{x^2} = -8x$

05 $81x^4y^3 \times xy^3 \div 9x^3y^2 = 81x^4y^3 \times xy^3 \times \dfrac{1}{9x^3y^2}$
$$= 9x^2y^4 = Ax^By^C$$
$A = 9, \; B = 2, \; C = 4$이므로 $A + B + C = 15$

06 $15x^3y^6 \div \square \times (-x^2y^3)^2 = 3x^2y^4$에서
$15x^3y^6 \times \dfrac{1}{\square} \times x^4y^6 = 3x^2y^4$

$\square = 15x^3y^6 \times x^4y^6 \times \dfrac{1}{3x^2y^4} = 5x^5y^8$

3. 다항식의 계산

01 다항식의 덧셈과 뺄셈　| 41~42쪽 |

01 $9a-2b$	02 $-3a-2b$	03 $2a-3b$	04 $7a-2b$
05 $-a+7b$	06 $9a+7$	07 $-a-6b$	08 $2a+5b$
09 $-6a-b$	10 $-3a+2b$	11 $4a-12b$	12 $-11a+b$
13 $\dfrac{8a-5b}{6}$	14 $\dfrac{5a-b}{4}$	15 $\dfrac{22a-22b}{15}$	16 $\dfrac{7x-7}{12}$
17 $\dfrac{23x-15y}{14}$	18 $\dfrac{14x-11y}{18}$	19 $\dfrac{3x-y}{6}$	20 $\dfrac{7x+2y}{24}$
21 $\dfrac{4x-11y}{15}$	22 $\dfrac{-x-8y}{4}$	23 $\dfrac{3x-19y}{20}$	24 ④

04 $2(a-3b)+(5a+4b)=2a-6b+5a+4b=7a-2b$

05 $3(-a+4b)+(2a-5b)=-3a+12b+2a-5b$
$\qquad =-a+7b$

06 $2(5a-b+2)+(2b-a+3)=10a-2b+4+2b-a+3$
$\qquad =9a+7$

07 $(3a-b)-(4a+5b)=3a-b-4a-5b=-a-6b$

08 $(9a+2b)-(7a-3b)=9a+2b-7a+3b=2a+5b$

09 $(2a-3b)-(8a-2b)=2a-3b-8a+2b=-6a-b$

10 $(a+5b)-(4a+3b)=a+5b-4a-3b=-3a+2b$

11 $2(4b-3a)-5(-2a+4b)=8b-6a+10a-20b$
$\qquad =4a-12b$

12 $-3(5a-2b)-(-4a+5b)=-15a+6b+4a-5b$
$\qquad =-11a+b$

13 $\dfrac{a-b}{3}+\dfrac{2a-b}{2}=\dfrac{2(a-b)+3(2a-b)}{6}$
$\qquad =\dfrac{2a-2b+6a-3b}{6}=\dfrac{8a-5b}{6}$

14 $\dfrac{3a+b}{4}+\dfrac{a-b}{2}=\dfrac{3a+b+2(a-b)}{4}$
$\qquad =\dfrac{3a+b+2a-2b}{4}=\dfrac{5a-b}{4}$

15 $\dfrac{2a-5b}{3}+\dfrac{4a+b}{5}=\dfrac{5(2a-5b)+3(4a+b)}{15}$
$\qquad =\dfrac{10a-25b+12a+3b}{15}=\dfrac{22a-22b}{15}$

16 $\dfrac{2x+4}{6}+\dfrac{x-5}{4}=\dfrac{2(2x+4)+3(x-5)}{12}$
$\qquad =\dfrac{4x+8+3x-15}{12}=\dfrac{7x-7}{12}$

17 $\dfrac{x-4y}{7}+\dfrac{3x-y}{2}=\dfrac{2(x-4y)+7(3x-y)}{14}$
$\qquad =\dfrac{2x-8y+21x-7y}{14}=\dfrac{23x-15y}{14}$

18 $\dfrac{4x-3y}{6}+\dfrac{x-y}{9}=\dfrac{3(4x-3y)+2(x-y)}{18}$
$\qquad =\dfrac{12x-9y+2x-2y}{18}=\dfrac{14x-11y}{18}$

19 $\dfrac{3x-5y}{3}-\dfrac{x-3y}{2}=\dfrac{2(3x-5y)-3(x-3y)}{6}$
$\qquad =\dfrac{6x-10y-3x+9y}{6}=\dfrac{3x-y}{6}$

20 $\dfrac{5x+2y}{8}-\dfrac{2x+y}{6}=\dfrac{3(5x+2y)-4(2x+y)}{24}$
$\qquad =\dfrac{15x+6y-8x-4y}{24}=\dfrac{7x+2y}{24}$

21 $\dfrac{3x-7y}{5}-\dfrac{x-2y}{3}=\dfrac{3(3x-7y)-5(x-2y)}{15}$
$\qquad =\dfrac{9x-21y-5x+10y}{15}=\dfrac{4x-11y}{15}$

22 $\dfrac{-3x+2y}{4}-\dfrac{-x+5y}{2}=\dfrac{-3x+2y-2(-x+5y)}{4}$
$\qquad =\dfrac{-3x+2y+2x-10y}{4}$
$\qquad =\dfrac{-x-8y}{4}$

23 $\dfrac{2x-y}{5}-\dfrac{x+3y}{4}=\dfrac{4(2x-y)-5(x+3y)}{20}$
$\qquad =\dfrac{8x-4y-5x-15y}{20}=\dfrac{3x-19y}{20}$

24 $(6a-7b)-2(-a+2b)=6a-7b+2a-4b=8a-11b$

02 이차식의 덧셈과 뺄셈　| 43~44쪽 |

01 ○	02 ×	03 ×	04 ○	05 ○
06 ○	07 ×	08 $3x^2+x-3$		
09 $5x^2-x-7$		10 $-5x^2-2x+4$		
11 $-3x^2+7x-3$		12 $-5x^2+3x-1$		13 $2a^2-2a$
14 $2a^2-3$		15 $7x^2+5x+7$		
16 $3x^2-9x+4$		17 $-6x^2-4x+1$		
18 $3x^2+2x-12$		19 $-7a^2-3a$		
20 $-2x^2-7$		21 $-5x^2+2x+8$		
22 $a^2+5a+10$		23 $-4a^2-6a+3$		24 ⑤

19 $(-10a^2+4a)-(-3a^2+7a)=-10a^2+4a+3a^2-7a$
$\qquad =-7a^2-3a$

20 $(-3x^2-5)-(-x^2+2)=-3x^2-5+x^2-2$
$$=-2x^2-7$$

21 $(4x^2+8)-(9x^2-2x)=4x^2+8-9x^2+2x$
$$=-5x^2+2x+8$$

22 $(2a^2+4a+3)-(a^2-a-7)=2a^2+4a+3-a^2+a+7$
$$=a^2+5a+10$$

23 $(-5a^2-3a+2)-(-a^2+3a-1)$
$$=-5a^2-3a+2+a^2-3a+1$$
$$=-4a^2-6a+3$$

24 $(-3a^2+a+1)-(-2a^2+5a-4)$
$$=-3a^2+a+1+2a^2-5a+4$$
$$=-a^2-4a+5$$
a^2의 계수는 -1, 상수항은 5이므로 합은 4이다.

03 여러 가지 괄호가 있는 식의 계산 | 45쪽 |

01 $9x-5$	**02** $9x+3y$	**03** $13a-12b$ **04** $-3a+6b$
05 $-23x^2+24x$		**06** $3x-y$ **07** $3x-2y$
08 $8a-11b$	**09** $x^2-10x+10$	**10** ②

01 $5x-\{3-(4x-2)\}=5x-(3-4x+2)$
$$=5x-(-4x+5)$$
$$=5x+4x-5$$
$$=9x-5$$

02 $3x-\{-7y-(6x-4y)\}=3x-(-7y-6x+4y)$
$$=3x-(-6x-3y)$$
$$=3x+6x+3y$$
$$=9x+3y$$

03 $10a-\{5b-(3a-7b)\}=10a-(5b-3a+7b)$
$$=10a-(-3a+12b)$$
$$=10a+3a-12b$$
$$=13a-12b$$

04 $-2\{-(2b-3a)-b\}+3a=-2(-2b+3a-b)+3a$
$$=-2(3a-3b)+3a$$
$$=-6a+6b+3a$$
$$=-3a+6b$$

05 $-3x^2+4\{2x-(5x^2-4x)\}=-3x^2+4(2x-5x^2+4x)$
$$=-3x^2+4(-5x^2+6x)$$
$$=-3x^2-20x^2+24x$$
$$=-23x^2+24x$$

06 $-x-[3y-2x-\{3x-(x-2y)\}]$
$$=-x-\{3y-2x-(3x-x+2y)\}$$
$$=-x-\{3y-2x-(2x+2y)\}$$
$$=-x-(3y-2x-2x-2y)$$
$$=-x-(-4x+y)$$
$$=-x+4x-y$$
$$=3x-y$$

07 $x-[x+4y-\{6x-(3x-2y)\}]$
$$=x-\{x+4y-(6x-3x+2y)\}$$
$$=x-\{x+4y-(3x+2y)\}$$
$$=x-(x+4y-3x-2y)$$
$$=x-(-2x+2y)$$
$$=x+2x-2y$$
$$=3x-2y$$

08 $4[b-\{-(5a-3b)+3a\}]-3b$
$$=4\{b-(-5a+3b+3a)\}-3b$$
$$=4\{b-(-2a+3b)\}-3b$$
$$=4(b+2a-3b)-3b$$
$$=4(2a-2b)-3b$$
$$=8a-8b-3b$$
$$=8a-11b$$

09 $6-3x^2-[-2x+4\{3x-(x^2+1)\}]$
$$=6-3x^2-\{-2x+4(3x-x^2-1)\}$$
$$=6-3x^2-(-2x+12x-4x^2-4)$$
$$=6-3x^2-(-4x^2+10x-4)$$
$$=6-3x^2+4x^2-10x+4$$
$$=x^2-10x+10$$

10 $9x-[y-3\{-4x-(y-2x)\}]$
$$=9x-\{y-3(-4x-y+2x)\}$$
$$=9x-\{y-3(-2x-y)\}$$
$$=9x-(y+6x+3y)$$
$$=9x-(6x+4y)$$
$$=9x-6x-4y$$
$$=3x-4y$$

04 단항식과 다항식의 곱셈 | 46쪽 |

01 $-6a^2+12a$	**02** $3x^2-18xy$
03 $4x^2-6xy$	**04** $20a-15a^2$
05 $-4x^2+15x$	**06** $-8x^2+12xy-4x$
07 $3ab+5a^2$	**08** $-21a^2+6ab-3a$
09 $-6x^2+15x$	**10** $-8x^3+36x^2-12x$
11 $9x^3-6x^2+12x$	**12** ④

12 $3x(-5x+9y-1)=-15x^2+27xy-3x$

xy의 계수는 27, x의 계수는 -3이므로 합은 24이다.

05 다항식과 단항식의 나눗셈 | 47쪽 |

01 $6x-2$	**02** $3b+2$	**03** $-3x+2$	**04** $4+3x$
05 $9x-4y+6$	**06** $-6ab+4b-3$	**07** $2x-10$	
08 $16x-6y$	**09** $-18+24b$	**10** $9x-3+15xy$	
11 $16x-8y+12$	**12** ③		

07 $(x^2-5x)\div\dfrac{1}{2}x=(x^2-5x)\times\dfrac{2}{x}=2x-10$

08 $(8x^2y-3xy^2)\div\dfrac{1}{2}xy=(8x^2y-3xy^2)\times\dfrac{2}{xy}=16x-6y$

09 $(6b-8b^2)\div\left(-\dfrac{1}{3}b\right)=(6b-8b^2)\times\left(-\dfrac{3}{b}\right)=-18+24b$

10 $(-6xy+2y-10xy^2)\div\left(-\dfrac{2}{3}y\right)$

$=(-6xy+2y-10xy^2)\times\left(-\dfrac{3}{2y}\right)$

$=9x-3+15xy$

11 $(12x^2y-6xy^2+9xy)\div\dfrac{3}{4}xy$

$=(12x^2y-6xy^2+9xy)\times\dfrac{4}{3xy}$

$=16x-8y+12$

12 $(18x^2y-30xy^2)\div6xy=\dfrac{18x^2y-30xy^2}{6xy}=3x-5y$

06 사칙계산이 혼합된 식의 계산 | 48쪽 |

01 $10xy+3y$	**02** $-4xy-6y^2$	**03** $3a^2+6ab-8b^2$
04 $-5x-3y-2$	**05** b^2-3ab	**06** $-6x+12y$
07 $-8xy+5x$	**08** $-2xy+10y-5$	**09** $7a-5b$
10 $22xy-5x$	**11** ③	

01 $4(3xy+y)-y(1+2x)=12xy+4y-y-2xy$

$\qquad\qquad\qquad\qquad\quad=10xy+3y$

02 $y(2x-3y)-3y(2x+y)=2xy-3y^2-6xy-3y^2$

$\qquad\qquad\qquad\qquad\qquad=-4xy-6y^2$

03 $a(3a-4b)+2b(5a-4b)=3a^2-4ab+10ab-8b^2$

$\qquad\qquad\qquad\qquad\qquad\quad=3a^2+6ab-8b^2$

04 $(5x-15y)\div5-(y+3xy)\div\dfrac{y}{2}$

$=\dfrac{5x-15y}{5}-(y+3xy)\times\dfrac{2}{y}$

$=x-3y-2-6x$

$=-5x-3y-2$

05 $(2a-b)\times(-3b)-(14ab^2-21a^2b)\div7a$

$=-6ab+3b^2-\dfrac{14ab^2-21a^2b}{7a}$

$=-6ab+3b^2-2b^2+3ab$

$=b^2-3ab$

06 $5(-2x+3y)+(8x^2-6xy)\div2x$

$=-10x+15y+\dfrac{8x^2-6xy}{2x}$

$=-10x+15y+4x-3y$

$=-6x+12y$

07 $6x(-2y+1)+(16x^2y-4x^2)\div4x$

$=-12xy+6x+\dfrac{16x^2y-4x^2}{4x}$

$=-12xy+6x+4xy-x$

$=-8xy+5x$

08 $-2y(x-4)-(-6xy+15x)\div3x$

$=-2xy+8y-\dfrac{-6xy+15x}{3x}$

$=-2xy+8y-(-2y+5)$

$=-2xy+8y+2y-5$

$=-2xy+10y-5$

09 $(4ab^2-8b^3)\div(-2b)^2+3(2a-b)$

$=(4ab^2-8b^3)\div4b^2+6a-3b$

$=\dfrac{4ab^2-8b^3}{4b^2}+6a-3b$

$=a-2b+6a-3b$

$=7a-5b$

10 $(25x^3y+50x^3)\div(5x)^2-7x(-3y+1)$

$=(25x^3y+50x^3)\div25x^2+21xy-7x$

$=\dfrac{25x^3y+50x^3}{25x^2}+21xy-7x$

$=xy+2x+21xy-7x$

$=22xy-5x$

11 $(3xy+2y^2)\div\dfrac{1}{2}y-(10x^2-4xy)\div2x$

$=(3xy+2y^2)\times\dfrac{2}{y}-\dfrac{10x^2-4xy}{2x}$

$=6x+4y-5x+2y=x+6y$

$a=1$, $b=6$이므로 $a+b=7$

07 □ 안에 알맞은 식 구하기 | 49쪽 |

01 $2x+2y$　　02 $4x-3y$　　03 $9a-4b+6$
04 $9x+9y$　　05 $3a+3b$　　06 $3a+6b-4$
07 $5x^2+2x+5$　08 $4x-2$　　09 $8ab^2-2b^2$
10 $12x^3+28x^2y$　11 $5xy-8$　　12 $10y-6xy$
13 ⑤

01 $(\square)+(2x-7y)=4x-5y$에서
　　$\square=4x-5y-(2x-7y)=2x+2y$

02 $(\square)+(x-4y)=5x-7y$에서
　　$\square=5x-7y-(x-4y)=4x-3y$

03 $(\square)-(2a-3b+4)=7a-b+2$에서
　　$\square=7a-b+2+(2a-3b+4)=9a-4b+6$

04 $(\square)-(-4x+3y)=13x+6y$에서
　　$\square=13x+6y+(-4x+3y)=9x+9y$

05 $(3a-5b)+(\square)=6a-2b$에서
　　$\square=6a-2b-(3a-5b)=3a+3b$

06 $(7a-3)-(\square)=4a-6b+1$에서
　　$\square=(7a-3)-(4a-6b+1)=3a+6b-4$

07 $(2x^2-3x+1)-(\square)=-3x^2-5x-4$에서
　　$\square=(2x^2-3x+1)-(-3x^2-5x-4)$
　　　$=5x^2+2x+5$

08 $(\square)\times3x=12x^2-6x$에서
　　$\square=(12x^2-6x)\div3x=4x-2$

09 $(\square)\times\left(-\dfrac{2a}{b}\right)=-16a^2b+4ab$에서
　　$\square=(-16a^2b+4ab)\div\left(-\dfrac{2a}{b}\right)$
　　　$=(-16a^2b+4ab)\times\left(-\dfrac{b}{2a}\right)=8ab^2-2b^2$

10 $(\square)\div4x=3x^2+7xy$에서
　　$\square=(3x^2+7xy)\times4x=12x^3+28x^2y$

11 $(20x^2y-32x)\div(\square)=4x$에서
　　$(20x^2y-32x)\times\dfrac{1}{\square}=4x,$
　　$\square=(20x^2y-32x)\div4x=5xy-8$

12 $(5xy-3x^2y)\div(\square)=\dfrac{1}{2}x$에서
　　$(5xy-3x^2y)\times\dfrac{1}{\square}=\dfrac{x}{2},$
　　$\square=(5xy-3x^2y)\div\dfrac{x}{2}=(5xy-3x^2y)\times\dfrac{2}{x}=10y-6xy$

13 $(-5a^2+9a+3)-(\square)=-7a^2+4a-2$에서
　　$\square=(-5a^2+9a+3)-(-7a^2+4a-2)$
　　　$=-5a^2+9a+3+7a^2-4a+2$
　　　$=2a^2+5a+5$

08 식의 값 | 50쪽 |

01 6　　02 1　　03 -5　　04 -2　　05 1
06 5　　07 5　　08 -1　　09 16　　10 49
11 2　　12 ②

01 $5x-4$에 $x=2$를 대입하면
　　$5\times2-4=6$

02 $2x^2-31$에 $x=4$를 대입하면
　　$2\times4^2-31=32-31=1$

03 $-4y+7$에 $y=3$을 대입하면
　　$-4\times3+7=-5$

04 $2x+8$에 $x=-5$를 대입하면
　　$2\times(-5)+8=-2$

05 $2x^2+3x-1$에 $x=-2$를 대입하면
　　$2\times(-2)^2+3\times(-2)-1=8-6-1=1$

06 b^2-4에 $b=-3$을 대입하면
　　$(-3)^2-4=5$

07 $-2a+3b$에 $a=2$, $b=3$을 대입하면
　　$-2\times2+3\times3=5$

08 $7x-2y$에 $x=1$, $y=4$를 대입하면
　　$7\times1-2\times4=-1$

09 $-2x+5y$에 $x=-3$, $y=2$를 대입하면
　　$-2\times(-3)+5\times2=16$

10 $3(x-y)-4(-x+y)=3x-3y+4x-4y=7x-7y$이므로
　　$7x-7y$에 $x=4$, $y=-3$을 대입하면
　　$7\times4-7\times(-3)=49$

11 $(8a^2-6ab)\div2a=4a-3b$이므로
　　$4a-3b$에 $a=-1$, $b=-2$를 대입하면
　　$4\times(-1)-3\times(-2)=2$

12 $-2x+3$에 $x=4$를 대입하면
　　$-2\times4+3=-5$

09 식의 대입 | 51쪽 |

01 $2x-5$ 02 $-x+3$ 03 $5x-1$ 04 $y-6$
05 $5y-12$ 06 $2y+1$ 07 $2x+11y$ 08 $x-12y$
09 $3x+16y$ 10 $-5x+6y$ 11 ⑤

01
$$-4x+2y-3=-4x+2(3x-1)-3$$
$$=-4x+6x-2-3$$
$$=2x-5$$

02
$$5x-2y+1=5x-2(3x-1)+1$$
$$=5x-6x+2+1$$
$$=-x+3$$

03
$$2x+y=2x+(3x-1)$$
$$=2x+3x-1$$
$$=5x-1$$

04
$$-2x-3y+2=-2(-2y+4)-3y+2$$
$$=4y-8-3y+2$$
$$=y-6$$

05
$$-3x-y=-3(-2y+4)-y$$
$$=6y-12-y$$
$$=5y-12$$

06
$$2x+6y-7=2(-2y+4)+6y-7$$
$$=-4y+8+6y-7$$
$$=2y+1$$

07
$$-4A+3B=-4(x-2y)+3(2x+y)$$
$$=-4x+8y+6x+3y$$
$$=2x+11y$$

08
$$5A-2B=5(x-2y)-2(2x+y)$$
$$=5x-10y-4x-2y$$
$$=x-12y$$

09
$$2A-3B=2(3x+2y)-3(x-4y)$$
$$=6x+4y-3x+12y$$
$$=3x+16y$$

10
$$-A-2B=-(3x+2y)-2(x-4y)$$
$$=-3x-2y-2x+8y$$
$$=-5x+6y$$

11
$$-2x+3y-1=-2x+3(2x+1)-1$$
$$=-2x+6x+3-1$$
$$=4x+2$$

확인문제 | 52쪽 |

01 ⑤ 02 ⑤ 03 ④ 04 ③ 05 ② 06 ⑤

01
$$(3x+4y)-2(x-7y)=3x+4y-2x+14y$$
$$=x+18y$$
$$=Ax+By$$
$A=1$, $B=18$이므로 $B-2A=16$

02
$$4x^2-[5x-\{2x^2-(4x-x^2)\}]$$
$$=4x^2-\{5x-(2x^2-4x+x^2)\}$$
$$=4x^2-\{5x-(3x^2-4x)\}$$
$$=4x^2-(5x-3x^2+4x)$$
$$=4x^2-(-3x^2+9x)$$
$$=4x^2+3x^2-9x$$
$$=7x^2-9x$$

03 $5a-\{-3a+b-(\boxed{})\}=6a+2b$에서
$$5a+3a-b+\boxed{}=6a+2b$$
$$8a-b+\boxed{}=6a+2b$$
$$\boxed{}=6a+2b-8a+b=-2a+3b$$

04 ③ $-8x(2x+3xy-y)=-16x^2-24x^2y+8xy$

05 ① $3x(2x-1)=6x^2-3x$ ➡ x의 계수는 -3
② $-\dfrac{2}{3}x(3x-6)=-2x^2+4x$ ➡ x의 계수는 4
③ $4x(y-3)=4xy-12x$ ➡ x의 계수는 -12
④ $(x^2-6x)\div(-2x)=\dfrac{x^2-6x}{-2x}=-\dfrac{1}{2}x+3$
➡ x의 계수는 $-\dfrac{1}{2}$
⑤ $-5x(3-x+y)=-15x+5x^2-5xy$ ➡ x의 계수는 -15
따라서 x의 계수가 가장 큰 것은 ②이다.

06 $-2a+4b$에 $a=-2$, $b=3$을 대입하면
$$-2\times(-2)+4\times3=4+12=16$$

3 일차부등식

1. 일차부등식

01 부등식 | 54쪽 |

01 ×　　02 ○　　03 ×　　04 ○　　05 ○
06 ○　　07 $x<3$　　08 $x\geq7$　　09 $x\leq5$　　10 $3x<4$
11 $2x-4\leq8$　　12 ②

02 부등식의 해 | 55쪽 |

01 ×　　02 ○　　03 ×　　04 ○　　05 ○
06 ×　　07 0　　08 2　　09 2, 3　　10 -2
11 -3, -2　12 ⑤

01 $x=-3$을 대입하면 (좌변)$=-3$, (우변)$=-3$
즉, (좌변)$=$(우변)이므로 거짓인 부등식이다.
따라서 -3은 주어진 부등식의 해가 아니다.

02 $x=5$를 대입하면 (좌변)$=2+5=7$, (우변)$=5$
즉, (좌변)$>$(우변)이므로 참인 부등식이다.
따라서 5는 주어진 부등식의 해이다.

03 $x=2$를 대입하면 (좌변)$=4-3\times2=-2$, (우변)$=6$
즉, (좌변)$<$(우변)이므로 거짓인 부등식이다.
따라서 2는 주어진 부등식의 해가 아니다.

04 $x=-1$을 대입하면 (좌변)$=3\times(-1)+1=-2$, (우변)$=-2$
즉, (좌변)$\leq$(우변)이므로 참인 부등식이다.
따라서 -1은 주어진 부등식의 해이다.

05 $x=1$을 대입하면 (좌변)$=7\times1-5=2$, (우변)$=-13$
즉, (좌변)$\geq$(우변)이므로 참인 부등식이다.
따라서 1은 주어진 부등식의 해이다.

06 $x=-2$를 대입하면 (좌변)$=-3\times(-2)+2=8$,
(우변)$=2\times(-2)+10=6$
즉, (좌변)$>$(우변)이므로 거짓인 부등식이다.
따라서 -2는 주어진 부등식의 해가 아니다.

07 $x=-1$일 때, $-1+3>2$ (거짓)
$x=0$일 때, $0+3>2$ (참)
따라서 부등식의 해는 0이다.

08 $x=1$일 때, $3\times1+1\geq5$ (거짓)
$x=2$일 때, $3\times2+1\geq5$ (참)
따라서 부등식의 해는 2이다.

09 $x=1$일 때, $-3\times1+1\leq-5$ (거짓)
$x=2$일 때, $-3\times2+1\leq-5$ (참)
$x=3$일 때, $-3\times3+1\leq-5$ (참)
따라서 부등식의 해는 2, 3이다.

10 $x=-4$일 때, $-(-4)+5<8$ (거짓)
$x=-3$일 때, $-(-3)+5<8$ (거짓)
$x=-2$일 때, $-(-2)+5<8$ (참)
따라서 부등식의 해는 -2이다.

11 $x=-3$일 때, $1-2\times(-3)>3$ (참)
$x=-2$일 때, $1-2\times(-2)>3$ (참)
$x=-1$일 때, $1-2\times(-1)>3$ (거짓)
$x=0$일 때, $1-2\times0>3$ (거짓)
따라서 부등식의 해는 -3, -2이다.

12 $x=-2$일 때, $-3\times(-2)+2>-3$ (참)
$x=-1$일 때, $-3\times(-1)+2>-3$ (참)
$x=0$일 때, $-3\times0+2>-3$ (참)
$x=1$일 때, $-3\times1+2>-3$ (참)
$x=2$일 때, $-3\times2+2>-3$ (거짓)
따라서 부등식의 해는 -2, -1, 0, 1이므로 해가 아닌 것은 2이다.

03 부등식의 성질 | 56~57쪽 |

01 <　　02 <　　03 >　　04 <　　05 >
06 <　　07 $\leq$　　08 >　　09 $\geq$　　10 <
11 <　　12 $\leq$　　13 $-2x\geq-4$　　14 $x-4>1$
15 $\dfrac{x}{2}\geq-3$　　16 $-\dfrac{x}{3}+1>2$　　17 $3x-2>-5$
18 $-\dfrac{x}{4}+3\geq2$　　19 $x>-2$　　20 $x\geq-2$
21 $x\geq-2$　　22 $0<x<8$　　23 $-2<x<3$
24 ①

13 $x\leq2$의 양변에 -2를 곱하면 $-2x\geq-4$

14 $x>5$의 양변에서 4를 빼면 $x-4>1$

15 $x\geq-6$의 양변을 2로 나누면 $\dfrac{x}{2}\geq-3$

16 $x<-3$의 양변을 -3으로 나누면 $-\dfrac{x}{3}>1$
$-\dfrac{x}{3}>1$의 양변에 1을 더하면 $-\dfrac{x}{3}+1>2$

17 $x>-1$의 양변에 3을 곱하면 $3x>-3$
$3x>-3$의 양변에서 2를 빼면 $3x-2>-5$

18 $x \le 4$의 양변을 -4로 나누면 $-\dfrac{x}{4} \ge -1$

$-\dfrac{x}{4} \ge -1$의 양변에 3을 더하면 $-\dfrac{x}{4}+3 \ge 2$

19 $6x > -12$의 양변을 6으로 나누면 $x > -2$

20 $-\dfrac{x}{2} \le 1$의 양변에 -2를 곱하면 $x \ge -2$

21 $x+5 \ge 3$의 양변에서 5를 빼면 $x \ge -2$

22 $-3 < x-3 < 5$의 각 변에 3을 더하면 $0 < x < 8$

23 $-8 < 4x < 12$의 각 변을 4로 나누면 $-2 < x < 3$

24 $4 < x \le 9$의 각 변에 3을 곱하면 $12 < 3x \le 27$
따라서 $3x$의 값이 될 수 없는 것은 ①이다.

04 부등식의 해와 수직선 | 58쪽 |

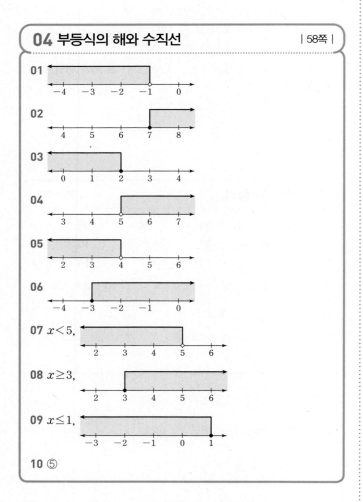

07 $x-3 < 2$에서 $x-3+3 < 2+3$이므로 $x < 5$

08 $\dfrac{x}{3} \ge 1$에서 $\dfrac{x}{3} \times 3 \ge 1 \times 3$이므로 $x \ge 3$

09 $-2x \ge -2$에서 $\dfrac{-2x}{-2} \le \dfrac{-2}{-2}$이므로 $x \le 1$

10 ① $3x > 9$에서 $\dfrac{3x}{3} > \dfrac{9}{3}$이므로 $x > 3$

② $x+3 \ge 3$에서 $x+3-3 \ge 3-3$이므로 $x \ge 0$

③ $\dfrac{x}{3} \le 9$에서 $\dfrac{x}{3} \times 3 \le 9 \times 3$이므로 $x \le 27$

④ $-6x < -18$에서 $\dfrac{-6x}{-6} > \dfrac{-18}{-6}$이므로 $x > 3$

⑤ $2x \ge 6$에서 $\dfrac{2x}{2} \ge \dfrac{6}{2}$이므로 $x \ge 3$

따라서 해를 수직선 위에 나타내었을 때, 주어진 그림과 같은 것은 ⑤이다.

05 일차부등식 | 59쪽 |

01 $x > 4+5$	**02** $6x < 9-3$	**03** $-4x \ge 5-1$
04 $4x-3x \le 2$	**05** $6-5 \ge x$	**06** $3x+5x < 4-2$
07 $6x-2x > 2+5$	**08** ◯	**09** ◯ **10** ×
11 ×	**12** ×	**13** ③

08 모든 항을 좌변으로 이항하여 정리하면
$12-2x \ge 0$이므로 일차부등식이다.

09 모든 항을 좌변으로 이항하여 정리하면
$x-6 \le 0$이므로 일차부등식이다.

10 모든 항을 좌변으로 이항하여 정리하면
$-1 \le 0$이므로 일차부등식이 아니다.

11 x가 분모에 있으므로 일차식이 아니다.

12 모든 항을 좌변으로 이항하여 정리하면
$-12 < 0$이므로 일차부등식이 아니다.

13 ① $3x < 2x-5$에서 $x+5 < 0$이므로 일차부등식이다.
② $5x \ge -7+x$에서 $4x+7 \ge 0$이므로 일차부등식이다.
③ $2(1-x) \ge -2x$에서 $2 \ge 0$이므로 일차부등식이 아니다.
④ $x-4 \le 2x-4$에서 $-x \le 0$이므로 일차부등식이다.
⑤ $-x+5 > x-3$에서 $-2x+8 > 0$이므로 일차부등식이다.
따라서 일차부등식이 아닌 것은 ③이다.

06 일차부등식의 풀이 | 60쪽 |

01 $x \ge 2$ **02** $x \le 1$ **03** $x < 3$ **04** $x \le -3$ **05** $x < -1$

06 $x \ge 8$,

07 $x < 3$,

08 $x > -4$,

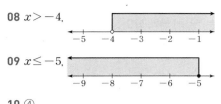

09 $x \leq -5$,

10 ④

---

01 $x+5 \geq 7$에서 $x \geq 7-5$이므로 $x \geq 2$

02 $x-2 \leq -1$에서 $x \leq -1+2$이므로 $x \leq 1$

03 $4x < 12$에서 $\dfrac{4x}{4} < \dfrac{12}{4}$이므로 $x < 3$

04 $-5x \geq 15$에서 $\dfrac{-5x}{-5} \leq \dfrac{15}{-5}$이므로 $x \leq -3$

05 $-x+4 < -5x$에서 $4x < -4$이고
$\dfrac{4x}{4} < \dfrac{-4}{4}$이므로 $x < -1$

06 $x-3 \geq 5$에서 $x \geq 5+3$이므로 $x \geq 8$

07 $3x < 9$에서 $\dfrac{3x}{3} < \dfrac{9}{3}$이므로 $x < 3$

08 $-4x < 16$에서 $\dfrac{-4x}{-4} > \dfrac{16}{-4}$이므로 $x > -4$

09 $-x-1 \geq 4$에서 $-x \geq 5$이므로 $x \leq -5$

10 ① $-4 < -2x$에서 $2x < 4$, $x < 2$
② $4x < 8$에서 $x < 2$
③ $4 > 3x-2$에서 $-3x > -6$, $x < 2$
④ $8-3x < x$에서 $-4x < -8$, $x > 2$
⑤ $4x < -x+10$에서 $5x < 10$, $x < 2$
따라서 해가 나머지 넷과 다른 것은 ④이다.

---

07 여러 가지 일차부등식의 풀이 | 61~63쪽 |

01 $x > 5$ **02** $x \geq -1$ **03** $x < 8$ **04** $x \geq -1$ **05** $x < 1$
06 $x < 6$ **07** $x < 10$ **08** $x \geq -4$ **09** $x > 3$ **10** $x \geq 6$
11 $x > -5$ **12** $x \leq 2$ **13** $x \leq -4$ **14** $x < 7$ **15** $x \leq -5$
16 $x > -3$ **17** $x < 8$ **18** $x \leq 2$ **19** $x \leq -3$ **20** $x > 11$
21 $x < -3$ **22** $x \leq -12$ **23** $x > 2$ **24** $x > 2$
25 $x > \dfrac{8}{5}$ **26** $x \geq 34$ **27** $x > 0$ **28** $x < -9$ **29** $x < 2$
30 $x \geq 40$ **31** $x > 1$ **32** $x \geq -\dfrac{3}{2}$ **33** ③

01 $3(x-2) > 9$에서 $3x-6 > 9$, $3x > 15$이므로 $x > 5$

---

02 $-2(x+4) \leq -6$에서 $-2x-8 \leq -6$, $-2x \leq 2$이므로
$x \geq -1$

03 $2(3x-4) < 5x$에서 $6x-8 < 5x$이므로 $x < 8$

04 $4x+3 \geq -(x+2)$에서 $4x+3 \geq -x-2$, $5x \geq -5$이므로
$x \geq -1$

05 $-3(x+2)+8 > 3x-4$에서 $-3x-6+8 > 3x-4$,
$-6x > -6$이므로 $x < 1$

06 $2(x-3) > 3(x-4)$에서 $2x-6 > 3x-12$, $-x > -6$이므로
$x < 6$

07 $0.4x < 0.3x+1$의 양변에 10을 곱하면
$4x < 3x+10$이므로 $x < 10$

08 $0.6x-1.3 \leq x+0.3$의 양변에 10을 곱하면
$6x-13 \leq 10x+3$, $-4x \leq 16$이므로 $x \geq -4$

09 $1.8x-3 > 0.6x+0.6$의 양변에 10을 곱하면
$18x-30 > 6x+6$, $12x > 36$이므로 $x > 3$

10 $-0.4+0.9x \geq 0.5x+2$의 양변에 10을 곱하면
$-4+9x \geq 5x+20$, $4x \geq 24$이므로 $x \geq 6$

11 $0.4(x+3) > 0.1x-0.3$의 양변에 10을 곱하면
$4x+12 > x-3$, $3x > -15$이므로 $x > -5$

12 $-0.8x+0.3 \geq 0.1x-1.5$의 양변에 10을 곱하면
$-8x+3 \geq x-15$, $-9x \geq -18$이므로 $x \leq 2$

13 $2(x+0.8) \leq 1.5x-0.4$의 양변에 10을 곱하면
$20x+16 \leq 15x-4$, $5x \leq -20$이므로 $x \leq -4$

14 $0.04x+0.12 > 0.1x-0.3$의 양변에 100을 곱하면
$4x+12 > 10x-30$, $-6x > -42$이므로 $x < 7$

15 $0.52+0.3x \leq 0.18x-0.08$의 양변에 100을 곱하면
$52+30x \leq 18x-8$, $12x \leq -60$이므로 $x \leq -5$

16 $0.09-0.2x < 0.07x+0.9$의 양변에 100을 곱하면
$9-20x < 7x+90$, $-27x < 81$이므로 $x > -3$

17 $0.12(x-3) < 0.05(4+x)$의 양변에 100을 곱하면
$12x-36 < 20+5x$, $7x < 56$이므로 $x < 8$

18 $\dfrac{5x-6}{4} \leq 1$의 양변에 4를 곱하면
$5x-6 \leq 4$, $5x \leq 10$이므로 $x \leq 2$

19 $5 \leq \dfrac{-3x+1}{2}$의 양변에 2를 곱하면
$10 \leq -3x+1$, $3x \leq -9$이므로 $x \leq -3$

20 $\dfrac{2x-1}{3}>\dfrac{x+3}{2}$의 양변에 6을 곱하면

$4x-2>3x+9$이므로 $x>11$

21 $\dfrac{1}{5}(3x+4)<\dfrac{1}{4}(x-1)$의 양변에 20을 곱하면

$12x+16<5x-5$, $7x<-21$이므로 $x<-3$

22 $\dfrac{4-3x}{8}-1\geq4$의 양변에 8을 곱하면

$4-3x-8\geq32$, $-3x\geq36$이므로 $x\leq-12$

23 $\dfrac{5}{2}-\dfrac{1}{4}x<x$의 양변에 4를 곱하면

$10-x<4x$, $-5x<-10$이므로 $x>2$

24 $\dfrac{2}{3}x-\dfrac{3}{8}>\dfrac{5}{8}+\dfrac{1}{6}x$의 양변에 24를 곱하면

$16x-9>15+4x$, $12x>24$이므로 $x>2$

25 $-\dfrac{1}{4}x+\dfrac{4}{5}<\dfrac{3}{2}x-2$의 양변에 20을 곱하면

$-5x+16<30x-40$, $-35x<-56$이므로 $x>\dfrac{8}{5}$

26 $\dfrac{2}{5}(x-4)\geq\dfrac{1}{3}(x+2)$의 양변에 15를 곱하면

$6x-24\geq5x+10$이므로 $x\geq34$

27 $\dfrac{-3x+7}{2}+\dfrac{3x-2}{4}<3$의 양변에 4를 곱하면

$-6x+14+3x-2<12$, $-3x<0$이므로 $x>0$

28 $-\dfrac{2x+1}{3}>\dfrac{7}{4}-\dfrac{5x-2}{12}$의 양변에 12를 곱하면

$-8x-4>21-5x+2$, $-3x>27$이므로 $x<-9$

29 $1+0.8x>\dfrac{3}{2}x-0.4$의 양변에 10을 곱하면

$10+8x>15x-4$, $-7x>-14$이므로 $x<2$

30 $0.2(x+5)+1\leq\dfrac{x}{4}$의 양변에 20을 곱하면

$4x+20+20\leq5x$, $-x\leq-40$이므로 $x\geq40$

31 $0.7x+\dfrac{4}{5}>0.3(x+4)$의 양변에 10을 곱하면

$7x+8>3x+12$, $4x>4$이므로 $x>1$

32 $\dfrac{x}{3}-0.2\leq x+\dfrac{4}{5}$의 양변에 15를 곱하면

$5x-3\leq15x+12$, $-10x\leq15$이므로 $x\geq-\dfrac{3}{2}$

33 $0.7x-2\leq0.3x+1.6$의 양변에 10을 곱하면

$7x-20\leq3x+16$, $4x\leq36$이므로 $x\leq9$

따라서 부등식을 만족하는 자연수는 1, 2, 3, ···, 9의 9개이다.

08 미지수가 있는 일차부등식의 풀이 | 64~65쪽 |

01 $x\leq2$	**02** $x>\dfrac{3}{a}$	**03** $x<\dfrac{2}{a}$	**04** $x>\dfrac{3}{a}$	**05** $x\geq5$
06 $x>-2$	**07** 5	**08** 9	**09** 7	**10** 6
11 4	**12** 5	**13** $-\dfrac{4}{3}$	**14** -2	**15** $-\dfrac{1}{4}$
16 0	**17** 5	**18** 11	**19** 6	**20** ②

01 $ax\leq2a$에서 $a>0$이므로 $x\leq2$

02 $ax-3>0$에서 $ax>3$

$a>0$이므로 $x>\dfrac{3}{a}$

03 $3ax<18-6ax$에서 $9ax<18$

$a>0$이므로 $x<\dfrac{2}{a}$

04 $ax<3$에서 $a<0$이므로 $x>\dfrac{3}{a}$

05 $ax-5a\leq0$에서 $ax\leq5a$

$a<0$이므로 $x\geq5$

06 $-4ax>8a$에서 $4ax<-8a$

$a<0$이므로 $x>-2$

07 $3x-a>4$에서 $3x>4+a$이므로 $x>\dfrac{4+a}{3}$

즉, $\dfrac{4+a}{3}=3$, $4+a=9$이므로 $a=5$

08 $-4x+7\geq-a$에서 $-4x\geq-a-7$이므로 $x\leq\dfrac{a+7}{4}$

즉, $\dfrac{a+7}{4}=4$, $a+7=16$이므로 $a=9$

09 $6x-5<3x+a$에서 $3x<a+5$이므로 $x<\dfrac{a+5}{3}$

즉, $\dfrac{a+5}{3}=4$, $a+5=12$이므로 $a=7$

10 $-2x+a\leq3x-9$에서 $-5x\leq-9-a$이므로 $x\geq\dfrac{a+9}{5}$

즉, $\dfrac{a+9}{5}=3$, $a+9=15$이므로 $a=6$

11 $ax+8<4$에서 $ax<-4$

이때 부등식의 해가 $x<-1$이므로 $a>0$

$x<-\dfrac{4}{a}$이므로 $-\dfrac{4}{a}=-1$, 즉 $a=4$

12 $3+ax\geq-7$에서 $ax\geq-10$

이때 부등식의 해가 $x\geq-2$이므로 $a>0$

$x\geq-\dfrac{10}{a}$이므로 $-\dfrac{10}{a}=-2$, 즉 $a=5$

13 $4ax+13<-3$에서 $4ax<-16$

이때 부등식의 해가 $x>3$이므로 $4a<0$

$x>-\dfrac{4}{a}$이므로 $-\dfrac{4}{a}=3$, 즉 $a=-\dfrac{4}{3}$

14 $ax+9\geq15$에서 $ax\geq6$

이때 부등식의 해가 $x\leq-3$이므로 $a<0$

$x\leq\dfrac{6}{a}$이므로 $\dfrac{6}{a}=-3$, 즉 $a=-2$

15 $8ax-13<7$에서 $8ax<20$

이때 부등식의 해가 $x>-10$이므로 $8a<0$

$x>\dfrac{5}{2a}$이므로 $\dfrac{5}{2a}=-10$, 즉 $a=-\dfrac{1}{4}$

16 $3x-1>2x$에서 $x>1$

$x+a>3-2x$에서 $3x>3-a$이므로 $x>\dfrac{3-a}{3}$

따라서 $\dfrac{3-a}{3}=1$이므로 $a=0$

17 $5x\geq x-8$에서 $4x\geq-8$이므로 $x\geq-2$

$7+4x\geq3x+a$에서 $x\geq a-7$

따라서 $a-7=-2$이므로 $a=5$

18 $12-5x\geq3x-4$에서 $-8x\geq-16$이므로 $x\leq2$

$4x+9\leq3x+a$에서 $x\leq a-9$

따라서 $a-9=2$이므로 $a=11$

19 $\dfrac{x+1}{2}\leq\dfrac{x-3}{3}$에서 $3x+3\leq2x-6$이므로 $x\leq-9$

$4a-x\leq6-3x$에서 $2x\leq6-4a$이므로 $x\leq3-2a$

따라서 $3-2a=-9$, $-2a=-12$이므로 $a=6$

20 $3ax+8\geq-7$에서 $3ax\geq-15$

이때 부등식의 해가 $x\leq5$이므로 $3a<0$

$x\leq-\dfrac{5}{a}$이므로 $-\dfrac{5}{a}=5$, 즉 $a=-1$

확인문제

| 66쪽 |

01 ③　**02** ③　**03** ④　**04** ③　**05** ⑤　**06** ⑤

02 ① $2x-7<0$에 $x=4$를 대입하면

(좌변)$=2\times4-7=1$, (우변)$=0$

즉, (좌변)$>$(우변)이므로 거짓인 부등식이다.

따라서 4는 주어진 부등식의 해가 아니다.

② $4x+5>-7$에 $x=-3$을 대입하면

(좌변)$=4\times(-3)+5=-7$, (우변)$=-7$

즉, (좌변)$=$(우변)이므로 거짓인 부등식이다.

따라서 -3은 주어진 부등식의 해가 아니다.

③ $8-5x\leq2$에 $x=2$를 대입하면

(좌변)$=8-5\times2=-2$, (우변)$=2$

즉, (좌변)$\leq$(우변)이므로 참인 부등식이다.

따라서 2는 주어진 부등식의 해이다.

④ $-x+2\geq2x+9$에 $x=-2$를 대입하면

(좌변)$=-(-2)+2=4$, (우변)$=2\times(-2)+9=5$

즉, (좌변)$\leq$(우변)이므로 거짓인 부등식이다.

따라서 -2는 주어진 부등식의 해가 아니다.

⑤ $-11+3x<-x+5$에 $x=6$을 대입하면

(좌변)$=-11+3\times6=7$, (우변)$=-6+5=-1$

즉, (좌변)$>$(우변)이므로 거짓인 부등식이다.

따라서 6은 주어진 부등식의 해가 아니다.

03 ④ $5a-11>5b-11$

04 $9-4x\geq-18+5x$에서 $-9x\geq-27$이므로 $x\leq3$

05 $\dfrac{x+3}{4}\geq\dfrac{2x-4}{3}$의 양변에 12를 곱하면

$3x+9\geq8x-16$, $-5x\geq-25$이므로 $x\leq5$

따라서 부등식을 만족하는 자연수는 1, 2, 3, 4, 5의 5개이다.

06 $-2x+8>-4x+a$에서 $2x>a-8$이므로 $x>\dfrac{a-8}{2}$

일차부등식의 해가 $x>-2$이므로

$\dfrac{a-8}{2}=-2$, 즉 $a=4$

2. 일차부등식의 활용

01 일차부등식의 활용

| 67~69쪽 |

01 (1) $4x+15$, $4x+15$　(2) $x>9$　(3) 10

02 (1) $x+2$, $3x+3$, $3x+3$　(2) $x>31$　(3) 32

03 (1) $2000x$, $2000x$　(2) $x\leq11$　(3) 11개

04 8개　　**05** 6개　　**06** (1) 8, 8　(2) $x\geq14$　(3) 14 cm

07 8 cm　　**08** 12 cm　　**09** (1) $30000+8000x$, $50000+6000x$

(2) $30000+8000x>50000+6000x$　(3) $x>10$　(4) 11개월

10 9개월　　**11** 13일

12 (1) 98, 94, 98, 94　(2) $x\geq93$　(3) 93점

13 94점　　**14** 86점

15 (1) $8000x$, $7200x$, $8000x$, $7200x$　(2) $x>4$　(3) 5개

16 14권　　**17** 17명

01 (2) $4x+15>51$에서 $4x>36$이므로 $x>9$

(3) $x>9$이므로 가장 작은 정수는 10이다.

02 (2) $3x+3>96$에서 $3x>93$이므로 $x>31$

(3) $x>31$이므로 가장 작은 자연수는 32이다.

03 (2) $2000x+1500\leq23500$에서 $2000x\leq22000$이므로 $x\leq11$
(3) $x\leq11$이므로 초콜릿을 최대 11개까지 살 수 있다.

04 단팥빵을 x개 산다고 하면, 단팥빵의 가격은 $3000x$원이다.
$3000x+2000\leq26000$에서 $3000x\leq24000$이므로 $x\leq8$
따라서 단팥빵을 최대 8개까지 살 수 있다.

05 머리끈을 x개 산다고 하면, 사려는 머리핀은 $(12-x)$개이다.
$1200x+800(12-x)\leq12000$에서 $400x\leq2400$이므로 $x\leq6$
따라서 머리끈을 최대 6개까지 살 수 있다.

06 (2) $\dfrac{1}{2}\times x\times8\geq56$에서 $x\geq14$
(3) $x\geq14$이므로 삼각형의 밑변의 길이는 14 cm 이상이어야 한다.

07 밑변의 길이를 x cm라 하면 삼각형의 넓이는 $\dfrac{1}{2}\times5\times x$ (cm²)이므로
$\dfrac{1}{2}\times5\times x\geq20$에서 $x\geq8$
따라서 삼각형의 밑변의 길이는 8 cm 이상이어야 한다.

08 높이를 x cm라 하면 사다리꼴의 넓이는
$\dfrac{1}{2}\times(5+7)\times x$ (cm²)이므로
$\dfrac{1}{2}\times(5+7)\times x\leq72$에서 $x\leq12$
따라서 사다리꼴의 높이는 12 cm 이하이어야 한다.

09 (3) $30000+8000x>50000+6000x$에서
$2000x>20000$이므로 $x>10$
(4) $x>10$이므로 11개월 후부터 형의 예금액이 동생의 예금액보다 많아진다.

10 x개월 후 지윤이의 예금액은 $(18000+5000x)$원, 연재의 예금액은 $(34000+3000x)$원이다.
$18000+5000x>34000+3000x$에서
$2000x>16000$이므로 $x>8$
따라서 지윤이의 예금액이 연재의 예금액보다 많아지는 것은 9개월 후부터이다.

11 미화가 x일 동안 모으는 용돈은 $(70000+4000x)$원이다.
$70000+4000x>120000$에서 $4000x>50000$이므로 $x>12.5$
따라서 미화의 용돈이 120000원 이상이 되는 것은 13일 후부터이다.

12 (2) $\dfrac{98+94+x}{3}\geq95$에서 $192+x\geq285$이므로 $x\geq93$
(3) $x\geq93$이므로 수학 시험에서 93점 이상을 받아야 한다.

13 과학 시험에서 x점을 받는다고 하면 세 과목의 평균 점수는
$\dfrac{89+93+x}{3}$점이다.
$\dfrac{89+93+x}{3}\geq92$에서 $182+x\geq276$이므로 $x\geq94$
따라서 과학 시험에서 94점 이상을 받아야 한다.

14 영어 시험에서 x점을 받는다고 하면 네 과목의 평균 점수는
$\dfrac{99+88+87+x}{4}$점이다.
$\dfrac{99+88+87+x}{4}\geq90$에서 $274+x\geq360$이므로 $x\geq86$
따라서 영어 시험에서 86점 이상을 받아야 한다.

15 (2) $8000x>7200x+3200$에서 $800x>3200$이므로 $x>4$
(3) $x>4$이므로 부채를 5개 이상 사는 경우 할인점에서 사는 것이 유리하다.

16 공책을 x권 산다고 하면
$900x>700x+2600$에서 $200x>2600$이므로 $x>13$
따라서 공책을 14권 이상 사는 경우 할인점에서 사는 경우 유리하다.

17 공원에 입장하는 사람 수를 x명이라 하면
$2500x>20\times2500\times\dfrac{80}{100}$에서 $2500x>40000$이므로 $x>16$
따라서 17명 이상일 때 20명의 단체 입장권을 사는 것이 유리하다.

02 거리, 속력, 시간에 관한 문제 | 70쪽 |

01 (1) 5, $\dfrac{x}{3}$, $\dfrac{x}{5}$ (2) $\dfrac{x}{3}+\dfrac{x}{5}\leq4$ (3) $x\leq7.5$ (4) 7.5 km

02 12 km

03 (1) 140, $160x$, $140x$ (2) $160x+140x\geq3300$
(3) $x\geq11$ (4) 11분

04 20분

01 (3) $\dfrac{x}{3}+\dfrac{x}{5}\leq4$에서
$5x+3x\leq60$, $8x\leq60$이므로 $x\leq7.5$
(4) $x\leq7.5$이므로 최대 7.5 km까지 올라갔다 올 수 있다.

02 x km까지 갔다가 돌아온다고 하면
$\dfrac{x}{20}+\dfrac{x}{30}\leq1$에서 $3x+2x\leq60$이므로 $x\leq12$
따라서 최대 12 km까지 갔다가 돌아올 수 있다.

03 (3) $160x+140x\geq3300$에서

$\quad\quad 300x\geq3300$이므로 $x\geq11$

(4) $x\geq11$이므로 최소 11분이 지나야 한다.

04 송화와 익준이가 달린 시간을 x분이라 하면

$\quad 100x+140x\geq4800$에서 $240x\geq4800$이므로 $x\geq20$

따라서 최소 20분이 지나야 한다.

03 농도에 관한 문제

01 (1) $300+x$, $\dfrac{4}{100}\times(300+x)$

(2) $\dfrac{6}{100}\times300\leq\dfrac{4}{100}\times(300+x)$ (3) $x\geq150$ (4) 150 g

02 150 g

03 (1) $600+x$, $\dfrac{7}{100}\times x$, $\dfrac{4}{100}\times(600+x)$

(2) $\dfrac{3}{100}\times600+\dfrac{7}{100}\times x\geq\dfrac{4}{100}\times(600+x)$ (3) $x\geq200$

(4) 200 g

04 800 g

01 (3) $\dfrac{6}{100}\times300\leq\dfrac{4}{100}\times(300+x)$에서

$\quad\quad 1800\leq1200+4x$, $-4x\leq-600$이므로 $x\geq150$

(4) $x\geq150$이므로 물을 최소 150 g 더 넣어야 한다.

02 증발시킨 물의 양을 x g이라 하면

$\quad \dfrac{7}{100}\times500\geq\dfrac{10}{100}\times(500-x)$

$\quad 3500\geq5000-10x$, $10x\geq1500$이므로 $x\geq150$

따라서 물을 최소 150 g 증발시켜야 한다.

03 (3) $\dfrac{3}{100}\times600+\dfrac{7}{100}\times x\geq\dfrac{4}{100}\times(600+x)$에서

$\quad\quad 1800+7x\geq2400+4x$, $3x\geq600$이므로 $x\geq200$

(4) $x\geq200$이므로 7 %의 소금물을 200 g 이상 섞어야 한다.

04 10 %의 소금물의 양을 x g이라 하면

$\quad \dfrac{4}{100}\times400+\dfrac{10}{100}\times x\geq\dfrac{8}{100}\times(400+x)$

$\quad 1600+10x\geq3200+8x$, $2x\geq1600$이므로 $x\geq800$

따라서 10 %의 소금물을 800 g 이상 섞어야 한다.

01 장미꽃을 x송이 산다고 하면 튤립은 $(8-x)$송이 살 수 있다.

$2000(8-x)+3000x\leq20000$에서 $1000x\leq4000$이므로

$x\leq4$

따라서 장미꽃을 최대 4송이까지 살 수 있다.

02 x개월 후부터 은하의 예금액이 정호의 예금액보다 많아진다고

하면

$30000+4000x>45000+3000x$에서 $1000x>15000$이므로

$x>15$

따라서 은하의 예금액이 정호의 예금액보다 많아지는 것은 16

개월 후부터이다.

03 네 번째 수학 시험에서 x점을 받는다고 하면

$\dfrac{89+94+91+x}{4}\geq92$에서 $274+x\geq368$이므로 $x\geq94$

따라서 네 번째 수학 시험에서 94점 이상을 받아야 한다.

04 박물관에 입장하는 사람 수를 x명이라 하면

$3000x>10\times(3000-900)$에서 $3000x>21000$이므로 $x>7$

따라서 8명 이상일 때 10명의 단체 입장권을 사는 것이 유리하다.

05 x m까지 갔다가 돌아온다고 하면

$\dfrac{x}{200}+\dfrac{x}{100}\leq60$에서 $x+2x\leq12000$이므로 $x\leq4000$

따라서 최대 4000 m, 즉 4 km까지 갔다가 돌아올 수 있다.

06 18 %의 소금물의 양을 x g이라 하면

$\dfrac{11}{100}\times900+\dfrac{18}{100}\times x\geq\dfrac{15}{100}\times(900+x)$

$9900+18x\geq13500+15x$, $3x\geq3600$이므로 $x\geq1200$

따라서 18 %의 소금물을 1200 g 이상 섞어야 한다.

확인문제
|72쪽|

01 ② **02** ④ **03** ② **04** ④ **05** ③ **06** ⑤

3. 일차부등식 ★ **23**

4 연립방정식

1. 연립방정식

01 미지수가 2개인 일차방정식 |74쪽|

01 × 02 × 03 ○ 04 × 05 ○
06 × 07 × 08 ○ 09 $6x+9y=57$
10 $x+y=15$ 11 $3x+4y=84$
12 $200x+500y=3600$ 13 $4x+2y=38$
14 $2x+2y=17$

01 등식이 아니므로 미지수가 2개인 일차방정식이 아니다.

02 미지수가 1개이므로 미지수가 2개인 일차방정식이 아니다.

04 미지수 x의 차수가 2이므로 미지수가 2개인 일차방정식이 아니다.

06 미지수 y가 분모에 있으므로 미지수가 2개인 일차방정식이 아니다.

07 $x+y=x+3y-1$을 정리하면 $-2y+1=0$이므로 미지수가 2개인 일차방정식이 아니다.

08 $4x+5y+1=2x-4y$를 정리하면 $2x+9y+1=0$이므로 미지수가 2개인 일차방정식이다.

02 미지수가 2개인 일차방정식의 해 |75~76쪽|

01 × 02 ○ 03 × 04 × 05 ○
06 ○ 07 × 08 × 09 ○ 10 ○

11
x	1	2	3	4	5
y	3	1	-1	-3	-5

해: $(1, 3)$, $(2, 1)$

12
x	1	2	3	4	5
y	1	$\frac{2}{3}$	$\frac{1}{3}$	0	$-\frac{1}{3}$

해: $(1, 1)$

13
x	1	2	3	4	5
y	4	$\frac{13}{4}$	$\frac{5}{2}$	$\frac{7}{4}$	1

해: $(1, 4)$, $(5, 1)$

14 $(1, 3)$, $(2, 2)$, $(3, 1)$　　15 $(1, 4)$, $(3, 1)$
16 $(1, 2)$, $(7, 1)$　　17 2　　18 5　　19 -2
20 -3　　21 2　　22 -1　　23 ③

01 $x=2$, $y=2$를 $x+2y=7$에 대입하면
$2+2\times2=6\neq7$
따라서 $(2, 2)$는 주어진 일차방정식의 해가 아니다.

02 $x=-1$, $y=4$를 $x+2y=7$에 대입하면
$-1+2\times4=7$
따라서 $(-1, 4)$는 주어진 일차방정식의 해이다.

03 $x=3$, $y=1$을 $x+2y=7$에 대입하면
$3+2\times1=5\neq7$
따라서 $(3, 1)$은 주어진 일차방정식의 해가 아니다.

04 $x=-2$, $y=5$를 $x+2y=7$에 대입하면
$-2+2\times5=8\neq7$
따라서 $(-2, 5)$는 주어진 일차방정식의 해가 아니다.

05 $x=7$, $y=0$을 $x+2y=7$에 대입하면
$7+2\times0=7$
따라서 $(7, 0)$은 주어진 일차방정식의 해이다.

06 $x=2$, $y=-1$을 $2x-y-5=0$에 대입하면
$2\times2-(-1)-5=0$
따라서 $(2, -1)$은 주어진 일차방정식의 해이다.

07 $x=2$, $y=-1$을 $x+y=3$에 대입하면
$2+(-1)=1\neq3$
따라서 $(2, -1)$은 주어진 일차방정식의 해가 아니다.

08 $x=2$, $y=-1$을 $x+2y-1=0$에 대입하면
$2+2\times(-1)-1=-1\neq0$
따라서 $(2, -1)$은 주어진 일차방정식의 해가 아니다.

09 $x=2$, $y=-1$을 $3x-2y=8$에 대입하면
$3\times2-2\times(-1)=8$
따라서 $(2, -1)$은 주어진 일차방정식의 해이다.

10 $x=2$, $y=-1$을 $4x+5y=3$에 대입하면
$4\times2+5\times(-1)=3$
따라서 $(2, -1)$은 주어진 일차방정식의 해이다.

14
x	1	2	3	4	5
y	3	2	1	0	-1

x, y가 자연수이므로 구하는 해는 $(1, 3)$, $(2, 2)$, $(3, 1)$이다.

15

x	1	2	3	4	5
y	4	$\dfrac{5}{2}$	1	$-\dfrac{1}{2}$	-2

x, y가 자연수이므로 구하는 해는 $(1, 4)$, $(3, 1)$이다.

16

x	1	2	3	4	5	6	7
y	2	$\dfrac{11}{6}$	$\dfrac{5}{3}$	$\dfrac{3}{2}$	$\dfrac{4}{3}$	$\dfrac{7}{6}$	1

x, y가 자연수이므로 구하는 해는 $(1, 2)$, $(7, 1)$이다.

17 $x=3$, $y=2$를 $ax-y=4$에 대입하면
$3a-2=4$, $3a=6$이므로 $a=2$

18 $x=-4$, $y=-1$을 $3x-ay=-7$에 대입하면
$-12+a=-7$이므로 $a=5$

19 $x=1$, $y=3$을 $ax+5y=13$에 대입하면
$a+15=13$이므로 $a=-2$

20 $x=a$, $y=-1$을 $3x-y=-8$에 대입하면
$3a+1=-8$, $3a=-9$이므로 $a=-3$

21 $x=a$, $y=3$을 $4x-3y=-1$에 대입하면
$4a-9=-1$, $4a=8$이므로 $a=2$

22 $x=2$, $y=a$를 $5x+y=9$에 대입하면
$10+a=9$이므로 $a=-1$

23 각 순서쌍을 $x+3y=5$에 대입하면
① $-4+3\times3=5$ ② $-1+3\times2=5$
③ $1+3\times(-1)=-2\neq5$ ④ $2+3\times1=5$
⑤ $5+3\times0=5$
따라서 해가 아닌 것은 ③이다.

03 미지수가 2개인 연립일차방정식 | 77~78쪽 |

01 $\begin{cases} x+y=13 \\ x-y=2 \end{cases}$ **02** $\begin{cases} 2x+y=21 \\ x-3y=10 \end{cases}$

03 $\begin{cases} x+y=42 \\ x=2y \end{cases}$ **04** $\begin{cases} x+y=9 \\ 200x+300y=2500 \end{cases}$

05 ○   **06** ×   **07** ×   **08** ○   **09** ○

10 (1)

x	1	2	3	4	5
y	12	9	6	3	0

(2)

x	1	2	3	4	5
y	$\dfrac{3}{2}$	2	$\dfrac{5}{2}$	3	$\dfrac{7}{2}$

(3) $x=4$, $y=3$

11 (1)

x	1	2	3	4	5
y	3	7	11	15	19

(2)

x	1	2	3	4	5
y	9	7	5	3	1

(3) $x=2$, $y=7$

12 $a=1$, $b=3$ **13** $a=3$, $b=-2$

14 $a=2$, $b=-8$ **15** $a=1$, $b=-3$ **16** ④

05 $\begin{cases} 2x-y=3 \\ x+2y=4 \end{cases}$ $\xrightarrow[\text{각각 대입}]{x=2,\ y=1\text{을}}$ $\begin{cases} 2\times2-1=3 \\ 2+2\times1=4 \end{cases}$
따라서 $(2, 1)$은 주어진 연립방정식의 해이다.

06 $\begin{cases} 4x+y=7 \\ x-2y=0 \end{cases}$ $\xrightarrow[\text{각각 대입}]{x=2,\ y=1\text{을}}$ $\begin{cases} 4\times2+1=9\neq7 \\ 2-2\times1=0 \end{cases}$
따라서 $(2, 1)$은 주어진 연립방정식의 해가 아니다.

07 $\begin{cases} x-y=1 \\ 2x-3y=-3 \end{cases}$ $\xrightarrow[\text{각각 대입}]{x=2,\ y=1\text{을}}$ $\begin{cases} 2-1=1 \\ 2\times2-3\times1=1\neq-3 \end{cases}$
따라서 $(2, 1)$은 주어진 연립방정식의 해가 아니다.

08 $\begin{cases} 5x-7y=3 \\ x-4y=-2 \end{cases}$ $\xrightarrow[\text{각각 대입}]{x=2,\ y=1\text{을}}$ $\begin{cases} 5\times2-7\times1=3 \\ 2-4\times1=-2 \end{cases}$
따라서 $(2, 1)$은 주어진 연립방정식의 해이다.

09 $\begin{cases} 2x+3y=7 \\ 3x-2y=4 \end{cases}$ $\xrightarrow[\text{각각 대입}]{x=2,\ y=1\text{을}}$ $\begin{cases} 2\times2+3\times1=7 \\ 3\times2-2\times1=4 \end{cases}$
따라서 $(2, 1)$은 주어진 연립방정식의 해이다.

12 $x=3$, $y=1$을 $x+ay=4$에 대입하면
$3+a=4$에서 $a=1$
$x=3$, $y=1$을 $3x-by=6$에 대입하면
$9-b=6$에서 $b=3$

13 $x=2$, $y=-5$를 $ax+2y=-4$에 대입하면
$2a-10=-4$, $2a=6$이므로 $a=3$
$x=2$, $y=-5$를 $x+by=12$에 대입하면
$2-5b=12$, $-5b=10$이므로 $b=-2$

14 $x=-1$, $y=-1$을 $x-ay=1$에 대입하면
$-1+a=1$이므로 $a=2$
$x=-1$, $y=-1$을 $bx+y=7$에 대입하면
$-b-1=7$이므로 $b=-8$

15 $x=4$, $y=3$을 $-ax+3y=5$에 대입하면
$-4a+9=5$, $-4a=-4$이므로 $a=1$
$x=4$, $y=3$을 $2x+by=-1$에 대입하면
$8+3b=-1$, $3b=-9$이므로 $b=-3$

16 $x=1$, $y=b$를 $2x+y=6$에 대입하면
$2+b=6$이므로 $b=4$
$x=1$, $y=4$를 $x+ay=-7$에 대입하면
$1+4a=-7$, $4a=-8$이므로 $a=-2$
따라서 $a+b=-2+4=2$

---

04 연립방정식의 풀이(1) − 가감법 | 79~80쪽 |

01 $-$, 5	**02** $-$, 12, 2, 1
03 $+$, 3, 3, 8, 4, 11, 7	**04** $x=9$, $y=-4$
05 $x=6$, $y=5$	**06** $x=-2$, $y=-1$
07 $x=4$, $y=-11$	**08** $x=2$, $y=-1$
09 $x=1$, $y=2$	**10** $x=2$, $y=-1$
11 $x=0$, $y=-1$	**12** $x=-2$, $y=-2$
13 $x=-2$, $y=3$	**14** $x=4$, $y=1$
15 $x=2$, $y=3$	**16** $x=1$, $y=-5$
17 ②	

04 ㉠$-$㉡을 하면 $-y=4$이므로 $y=-4$
$y=-4$를 ㉠에 대입하면 $x-4=5$이므로 $x=9$

05 ㉠$-$㉡을 하면 $-2x=-12$이므로 $x=6$
$x=6$을 ㉠에 대입하면
$6-2y=-4$, $-2y=-10$이므로 $y=5$

06 ㉠$+$㉡을 하면 $-3y=3$이므로 $y=-1$
$y=-1$을 ㉠에 대입하면
$-3x-1=5$, $-3x=6$이므로 $x=-2$

07 ㉠$+$㉡을 하면 $6x=24$이므로 $x=4$
$x=4$를 ㉠에 대입하면
$20+y=9$이므로 $y=-11$

08 ㉡$\times 2$를 하면 $2x+6y=-2$ …… ㉢
㉠$-$㉢을 하면 $-5y=5$이므로 $y=-1$
$y=-1$을 ㉠에 대입하면
$2x-1=3$, $2x=4$이므로 $x=2$

09 ㉡$\times 3$을 하면 $15x-3y=9$ …… ㉢
㉠$-$㉢을 하면 $-11x=-11$이므로 $x=1$
$x=1$을 ㉠에 대입하면
$4-3y=-2$, $-3y=-6$이므로 $y=2$

10 ㉠$\times 2$를 하면 $2x+2y=2$ …… ㉢
㉡$+$㉢을 하면 $5x=10$이므로 $x=2$
$x=2$를 ㉠에 대입하면
$2+y=1$이므로 $y=-1$

11 ㉡$\times 7$을 하면 $7x-21y=21$ …… ㉢
㉠$-$㉢을 하면 $23y=-23$이므로 $y=-1$
$y=-1$을 ㉡에 대입하면
$x+3=3$이므로 $x=0$

12 ㉠$\times 5$를 하면 $10x-5y=-10$ …… ㉢
㉡$-$㉢을 하면 $-7x=14$이므로 $x=-2$
$x=-2$를 ㉠에 대입하면
$-4-y=-2$이므로 $y=-2$

13 ㉠$\times 3$을 하면 $12x+9y=3$ …… ㉢
㉡$\times 4$를 하면 $12x+20y=36$ …… ㉣
㉢$-$㉣을 하면 $-11y=-33$이므로 $y=3$
$y=3$을 ㉠에 대입하면
$4x+9=1$, $4x=-8$이므로 $x=-2$

14 ㉠$\times 2$를 하면 $6x-14y=10$ …… ㉢
㉡$\times 3$을 하면 $6x-15y=9$ …… ㉣
㉢$-$㉣을 하면 $y=1$
$y=1$을 ㉠에 대입하면
$3x-7=5$, $3x=12$이므로 $x=4$

15 ㉠$\times 5$를 하면 $35x-20y=10$ …… ㉢
㉡$\times 4$를 하면 $-12x+20y=36$ …… ㉣
㉢$+$㉣을 하면 $23x=46$이므로 $x=2$
$x=2$를 ㉠에 대입하면
$14-4y=2$, $-4y=-12$이므로 $y=3$

16 ㉠$\times 2$를 하면 $-16x-10y=34$ …… ㉢
㉡$\times 5$를 하면 $15x+10y=-35$ …… ㉣
㉢$+$㉣을 하면 $-x=-1$이므로 $x=1$
$x=1$을 ㉠에 대입하면
$-8-5y=17$, $-5y=25$이므로 $y=-5$

17 ㉠$\times 3$을 하면 $6x-3y=9$
㉡$\times 2$를 하면 $6x+8y=-2$
㉠$\times 3-$㉡$\times 2$를 하면 $-11y=11$이므로 x가 소거된다.

01 $x=-3y+2$		**02** $y=3x-5$	
03 $x=-\dfrac{3}{2}y+3$		**04** $y=-\dfrac{8}{5}x+4$	
05 $x=6,\ y=12$		**06** $x=1,\ y=2$	
07 $x=-1,\ y=-2$		**08** $x=-5,\ y=-3$	
09 $x=1,\ y=-3$		**10** $x=1,\ y=2$	
11 $x=-2,\ y=-1$		**12** $x=3,\ y=-2$	
13 $x=21,\ y=-4$		**14** $x=1,\ y=-1$	
15 $x=2,\ y=5$		**16** $x=-6,\ y=4$	
17 $x=3,\ y=1$		**18** $x=-1,\ y=3$	
19 ④	**20** -2	**21** 3 **22** -1	**23** -3
24 $a=2,\ b=5$		**25** $a=3,\ b=-5$	
26 $a=-1,\ b=-1$		**27** $a=1,\ b=3$	

01 $x+3y=2$에서 $x=-3y+2$

02 $3x-y=5$에서 $-y=-3x+5$이므로 $y=3x-5$

03 $2x+3y=6$에서 $2x=-3y+6$이므로 $x=-\dfrac{3}{2}y+3$

04 $8x+5y=20$에서 $5y=-8x+20$이므로
$y=-\dfrac{8}{5}x+4$

05 ㉠을 ㉡에 대입하면 $2x=x+6$이므로 $x=6$
$x=6$을 ㉠에 대입하면 $y=2\times6=12$

06 ㉡을 ㉠에 대입하면 $(4y-7)+y=3,\ 5y=10$이므로 $y=2$
$y=2$를 ㉡에 대입하면 $x=4\times2-7=1$

07 ㉠을 ㉡에 대입하면 $x+2(3x+1)=-5$이므로
$7x=-7,\ x=-1$
$x=-1$을 ㉠에 대입하면 $y=3\times(-1)+1=-2$

08 ㉠을 ㉡에 대입하면 $-3(2y+1)+2y=9$이므로
$-4y=12,\ y=-3$
$y=-3$을 ㉠에 대입하면 $x=2\times(-3)+1=-5$

09 ㉠에서 $x=y+4$ ……㉢
㉢을 ㉡에 대입하면 $2(y+4)+y=-1$이므로
$3y=-9,\ y=-3$
$y=-3$을 ㉢에 대입하면 $x=-3+4=1$

10 ㉠에서 $x=-y+3$ ……㉢
㉢을 ㉡에 대입하면 $-(-y+3)+5y=9$이므로
$6y=12,\ y=2$
$y=2$를 ㉢에 대입하면 $x=-2+3=1$

11 ㉡에서 $x=y-1$ ……㉢
㉢을 ㉠에 대입하면 $2(y-1)+3y=-7$이므로
$5y=-5,\ y=-1$
$y=-1$을 ㉢에 대입하면 $x=-1-1=-2$

12 ㉠에서 $x=-y+1$ ……㉢
㉢을 ㉡에 대입하면 $3(-y+1)-4y=17$이므로
$-7y=14,\ y=-2$
$y=-2$를 ㉢에 대입하면 $x=-(-2)+1=3$

13 ㉠에서 $x=-2y+13$ ……㉢
㉢을 ㉡에 대입하면 $(-2y+13)+6y=-3$이므로
$4y=-16,\ y=-4$
$y=-4$를 ㉢에 대입하면 $x=8+13=21$

14 ㉠에서 $y=2x-3$ ……㉢
㉢을 ㉡에 대입하면 $5x-3(2x-3)=8$이므로
$-x=-1,\ x=1$
$x=1$을 ㉢에 대입하면 $y=2-3=-1$

15 ㉡에서 $y=2x+1$ ……㉢
㉢을 ㉠에 대입하면 $3x+4(2x+1)=26$이므로
$11x=22,\ x=2$
$x=2$를 ㉢에 대입하면 $y=4+1=5$

16 ㉠에서 $x=-3y+6$ ……㉢
㉢을 ㉡에 대입하면 $3(-3y+6)+7y=10$이므로
$-2y=-8,\ y=4$
$y=4$를 ㉢에 대입하면 $x=-12+6=-6$

17 ㉠에서 $x=-4y+7$ ……㉢
㉢을 ㉡에 대입하면 $2(-4y+7)-3y=3$이므로
$-11y=-11,\ y=1$
$y=1$을 ㉢에 대입하면 $x=-4+7=3$

18 ㉡에서 $y=3x+6$ ……㉢
㉢을 ㉠에 대입하면 $2x-5(3x+6)=-17$이므로
$-13x=13,\ x=-1$
$x=-1$을 ㉢에 대입하면 $y=-3+6=3$

19 ㉠을 ㉡에 대입하면 $3(y-3)-y=-8$이므로 $2y=1$
따라서 $k=2$

20 $\begin{cases} x-y=2 & \cdots\cdots ㉠ \\ 2x+y=7 & \cdots\cdots ㉡ \end{cases}$ 에서 ㉠+㉡을 하면
$3x=9,\ x=3$
$x=3$을 ㉠에 대입하면 $3-y=2,\ y=1$
$x=3,\ y=1$을 $ax+y=-5$에 대입하면
$3a+1=-5,\ 3a=-6$이므로 $a=-2$

21 $\begin{cases} x+y=3 & \cdots\cdots \text{ⓛ} \\ 3x+y=5 & \cdots\cdots \text{ⓒ} \end{cases}$ 에서 ⓛ－ⓒ을 하면

$-2x=-2,\ x=1$

$x=1$을 ⓛ에 대입하면 $1+y=3$이므로 $y=2$

$x=1,\ y=2$를 $ax+4y=11$에 대입하면

$a+8=11$이므로 $a=3$

22 $\begin{cases} y=3x & \cdots\cdots \text{㉠} \\ x+3y=10 & \cdots\cdots \text{ⓒ} \end{cases}$ 에서 ㉠을 ⓒ에 대입하면

$x+9x=10,\ x=1$

$x=1$을 ㉠에 대입하면 $y=3$

$x=1,\ y=3$을 $x+ay=-2$에 대입하면

$1+3a=-2,\ 3a=-3$이므로 $a=-1$

23 $\begin{cases} 5x-2y=-8 & \cdots\cdots \text{㉠} \\ y=2x+5 & \cdots\cdots \text{ⓒ} \end{cases}$ 에서 ⓒ을 ㉠에 대입하면

$5x-2(2x+5)=-8$

$x-10=-8,\ x=2$

$x=2$를 ⓒ에 대입하면 $y=4+5=9$

$x=2,\ y=9$를 $3x-y=a$에 대입하면

$6-9=a$이므로 $a=-3$

24 $\begin{cases} x=y-2 & \cdots\cdots \text{㉠} \\ x+2y=7 & \cdots\cdots \text{㉣} \end{cases}$ 에서 ㉠을 ㉣에 대입하면

$(y-2)+2y=7,\ 3y=9$이므로 $y=3$

$y=3$을 ㉠에 대입하면 $x=3-2=1$

$x=1,\ y=3$을 $2x-ay=-4$에 대입하면

$2-3a=-4,\ -3a=-6$이므로 $a=2$

$x=1,\ y=3$을 $bx+y=8$에 대입하면

$b+3=8$이므로 $b=5$

25 $\begin{cases} x+y=-2 & \cdots\cdots \text{ⓛ} \\ 4x-3y=-1 & \cdots\cdots \text{ⓒ} \end{cases}$ 에서 ⓛ×3＋ⓒ을 하면

$7x=-7,\ x=-1$

$x=-1$을 ⓛ에 대입하면 $-1+y=-2$이므로

$y=-1$

$x=-1,\ y=-1$을 $ax+3y=-6$에 대입하면

$-a-3=-6$이므로 $a=3$

$x=-1,\ y=-1$을 $2x+by=3$에 대입하면

$-2-b=3$이므로 $b=-5$

26 $\begin{cases} -5x+6y=1 & \cdots\cdots \text{ⓛ} \\ x+y=2 & \cdots\cdots \text{ⓒ} \end{cases}$ 에서 ⓛ＋ⓒ×5를 하면

$11y=11$이므로 $y=1$

$y=1$을 ⓒ에 대입하면 $x+1=2$이므로 $x=1$

$x=1,\ y=1$을 $ax+3y=2$에 대입하면

$a+3=2$이므로 $a=-1$

$x=1,\ y=1$을 $3x-by=4$에 대입하면

$3-b=4$이므로 $b=-1$

27 $\begin{cases} x=3y & \cdots\cdots \text{㉠} \\ 3x+2y=11 & \cdots\cdots \text{㉣} \end{cases}$ 에서 ㉠을 ㉣에 대입하면

$9y+2y=11$이므로 $y=1$

$y=1$을 ㉠에 대입하면 $x=3$

$x=3,\ y=1$을 $y=x-2a$에 대입하면

$1=3-2a,\ 2a=2$이므로 $a=1$

$x=3,\ y=1$을 $2x+by=9$에 대입하면

$6+b=9$이므로 $b=3$

06 여러 가지 연립방정식의 풀이 | 84~87쪽 |

01 $x=3,\ y=-1$	**02** $x=1,\ y=1$
03 $x=4,\ y=2$	**04** $x=-2,\ y=3$
05 $x=4,\ y=1$	**06** $x=13,\ y=-1$
07 $x=1,\ y=-3$	**08** $x=-4,\ y=-3$
09 $x=2,\ y=-2$	**10** $x=-1,\ y=-1$
11 $x=3,\ y=5$	**12** $x=2,\ y=3$
13 $x=4,\ y=-2$	**14** $x=4,\ y=-4$
15 $x=-6,\ y=3$	**16** $x=3,\ y=1$
17 $x=1,\ y=4$	**18** $x=5,\ y=-3$
19 $x=2,\ y=-3$	**20** $x=1,\ y=-8$
21 $x=1,\ y=1$	**22** $x=-1,\ y=-7$
23 $x=-5,\ y=6$	**24** $x=4,\ y=5$
25 $x=-2,\ y=3$	**26** $x=6,\ y=1$
27 $x=7,\ y=-5$	**28** $x=4,\ y=4$
29 $x=2,\ y=-2$	**30** $x=-12,\ y=-21$
31 $x=-5,\ y=3$	**32** $x=-2,\ y=6$
33 $x=5,\ y=1$	**34** $x=11,\ y=-4$
35 $x=-1,\ y=-7$	**36** $x=5,\ y=1$
37 $x=4,\ y=3$	**38** $x=-1,\ y=2$
39 $x=1,\ y=-3$	**40** $x=-6,\ y=-2$

01 ⓒ을 정리하면 $-x+y=-4$ $\cdots\cdots$ ⓒ

㉠＋ⓒ을 하면 $5y=-5$이므로 $y=-1$

$y=-1$을 ㉠에 대입하면 $x-4=-1$이므로 $x=3$

02 ㉠을 정리하면 $y=3x-2$ $\cdots\cdots$ ⓒ

ⓒ을 ⓛ에 대입하면

$2x-5(3x-2)=-3,\ -13x=-13$이므로 $x=1$

$x=1$을 ⓒ에 대입하면 $y=3-2=1$

03 ㉡을 정리하면 $x+4y=12$ ...... ㉢
㉠-㉢을 하면 $-y=-2$이므로 $y=2$
$y=2$를 ㉠에 대입하면 $x+6=10$이므로 $x=4$

04 ㉠을 정리하면 $y=x+5$ ...... ㉢
㉢을 ㉡에 대입하면
$7x+6(x+5)=4$, $13x=-26$이므로 $x=-2$
$x=-2$를 ㉢에 대입하면 $y=-2+5=3$

05 ㉠을 정리하면 $3x+2y=14$ ...... ㉢
㉡을 정리하면 $3x-5y=7$ ...... ㉣
㉢-㉣을 하면 $7y=7$이므로 $y=1$
$y=1$을 ㉢에 대입하면 $3x+2=14$, $3x=12$이므로 $x=4$

06 ㉠을 정리하면 $x-2y=15$ ...... ㉢
㉡을 정리하면 $x+3y=10$ ...... ㉣
㉢-㉣을 하면 $-5y=5$이므로 $y=-1$
$y=-1$을 ㉢에 대입하면 $x+2=15$이므로 $x=13$

07 ㉠을 정리하면 $x+3y=-8$ ...... ㉢
㉡을 정리하면 $x-2y=7$ ...... ㉣
㉢-㉣을 하면 $5y=-15$이므로 $y=-3$
$y=-3$을 ㉢에 대입하면 $x-9=-8$이므로 $x=1$

08 ㉠을 정리하면 $x-4y=8$ ...... ㉢
㉡을 정리하면 $3x-2y=-6$ ...... ㉣
㉢-㉣×2를 하면 $-5x=20$이므로 $x=-4$
$x=-4$를 ㉢에 대입하면
$-4-4y=8$, $-4y=12$이므로 $y=-3$

09 ㉠을 정리하면 $5x+3y=4$ ...... ㉢
㉡을 정리하면 $3x+2y=2$ ...... ㉣
㉢×2-㉣×3을 하면 $x=2$
$x=2$를 ㉢에 대입하면 $10+3y=4$, $3y=-6$이므로 $y=-2$

10 ㉡×10을 하면 $-10x+9y=1$ ...... ㉢
㉠×10+㉢을 하면 $29y=-29$이므로 $y=-1$
$y=-1$을 ㉠에 대입하면 $x-2=-3$이므로 $x=-1$

11 ㉠×10을 하면 $2x+y=11$ ...... ㉢
㉡+㉢을 하면 $3x=9$이므로 $x=3$
$x=3$을 ㉡에 대입하면 $3-y=-2$이므로 $y=5$

12 ㉠×10을 하면 $3x-4y=-6$ ...... ㉢
㉡×10을 하면 $4x-y=5$ ...... ㉣
㉢-㉣×4를 하면 $-13x=-26$이므로 $x=2$
$x=2$를 ㉣에 대입하면 $8-y=5$이므로 $y=3$

13 ㉠×10을 하면 $6x+5y=14$ ...... ㉢
㉡×10을 하면 $4x+3y=10$ ...... ㉣
㉢×2-㉣×3을 하면 $y=-2$
$y=-2$를 ㉣에 대입하면
$4x-6=10$, $4x=16$이므로 $x=4$

14 ㉠×10을 하면 $2x-3y=20$ ...... ㉢
㉡×10을 하면 $3x+y=8$ ...... ㉣
㉢+㉣×3을 하면 $11x=44$이므로 $x=4$
$x=4$를 ㉣에 대입하면 $12+y=8$이므로 $y=-4$

15 ㉡×100을 하면 $x-2y=-12$ ...... ㉢
㉠-㉢×2를 하면 $9y=27$이므로 $y=3$
$y=3$을 ㉢에 대입하면 $x-6=-12$이므로 $x=-6$

16 ㉠×10을 하면 $5x-6y=9$ ...... ㉢
㉡×100을 하면 $x+3y=6$ ...... ㉣
㉢+㉣×2를 하면 $7x=21$이므로 $x=3$
$x=3$을 ㉣에 대입하면 $3+3y=6$이므로 $y=1$

17 ㉠×100을 하면 $5x+2y=13$ ...... ㉢
㉡×100을 하면 $2x-10y=-38$ ...... ㉣
㉢×5+㉣을 하면 $27x=27$이므로 $x=1$
$x=1$을 ㉢에 대입하면
$5+2y=13$, $2y=8$이므로 $y=4$

18 ㉠×100을 하면 $2x+5y=-5$ ...... ㉢
㉡×100을 하면 $11x-10y=85$ ...... ㉣
㉢×2+㉣을 하면 $15x=75$이므로 $x=5$
$x=5$를 ㉢에 대입하면
$10+5y=-5$, $5y=-15$이므로 $y=-3$

19 ㉠×100을 하면 $7x+3y=5$ ...... ㉢
㉡×100을 하면 $2x+y=1$ ...... ㉣
㉢-㉣×3을 하면 $x=2$
$x=2$를 ㉣에 대입하면 $4+y=1$이므로 $y=-3$

20 ㉠×100을 하면 $-12x-7y=44$ ...... ㉢
㉡×100을 하면 $4x-3y=28$ ...... ㉣
㉢+㉣×3을 하면 $-16y=128$이므로 $y=-8$
$y=-8$을 ㉣에 대입하면 $4x+24=28$이므로 $x=1$

21 ㉡×2를 하면 $x+2y=3$ ...... ㉢
㉠-㉢을 하면 $-y=-1$이므로 $y=1$
$y=1$을 ㉠에 대입하면 $x+1=2$이므로 $x=1$

22 ㉠×3을 하면 $3x-y=4$ ...... ㉢
㉡+㉢을 하면 $5x=-5$이므로 $x=-1$
$x=-1$을 ㉡에 대입하면
$-2+y=-9$이므로 $y=-7$

23 ㉠×10을 하면 $3x+5y=15$ ...... ㉢
ㄴ×3을 하면 $3x+4y=9$ ...... ㉣
㉢−㉣을 하면 $y=6$
$y=6$을 ㉢에 대입하면 $3x+30=15$이므로 $x=-5$

24 ㉠×8을 하면 $4x-3y=1$ ...... ㉢
ㄴ×12를 하면 $-2x+3y=7$ ...... ㉣
㉢+㉣을 하면 $2x=8$이므로 $x=4$
$x=4$를 ㉢에 대입하면 $16-3y=1$이므로 $y=5$

25 ㉠×12를 하면 $4x+3y=1$ ...... ㉢
ㄴ×10을 하면 $x+2y=4$ ...... ㉣
㉢−㉣×4를 하면 $-5y=-15$이므로 $y=3$
$y=3$을 ㉣에 대입하면 $x+6=4$이므로 $x=-2$

26 ㉠×10을 하면 $2x-5y=7$ ...... ㉢
ㄴ×4를 하면 $x-4y=2$ ...... ㉣
㉢−㉣×2를 하면 $3y=3$이므로 $y=1$
$y=1$을 ㉣에 대입하면 $x-4=2$이므로 $x=6$

27 ㉠×15를 하면 $3x+5y=-4$ ...... ㉢
ㄴ×2를 하면 $2x+y=9$ ...... ㉣
㉢−㉣×5를 하면 $-7x=-49$이므로 $x=7$
$x=7$을 ㉣에 대입하면 $14+y=9$이므로 $y=-5$

28 ㉠×6을 하면 $3x-y=8$ ...... ㉢
ㄴ×4를 하면 $x+2y=12$ ...... ㉣
㉢×2+㉣을 하면 $7x=28$이므로 $x=4$
$x=4$를 ㉢에 대입하면 $12-y=8$이므로 $y=4$

29 ㉠×5를 하면 $5x+y=8$ ...... ㉢
ㄴ×4를 하면 $x-4y=10$ ...... ㉣
㉢×4+㉣을 하면 $21x=42$이므로 $x=2$
$x=2$를 ㉢에 대입하면 $10+y=8$이므로 $y=-2$

30 ㉠×6을 하면 $2x-y=-3$ ...... ㉢
ㄴ×6을 하면 $3x-2y=6$ ...... ㉣
㉢×2−㉣을 하면 $x=-12$
$x=-12$를 ㉢에 대입하면 $-24-y=-3$이므로 $y=-21$

31 ㄴ×10을 하면 $2x+5y=5$ ...... ㉢
㉠×2−㉢을 하면 $-3y=-9$이므로 $y=3$
$y=3$을 ㉠에 대입하면 $x+3=-2$이므로 $x=-5$

32 ㉠×6을 하면 $3x-2y=-18$ ...... ㉢
ㄴ×4를 하면 $x+y=4$ ...... ㉣
㉢+㉣×2를 하면 $5x=-10$이므로 $x=-2$
$x=-2$를 ㉣에 대입하면 $-2+y=4$이므로 $y=6$

33 ㄴ×6을 하면 $2(x-1)=y+7$에서
$2x-y=9$ ...... ㉢
㉠−㉢을 하면 $6y=6$이므로 $y=1$

$y=1$을 ㉠에 대입하면 $2x+5=15$이므로 $x=5$

34 ㉠×4를 하면 $2x+3y=10$ ...... ㉢
ㄴ×4를 하면 $(x+7)+4y=2$에서
$x+4y=-5$ ...... ㉣
㉢−㉣×2를 하면 $-5y=20$이므로 $y=-4$
$y=-4$를 ㉢에 대입하면 $2x-12=10$이므로 $x=11$

35 ㉠×12를 하면 $4x-y=3$ ...... ㉢
ㄴ×10을 하면 $-10x+(y+1)=4$에서
$-10x+y=3$ ...... ㉣
㉢+㉣을 하면 $-6x=6$이므로 $x=-1$
$x=-1$을 ㉢에 대입하면 $-4-y=3$이므로 $y=-7$

36 ㉠×10을 하면 $2x+y=11$ ...... ㉢
ㄴ×5를 하면 $x=5y$ ...... ㉣
㉣을 ㉢에 대입하면 $10y+y=11$이므로 $y=1$
$y=1$을 ㉣에 대입하면 $x=5$

37 ㉠×10을 하면 $2x-5y=-7$ ...... ㉢
ㄴ×6을 하면 $2x-3y=-1$ ...... ㉣
㉢−㉣을 하면 $-2y=-6$이므로 $y=3$
$y=3$을 ㉢에 대입하면 $2x-15=-7$이므로 $x=4$

38 ㉠×10을 하면 $4x+7y=10$ ...... ㉢
ㄴ×4를 하면 $-4x+y=6$ ...... ㉣
㉢+㉣을 하면 $8y=16$이므로 $y=2$
$y=2$를 ㉣에 대입하면 $-4x+2=6$이므로 $x=-1$

39 ㉠×5를 하면 $2x-y=5$ ...... ㉢
ㄴ×100을 하면 $4x-3y=13$ ...... ㉣
㉢×2−㉣을 하면 $y=-3$
$y=-3$을 ㉢에 대입하면 $2x+3=5$이므로 $x=1$

40 ㉠×10을 하면 $3x+y=-20$ ...... ㉢
ㄴ×12를 하면 $3(x-2)-4(y-1)=-12$에서
$3x-4y=-10$ ...... ㉣
㉢−㉣을 하면 $5y=-10$이므로 $y=-2$
$y=-2$를 ㉢에 대입하면 $3x-2=-20$이므로 $x=-6$

07 $A=B=C$ 꼴의 방정식의 풀이 | 88쪽 |

01 $x=5, y=-5$ **02** $x=-9, y=-6$
03 $x=1, y=-2$ **04** $x=-5, y=5$
05 $x=-8, y=13$ **06** $x=0, y=-1$
07 $x=2, y=1$ **08** $x=-6, y=7$
09 $x=-2, y=-2$ **10** $x=1, y=2$

01 $\begin{cases} x-y=10 & \cdots\cdots \text{㉠} \\ 3x+y=10 & \cdots\cdots \text{㉡} \end{cases}$ 에서 ㉠+㉡을 하면

$4x=20$이므로 $x=5$

$x=5$를 ㉠에 대입하면 $5-y=10$이므로 $y=-5$

02 $\begin{cases} x-2y=3 & \cdots\cdots \text{㉠} \\ -x+y=3 & \cdots\cdots \text{㉡} \end{cases}$ 에서 ㉠+㉡을 하면

$-y=6$이므로 $y=-6$

$y=-6$을 ㉠에 대입하면 $x+12=3$이므로 $x=-9$

03 $\begin{cases} 2x-3y=8 & \cdots\cdots \text{㉠} \\ 3x+y=1 & \cdots\cdots \text{㉡} \end{cases}$ 에서 ㉠+㉡×3을 하면

$11x=11$이므로 $x=1$

$x=1$을 ㉡에 대입하면 $3+y=1$이므로 $y=-2$

04 $\begin{cases} 3x+4y=5 & \cdots\cdots \text{㉠} \\ 2x+3y=5 & \cdots\cdots \text{㉡} \end{cases}$ 에서 ㉠×2-㉡×3을 하면

$-y=-5$이므로 $y=5$

$y=5$를 ㉠에 대입하면 $3x+20=5$, $3x=-15$이므로 $x=-5$

05 $\begin{cases} x+y=5 & \cdots\cdots \text{㉠} \\ 2x+y=-3 & \cdots\cdots \text{㉡} \end{cases}$ 에서 ㉠-㉡을 하면

$-x=8$이므로 $x=-8$

$x=-8$을 ㉠에 대입하면 $-8+y=5$이므로 $y=13$

06 $\begin{cases} x+y+2=2x-y \\ 2x-y=3x+2y+3 \end{cases}$ 에서 $\begin{cases} -x+2y=-2 & \cdots\cdots \text{㉠} \\ x+3y=-3 & \cdots\cdots \text{㉡} \end{cases}$

㉠+㉡을 하면 $5y=-5$이므로 $y=-1$

$y=-1$을 ㉠에 대입하면 $-x-2=-2$이므로 $x=0$

07 $\begin{cases} 2x-y+5=y+7 \\ 3x+2y=y+7 \end{cases}$ 에서 $\begin{cases} x-y=1 & \cdots\cdots \text{㉠} \\ 3x+y=7 & \cdots\cdots \text{㉡} \end{cases}$

㉠+㉡을 하면 $4x=8$이므로 $x=2$

$x=2$를 ㉠에 대입하면 $2-y=1$이므로 $y=1$

08 $\begin{cases} x-y=5x+2y+3 \\ x-y=3x+y-2 \end{cases}$ 에서 $\begin{cases} -4x-3y=3 & \cdots\cdots \text{㉠} \\ x+y=1 & \cdots\cdots \text{㉡} \end{cases}$

㉠+㉡×3을 하면 $-x=6$이므로 $x=-6$

$x=-6$을 ㉡에 대입하면 $-6+y=1$이므로 $y=7$

09 $\begin{cases} -2x-3y-4=x-4y \\ 2(x-3y-1)=x-4y \end{cases}$ 에서 $\begin{cases} -3x+y=4 & \cdots\cdots \text{㉠} \\ x-2y=2 & \cdots\cdots \text{㉡} \end{cases}$

㉠×2+㉡을 하면 $-5x=10$이므로 $x=-2$

$x=-2$를 ㉡에 대입하면 $-2-2y=2$이므로 $y=-2$

10 $\begin{cases} \dfrac{x-1}{3}=\dfrac{2x-y}{4} \\ \dfrac{2x-y}{4}=\dfrac{6-3y}{2} \end{cases}$ 에서 $\begin{cases} 4(x-1)=3(2x-y) \\ 2x-y=2(6-3y) \end{cases}$

$\begin{cases} 2x-3y=-4 & \cdots\cdots \text{㉠} \\ 2x+5y=12 & \cdots\cdots \text{㉡} \end{cases}$

㉠-㉡을 하면 $-8y=-16$이므로 $y=2$

$y=2$를 ㉠에 대입하면 $2x-6=-4$이므로 $x=1$

08 해가 특수한 연립방정식의 풀이 | 89쪽 |

01 해가 무수히 많다.　**02** 해가 무수히 많다.
03 해가 없다.　**04** 해가 없다.
05 6　　**06** -3　　**07** -2　　**08** $a\neq3$　**09** ②

02 ㉠×3을 하면 $\begin{cases} 9x-6y=6 & \cdots\cdots \text{㉠}\times3 \\ 9x-6y=6 & \cdots\cdots \text{㉡} \end{cases}$

따라서 x, y의 계수가 각각 같고, 상수항도 같으므로 해가 무수히 많다.

04 ㉠×5를 하면 $\begin{cases} 5x+10y=5 & \cdots\cdots \text{㉠}\times5 \\ 5x+10y=-5 & \cdots\cdots \text{㉡} \end{cases}$

따라서 x, y의 계수가 각각 같고, 상수항은 다르므로 해가 없다.

05 ㉠×3을 하면 $\begin{cases} 3x+15y=6 & \cdots\cdots \text{㉠}\times3 \\ 3x+15y=a & \cdots\cdots \text{㉡} \end{cases}$

이 연립방정식의 해가 무수히 많으므로 $a=6$

06 ㉠×4를 하면 $\begin{cases} 4x-4ay=-4 & \cdots\cdots \text{㉠}\times4 \\ 4x+12y=-4 & \cdots\cdots \text{㉡} \end{cases}$

이 연립방정식의 해가 무수히 많으므로 $-4a=12$

따라서 $a=-3$

07 ㉠×(-2)를 하면 $\begin{cases} -2x+2y=4 & \cdots\cdots \text{㉠}\times(-2) \\ ax+2y=-4 & \cdots\cdots \text{㉡} \end{cases}$

이 연립방정식의 해가 없으므로 $a=-2$

08 ㉠×3을 하면 $\begin{cases} -3x+6y=3 & \cdots\cdots \text{㉠}\times3 \\ -3x+6y=a & \cdots\cdots \text{㉡} \end{cases}$

이 연립방정식의 해가 없으므로 $a\neq3$

09 ㉠×(-1)을 하면 $\begin{cases} -7x-3y=-2 & \cdots\cdots \text{㉠}\times(-1) \\ -7x-3y=a & \cdots\cdots \text{㉡} \end{cases}$

이 연립방정식의 해가 없으므로 $a\neq-2$

확인문제
| 90쪽 |

01 ③, ④ 02 ④   03 ④   04 ②   05 ①   06 ③
07 ②

---

01 ④ $x+4=2y-1$에서 $x-2y+5=0$이므로 미지수가 2개인 일차방정식이다.

02 각 순서쌍을 $3x-y=2$에 대입하면
① $3\times1-2=1\neq2$ ② $3\times2-2=4\neq2$
③ $3\times2-3=3\neq2$ ④ $3\times3-7=2$
⑤ $3\times4-12=0\neq2$
따라서 $3x-y=2$의 해는 ④이다.

03 $x=3$, $y=-3$을 $ax+4y=9$에 대입하면
$3a-12=9$, $3a=21$이므로 $a=7$

04 $x=1$, $y=-1$을 $ax-2y=1$에 대입하면
$a+2=1$에서 $a=-1$
$x=1$, $y=-1$을 $3x+by=5$에 대입하면
$3-b=5$에서 $b=-2$
따라서 $a+b=-1+(-2)=-3$

05 ㉠$\times10$을 하면 $4x+9y=1$ …… ㉢
㉡$\times6$을 하면 $x-9y=-6$ …… ㉣
㉢$+$㉣을 하면 $5x=-5$이므로 $x=-1$
$x=-1$을 ㉣에 대입하면 $-1-9y=-6$이므로 $y=\dfrac{5}{9}$
따라서 $p=-1$, $q=\dfrac{5}{9}$이므로 $pq=-\dfrac{5}{9}$

06 $\begin{cases}\dfrac{x+2y}{2}=1\\[2mm]\dfrac{x+y}{3}=1\end{cases}$ 에서 $\begin{cases}x+2y=2 & \cdots\cdots ㉠\\ x+y=3 & \cdots\cdots ㉡\end{cases}$
㉠$-$㉡을 하면 $y=-1$
$y=-1$을 ㉡에 대입하면 $x-1=3$이므로 $x=4$

07 ① 해가 1개이다.
② $\begin{cases}9x-6y=3\\9x-6y=3\end{cases}$ 이므로 해가 무수히 많다.
③ $\begin{cases}-2x+2y=-10\\-2x+2y=5\end{cases}$ 이므로 해가 없다.
④ 해가 1개이다.
⑤ $\begin{cases}x+y=2\\x+y=-2\end{cases}$ 이므로 해가 없다.
따라서 해가 무수히 많은 것은 ②이다.

---

2. 연립방정식의 활용

01 연립방정식의 활용
| 91~95쪽 |

01 (1) ① $x+y=49$ ② $x-y=21$ (2) $\begin{cases}x+y=49\\x-y=21\end{cases}$
(3) $x=35$, $y=14$ (4) 35, 14
02 38 **03** 38 **04** 61 **05** 2, 4, 22 **06** 10
07 (1) y, x, $10y+x$
(2) ① $x+y=11$ ② $10y+x=(10x+y)+27$
(3) $\begin{cases}x+y=11\\10y+x=(10x+y)+27\end{cases}$
(4) $x=4$, $y=7$ (5) 47
08 51 **09** 2, 1, 37 **10** 16
11 (1) 20, $2x$, $4y$, 64
(2) ① $x+y=20$ ② $2x+4y=64$
(3) $\begin{cases}x+y=20\\2x+4y=64\end{cases}$
(4) $x=8$, $y=12$ (5) 오리: 8, 고양이: 12
12 21 **13** 24, $2x$, $3y$, 57, 9개 **14** 22개
15 (1) 12, $500x$, $700y$, 7200
(2) ① $x+y=12$ ② $500x+700y=7200$
(3) $\begin{cases}x+y=12\\500x+700y=7200\end{cases}$
(4) $x=6$, $y=6$ (5) 사과: 6개, 복숭아: 6개
16 사탕: 10개, 초콜릿: 7개
17 23, $400x$, $1200y$, 13200, 18명 **18** 15개
19 (1) $x+15$, $y+15$
(2) ① $x+y=42$ ② $x+15=3(y+15)$
(3) $\begin{cases}x+y=42\\x+15=3(y+15)\end{cases}$
(4) $x=39$, $y=3$ (5) 아빠: 39살, 딸: 3살
20 엄마: 45살, 아들: 13살
21 (1) ① $2x+2y=30$ ② $x=y+3$
(2) $\begin{cases}2x+2y=30\\x=y+3\end{cases}$
(3) $x=9$, $y=6$ (4) $54\ \text{cm}^2$
22 7 cm **23** 6 cm

---

01 (3) $\begin{cases}x+y=49 & \cdots\cdots ㉠\\x-y=21 & \cdots\cdots ㉡\end{cases}$
㉠$+$㉡을 하면 $2x=70$이므로 $x=35$
$x=35$를 ㉠에 대입하면 $35+y=49$이므로 $y=14$

02 큰 수를 x, 작은 수를 y라 하면
$\begin{cases}x+y=80 & \cdots\cdots ㉠\\x-y=4 & \cdots\cdots ㉡\end{cases}$
㉠$+$㉡을 하면 $2x=84$이므로 $x=42$
$x=42$를 ㉠에 대입하면 $42+y=80$이므로 $y=38$

따라서 작은 수는 38이다.

03 큰 수를 x, 작은 수를 y라 하면
$$\begin{cases} x-y=8 & \cdots\cdots\ ㉠ \\ 3y-x=22 & \cdots\cdots\ ㉡ \end{cases}$$
㉠+㉡을 하면 $2y=30$이므로 $y=15$
$y=15$를 ㉠에 대입하면 $x-15=8$이므로 $x=23$
따라서 두 수는 23, 15이고 그 합은 38이다.

04 큰 수를 x, 작은 수를 y라 하면
$$\begin{cases} x-y=33 & \cdots\cdots\ ㉠ \\ x=2y+5 & \cdots\cdots\ ㉡ \end{cases}$$
㉡을 ㉠에 대입하면 $(2y+5)-y=33$이므로 $y=28$
$y=28$을 ㉡에 대입하면 $x=2\times28+5=61$
따라서 큰 수는 61이다.

05 큰 수를 x, 작은 수를 y라 하면
$$\begin{cases} x+y=31 & \cdots\cdots\ ㉠ \\ x=2y+4 & \cdots\cdots\ ㉡ \end{cases}$$
㉡을 ㉠에 대입하면 $(2y+4)+y=31$이므로
$3y=27$, $y=9$
$y=9$를 ㉡에 대입하면 $x=2\times9+4=22$
따라서 큰 수는 22이다.

06 큰 수를 x, 작은 수를 y라 하면
$$\begin{cases} x-y=21 & \cdots\cdots\ ㉠ \\ x=3y+1 & \cdots\cdots\ ㉡ \end{cases}$$
㉡을 ㉠에 대입하면 $(3y+1)-y=21$이므로
$2y=20$, $y=10$
$y=10$을 ㉡에 대입하면 $x=3\times10+1=31$
따라서 작은 수는 10이다.

07 (4) $\begin{cases} x+y=11 \\ 10y+x=(10x+y)+27 \end{cases}$ 에서
$$\begin{cases} x+y=11 & \cdots\cdots\ ㉠ \\ x-y=-3 & \cdots\cdots\ ㉡ \end{cases}$$
㉠+㉡을 하면 $2x=8$이므로 $x=4$
$x=4$를 ㉠에 대입하면 $4+y=11$이므로 $y=7$
(5) 처음 수는 $10\times4+7=47$

08 처음 두 자리 자연수의 십의 자리의 숫자를 x, 일의 자리의 숫자를 y라 하면
$\begin{cases} x+y=6 \\ 10y+x=(10x+y)-36 \end{cases}$ 에서 $\begin{cases} x+y=6 & \cdots\cdots\ ㉠ \\ x-y=4 & \cdots\cdots\ ㉡ \end{cases}$
㉠+㉡을 하면 $2x=10$이므로 $x=5$
$x=5$를 ㉠에 대입하면 $5+y=6$이므로 $y=1$
따라서 처음 수는 $10\times5+1=51$

09 처음 두 자리 자연수의 십의 자리의 숫자를 x, 일의 자리의 숫자를 y라 하면

$\begin{cases} x+y=10 \\ 10y+x=2(10x+y)-1 \end{cases}$ 에서
$$\begin{cases} x+y=10 & \cdots\cdots\ ㉠ \\ -19x+8y=-1 & \cdots\cdots\ ㉡ \end{cases}$$
㉠×8−㉡을 하면 $27x=81$이므로 $x=3$
$x=3$을 ㉠에 대입하면 $3+y=10$이므로 $y=7$
따라서 처음 수는 $10\times3+7=37$

10 처음 두 자리 자연수의 십의 자리의 숫자를 x, 일의 자리의 숫자를 y라 하면
$\begin{cases} x+y=7 \\ 10y+x=3(10x+y)+13 \end{cases}$ 에서
$$\begin{cases} x+y=7 & \cdots\cdots\ ㉠ \\ -29x+7y=13 & \cdots\cdots\ ㉡ \end{cases}$$
㉠×7−㉡을 하면 $36x=36$이므로 $x=1$
$x=1$을 ㉠에 대입하면 $1+y=7$이므로 $y=6$
따라서 처음 수는 $10\times1+6=16$

11 (4) $\begin{cases} x+y=20 \\ 2x+4y=64 \end{cases}$ 에서 $\begin{cases} x+y=20 & \cdots\cdots\ ㉠ \\ x+2y=32 & \cdots\cdots\ ㉡ \end{cases}$
㉠−㉡을 하면 $-y=-12$이므로 $y=12$
$y=12$를 ㉠에 대입하면 $x+12=20$이므로 $x=8$

12 돼지의 수를 x, 닭의 수를 y라 하면
$\begin{cases} x+y=33 \\ 4x+2y=108 \end{cases}$ 에서 $\begin{cases} x+y=33 & \cdots\cdots\ ㉠ \\ 2x+y=54 & \cdots\cdots\ ㉡ \end{cases}$
㉠−㉡을 하면 $-x=-21$이므로 $x=21$
$x=21$을 ㉠에 대입하면 $21+y=33$이므로 $y=12$
따라서 돼지의 수는 21이다.

13 $\begin{cases} x+y=24 & \cdots\cdots\ ㉠ \\ 2x+3y=57 & \cdots\cdots\ ㉡ \end{cases}$
㉠×2−㉡을 하면 $-y=-9$이므로 $y=9$
$y=9$를 ㉠에 대입하면 $x+9=24$이므로 $x=15$
따라서 이 선수가 성공한 3점 숫은 9개이다.

14 맞힌 3점짜리 문제를 x개, 4점짜리 문제를 y개라 하면
$$\begin{cases} x+y=25 & \cdots\cdots\ ㉠ \\ 3x+4y=78 & \cdots\cdots\ ㉡ \end{cases}$$
㉠×3−㉡을 하면 $-y=-3$이므로 $y=3$
$y=3$을 ㉠에 대입하면 $x+3=25$이므로 $x=22$
따라서 이 학생이 맞힌 3점짜리 문제는 22개이다.

15 (4) $\begin{cases} x+y=12 \\ 500x+700y=7200 \end{cases}$ 에서 $\begin{cases} x+y=12 & \cdots\cdots\ ㉠ \\ 5x+7y=72 & \cdots\cdots\ ㉡ \end{cases}$
㉠×5−㉡을 하면 $-2y=-12$이므로 $y=6$
$y=6$을 ㉠에 대입하면 $x+6=12$이므로 $x=6$

16 사탕을 x개, 초콜릿을 y개 샀다고 하면

$\begin{cases} x+y=17 \\ 300x+400y=5800 \end{cases}$ 에서 $\begin{cases} x+y=17 & \cdots\cdots ㉠ \\ 3x+4y=58 & \cdots\cdots ㉡ \end{cases}$

㉠$\times 3-$㉡을 하면 $-y=-7$이므로 $y=7$

$y=7$을 ㉠에 대입하면 $x+7=17$이므로 $x=10$

따라서 사탕은 10개, 초콜릿은 7개를 샀다.

17 $\begin{cases} x+y=23 \\ 400x+1200y=13200 \end{cases}$ 에서 $\begin{cases} x+y=23 & \cdots\cdots ㉠ \\ x+3y=33 & \cdots\cdots ㉡ \end{cases}$

㉠$-$㉡을 하면 $-2y=-10$이므로 $y=5$

$y=5$를 ㉠에 대입하면 $x+5=23$이므로 $x=18$

따라서 입장한 청소년은 18명이다.

18 100원짜리 동전을 x개, 500원짜리 동전을 y개 모았다고 하면

$\begin{cases} x+y=48 \\ 100x+500y=10800 \end{cases}$ 에서 $\begin{cases} x+y=48 & \cdots\cdots ㉠ \\ x+5y=108 & \cdots\cdots ㉡ \end{cases}$

㉠$-$㉡을 하면 $-4y=-60$이므로 $y=15$

$y=15$를 ㉠에 대입하면 $x+15=48$이므로 $x=33$

따라서 500원짜리 동전은 15개 모았다.

19 (4) $\begin{cases} x+y=42 \\ x+15=3(y+15) \end{cases}$ 에서 $\begin{cases} x+y=42 & \cdots\cdots ㉠ \\ x-3y=30 & \cdots\cdots ㉡ \end{cases}$

㉠$-$㉡을 하면 $4y=12$이므로 $y=3$

$y=3$을 ㉠에 대입하면 $x+3=42$이므로 $x=39$

20 현재 엄마의 나이를 x살, 아들의 나이를 y살이라 하면

$\begin{cases} x+y=58 \\ x+8=2(y+8)+11 \end{cases}$ 에서 $\begin{cases} x+y=58 & \cdots\cdots ㉠ \\ x-2y=19 & \cdots\cdots ㉡ \end{cases}$

㉠$-$㉡을 하면 $3y=39$이므로 $y=13$

$y=13$을 ㉠에 대입하면 $x+13=58$이므로 $x=45$

따라서 현재 엄마의 나이는 45살, 아들의 나이는 13살이다.

21 (3) $\begin{cases} 2x+2y=30 \\ x=y+3 \end{cases}$ 에서 $\begin{cases} x+y=15 & \cdots\cdots ㉠ \\ x=y+3 & \cdots\cdots ㉡ \end{cases}$

㉡을 ㉠에 대입하면 $(y+3)+y=15$이므로

$2y=12$, $y=6$

$y=6$을 ㉡에 대입하면 $x=6+3=9$

(4) 가로의 길이가 9 cm, 세로의 길이가 6 cm인 직사각형의 넓이는 $9 \times 6 = 54\ (\text{cm}^2)$

22 직사각형의 가로의 길이를 x cm, 세로의 길이를 y cm라 하면

$\begin{cases} 2x+2y=20 \\ x=2y+1 \end{cases}$ 에서 $\begin{cases} x+y=10 & \cdots\cdots ㉠ \\ x=2y+1 & \cdots\cdots ㉡ \end{cases}$

㉡을 ㉠에 대입하면 $(2y+1)+y=10$이므로

$3y=9$, $y=3$

$y=3$을 ㉡에 대입하면 $x=2\times 3+1=7$

따라서 직사각형의 가로의 길이는 7 cm이다.

23 사다리꼴의 윗변의 길이를 x cm, 아랫변의 길이를 y cm라 하면

$\begin{cases} x=y-4 \\ \frac{1}{2} \times (x+y) \times 5 = 20 \end{cases}$ 에서 $\begin{cases} x=y-4 & \cdots\cdots ㉠ \\ x+y=8 & \cdots\cdots ㉡ \end{cases}$

㉠을 ㉡에 대입하면 $(y-4)+y=8$

$2y=12$, $y=6$

$y=6$을 ㉠에 대입하면 $x=6-4=2$

따라서 사다리꼴의 아랫변의 길이는 6 cm이다.

02 거리, 속력, 시간에 관한 문제

| 96~98쪽 |

01 (1) $\dfrac{x}{3}$, $\dfrac{y}{4}$ (2) ① $x+y=10$ ② $\dfrac{x}{3}+\dfrac{y}{4}=3$

(3) $\begin{cases} x+y=10 \\ \dfrac{x}{3}+\dfrac{y}{4}=3 \end{cases}$ (4) $x=6$, $y=4$

(5) 올라간 거리: 6 km, 내려온 거리: 4 km

02 12 km   **03** $\dfrac{x}{120}$, $\dfrac{y}{80}$, 222 km   **04** 4 km

05 (1) $\dfrac{x}{2}$, $\dfrac{y}{3}$ (2) ① $x+y=1.2$ ② $\dfrac{x}{2}+\dfrac{y}{3}=\dfrac{1}{2}$

(3) $\begin{cases} x+y=1.2 \\ \dfrac{x}{2}+\dfrac{y}{3}=\dfrac{1}{2} \end{cases}$ (4) $x=\dfrac{3}{5}$, $y=\dfrac{3}{5}$

(5) 걸어간 거리: $\dfrac{3}{5}$ km(0.6 km),

뛰어간 거리: $\dfrac{3}{5}$ km(0.6 km)

06 2 km   **07** $\dfrac{x}{4}$, $\dfrac{1}{6}$, $\dfrac{y}{6}$, 2 km   **08** 10 km

09 (1) ① $x+y=7$ ② $\dfrac{x}{4}=\dfrac{y}{3}$

(2) $\begin{cases} x+y=7 \\ \dfrac{x}{4}=\dfrac{y}{3} \end{cases}$ (3) $x=4$, $y=3$

(4) A가 걸어간 거리: 4 km, B가 걸어간 거리: 3 km

10 10 km

11 (1) ① $x=y+10$ ② $50x=150y$

(2) $\begin{cases} x=y+10 \\ 50x=150y \end{cases}$ (3) $x=15$, $y=5$ (4) 5분

12 10분

01 (4) $\begin{cases} x+y=10 \\ \dfrac{x}{3}+\dfrac{y}{4}=3 \end{cases}$ 에서 $\begin{cases} x+y=10 & \cdots\cdots ㉠ \\ 4x+3y=36 & \cdots\cdots ㉡ \end{cases}$

㉠$\times 3-$㉡을 하면 $-x=-6$이므로 $x=6$

$x=6$을 ㉠에 대입하면 $6+y=10$이므로 $y=4$

02 A 코스의 거리를 x km, B 코스의 거리를 y km라 하면

$\begin{cases} x+y=22 \\ \dfrac{x}{4}+\dfrac{y}{5}=5 \end{cases}$ 에서 $\begin{cases} x+y=22 & \cdots\cdots ㉠ \\ 5x+4y=100 & \cdots\cdots ㉡ \end{cases}$

㉠$\times 4-$㉡을 하면 $-x=-12$이므로 $x=12$

$x=12$를 ㉠에 대입하면 $12+y=22$이므로 $y=10$

따라서 A 코스의 거리는 12 km이다.

03 $\begin{cases} x=y+50 \\ \dfrac{x}{120}+\dfrac{y}{80}=4 \end{cases}$ 에서 $\begin{cases} x=y+50 & \cdots\cdots ㉠ \\ 2x+3y=960 & \cdots\cdots ㉡ \end{cases}$

㉠을 ㉡에 대입하면 $2(y+50)+3y=960$이므로

$5y=860,\ y=172$

$y=172$를 ㉠에 대입하면 $x=172+50=222$

따라서 기차를 타고 달린 거리는 222 km이다.

04 뛰어간 거리를 x km, 버스를 타고 달린 거리를 y km라 하면

$\begin{cases} y=x+8 \\ \dfrac{x}{5}+\dfrac{y}{60}=1 \end{cases}$ 에서 $\begin{cases} y=x+8 & \cdots\cdots ㉠ \\ 12x+y=60 & \cdots\cdots ㉡ \end{cases}$

㉠을 ㉡에 대입하면 $12x+(x+8)=60$이므로

$13x=52,\ x=4$

$x=4$를 ㉠에 대입하면 $y=4+8=12$

따라서 현아가 뛰어간 거리는 4 km이다.

05 (4) $\begin{cases} x+y=1.2 \\ \dfrac{x}{2}+\dfrac{y}{3}=\dfrac{1}{2} \end{cases}$ 에서 $\begin{cases} 10x+10y=12 & \cdots\cdots ㉠ \\ 3x+2y=3 & \cdots\cdots ㉡ \end{cases}$

㉠$-$㉡$\times 5$를 하면 $-5x=-3$이므로 $x=\dfrac{3}{5}$

$x=\dfrac{3}{5}$을 ㉠에 대입하면 $6+10y=12$이므로

$10y=6,\ y=\dfrac{3}{5}$

06 걸어간 거리를 x km, 뛰어간 거리를 y km라 하면

$\begin{cases} x+y=5 \\ \dfrac{x}{3}+\dfrac{y}{4}=\dfrac{3}{2} \end{cases}$ 에서 $\begin{cases} x+y=5 & \cdots\cdots ㉠ \\ 4x+3y=18 & \cdots\cdots ㉡ \end{cases}$

㉠$\times 3-$㉡을 하면 $-x=-3$이므로 $x=3$

$x=3$을 ㉠에 대입하면 $3+y=5$이므로 $y=2$

따라서 동오가 뛰어간 거리는 2 km이다.

07 $\begin{cases} x+y=4 \\ \dfrac{x}{4}+\dfrac{1}{6}+\dfrac{y}{6}=1 \end{cases}$ 에서 $\begin{cases} x+y=4 & \cdots\cdots ㉠ \\ 3x+2y=10 & \cdots\cdots ㉡ \end{cases}$

㉠$\times 2-$㉡을 하면 $-x=-2$이므로 $x=2$

$x=2$를 ㉠에 대입하면 $2+y=4$이므로 $y=2$

따라서 세호가 뛰어간 거리는 2 km이다.

08 버스를 타고 간 거리를 x km, 걸어간 거리를 y km라 하면

$\begin{cases} x+y=14 \\ \dfrac{x}{60}+\dfrac{1}{2}+\dfrac{y}{3}=2 \end{cases}$ 에서 $\begin{cases} x+y=14 & \cdots\cdots ㉠ \\ x+20y=90 & \cdots\cdots ㉡ \end{cases}$

㉠$-$㉡을 하면 $-19y=-76$이므로 $y=4$

$y=4$를 ㉠에 대입하면 $x+4=14$이므로 $x=10$

따라서 버스를 타고 간 거리는 10 km이다.

09 (3) $\begin{cases} x+y=7 \\ \dfrac{x}{4}=\dfrac{y}{3} \end{cases}$ 에서 $\begin{cases} x+y=7 & \cdots\cdots ㉠ \\ 3x-4y=0 & \cdots\cdots ㉡ \end{cases}$

㉠$\times 3-$㉡을 하면 $7y=21,\ y=3$

$y=3$을 ㉠에 대입하면 $x+3=7$이므로 $x=4$

10 수지가 달린 거리를 x km, 지우가 달린 거리를 y km라 하면

$\begin{cases} x+y=25 \\ \dfrac{x}{6}=\dfrac{y}{9} \end{cases}$ 에서 $\begin{cases} x+y=25 & \cdots\cdots ㉠ \\ 3x-2y=0 & \cdots\cdots ㉡ \end{cases}$

㉠$\times 2+$㉡을 하면 $5x=50$이므로 $x=10$

$x=10$을 ㉠에 대입하면 $10+y=25$이므로 $y=15$

따라서 수지가 달린 거리는 10 km이다.

11 (3) $\begin{cases} x=y+10 \\ 50x=150y \end{cases}$ 에서 $\begin{cases} x=y+10 & \cdots\cdots ㉠ \\ x=3y & \cdots\cdots ㉡ \end{cases}$

㉠을 ㉡에 대입하면 $3y=y+10$이므로

$2y=10,\ y=5$

$y=5$를 ㉡에 대입하면 $x=3\times 5=15$

12 형과 동생이 만날 때까지 동생이 달린 시간을 x분, 형이 자전거를 타고 간 시간을 y분이라 하면

$\begin{cases} x=y+5 \\ 200x=300y \end{cases}$ 에서 $\begin{cases} x=y+5 & \cdots\cdots ㉠ \\ 2x-3y=0 & \cdots\cdots ㉡ \end{cases}$

㉠을 ㉡에 대입하면 $2(y+5)-3y=0$이므로

$-y+10=0,\ y=10$

$y=10$을 ㉠에 대입하면 $x=10+5=15$

따라서 형이 학교를 출발한 지 10분 후에 동생과 형이 만난다.

---

03 농도에 관한 문제
| 99쪽 |

01 (1) $\dfrac{6}{100}x,\ \dfrac{10}{100}y,\ \dfrac{8}{100}\times 300$

(2) ① $x+y=300$ ② $\dfrac{6}{100}x+\dfrac{10}{100}y=\dfrac{8}{100}\times 300$

(3) $\begin{cases} x+y=300 \\ \dfrac{6}{100}x+\dfrac{10}{100}y=\dfrac{8}{100}\times 300 \end{cases}$

(4) $x=150,\ y=150$

(5) 6 %의 소금물의 양: 150 g, 10 %의 소금물의 양: 150 g

02 4 %의 소금물의 양: 160 g, 9 %의 소금물의 양: 240 g

03 5 g   **04** 225 g

정답과 풀이

01 (4) $\begin{cases} x+y=300 \\ \dfrac{6}{100}x+\dfrac{10}{100}y=\dfrac{8}{100}\times300 \end{cases}$ 에서

$\begin{cases} x+y=300 & \cdots\cdots\ \text{㉠} \\ 3x+5y=1200 & \cdots\cdots\ \text{㉡} \end{cases}$

㉠$\times3-$㉡을 하면 $-2y=-300$이므로 $y=150$

$y=150$을 ㉠에 대입하면 $x+150=300$이므로 $x=150$

02 4 %의 소금물의 양을 x g, 9 %의 소금물의 양을 y g이라 하면

$\begin{cases} x+y=400 \\ \dfrac{4}{100}x+\dfrac{9}{100}y=\dfrac{7}{100}\times400 \end{cases}$ 에서

$\begin{cases} x+y=400 & \cdots\cdots\ \text{㉠} \\ 4x+9y=2800 & \cdots\cdots\ \text{㉡} \end{cases}$

㉠$\times4-$㉡을 하면 $-5y=-1200$이므로 $y=240$

$y=240$을 ㉠에 대입하면 $x+240=400$이므로 $x=160$

따라서 4 %의 소금물의 양은 160 g, 9 %의 소금물의 양은 240 g이다.

03 12 %의 소금물의 양을 x g, 더 넣은 소금의 양을 y g이라 하면

$\begin{cases} x+y=110 \\ \dfrac{12}{100}x+y=\dfrac{16}{100}\times110 \end{cases}$ 에서

$\begin{cases} x+y=110 & \cdots\cdots\ \text{㉠} \\ 3x+25y=440 & \cdots\cdots\ \text{㉡} \end{cases}$

㉠$\times3-$㉡을 하면 $-22y=-110$이므로 $y=5$

$y=5$를 ㉠에 대입하면 $x+5=110$이므로 $x=105$

따라서 더 넣은 소금의 양은 5 g이다.

04 8 %의 설탕물의 양을 x g, 더 넣은 물의 양을 y g이라 하면

$\begin{cases} x+y=600 \\ \dfrac{8}{100}x=\dfrac{5}{100}\times600 \end{cases}$ 에서

$\begin{cases} x+y=600 & \cdots\cdots\ \text{㉠} \\ x=375 & \cdots\cdots\ \text{㉡} \end{cases}$

㉡을 ㉠에 대입하면 $375+y=600$이므로 $y=225$

따라서 더 넣은 물의 양은 225 g이다.

▶ 확인문제 | 100쪽 |

01 ③ **02** ⑤ **03** ③ **04** ④ **05** ④ **06** ③
07 ⑤

01 큰 수를 x, 작은 수를 y라 하면

$\begin{cases} x+y=37 & \cdots\cdots\ \text{㉠} \\ 3y-x=7 & \cdots\cdots\ \text{㉡} \end{cases}$

㉠$+$㉡을 하면 $4y=44$이므로 $y=11$

$y=11$을 ㉠에 대입하면 $x+11=37$이므로 $x=26$

따라서 두 수는 26, 11이고 그 차는 $26-11=15$이다.

02 처음 두 자리 자연수의 십의 자리의 숫자를 x, 일의 자리의 숫자를 y라 하면

$\begin{cases} x+y=10 \\ 10y+x=(10x+y)-18 \end{cases}$ 에서 $\begin{cases} x+y=10 & \cdots\cdots\ \text{㉠} \\ x-y=2 & \cdots\cdots\ \text{㉡} \end{cases}$

㉠$+$㉡을 하면 $2x=12$이므로 $x=6$

$x=6$을 ㉠에 대입하면 $6+y=10$이므로 $y=4$

따라서 처음 수는 $10\times6+4=64$

03 토끼의 수를 x, 닭의 수를 y라 하면

$\begin{cases} x+y=22 \\ 4x+2y=70 \end{cases}$ 에서 $\begin{cases} x+y=22 & \cdots\cdots\ \text{㉠} \\ 2x+y=35 & \cdots\cdots\ \text{㉡} \end{cases}$

㉠$-$㉡을 하면 $-x=-13$이므로 $x=13$

$x=13$을 ㉠에 대입하면 $13+y=22$이므로 $y=9$

따라서 토끼의 수는 13이다.

04 구입한 아이스크림을 x개, 과자를 y개라 하면

$\begin{cases} x+y=14 \\ 600x+900y=10200 \end{cases}$ 에서 $\begin{cases} x+y=14 & \cdots\cdots\ \text{㉠} \\ 2x+3y=34 & \cdots\cdots\ \text{㉡} \end{cases}$

㉠$\times2-$㉡을 하면 $-y=-6$이므로 $y=6$

$y=6$을 ㉠에 대입하면 $x+6=14$이므로 $x=8$

따라서 구입한 아이스크림은 8개이다.

05 현재 아빠의 나이를 x살, 선우의 나이를 y살이라 하면

$\begin{cases} x+y=46 \\ x+7=3(y+7) \end{cases}$ 에서 $\begin{cases} x+y=46 & \cdots\cdots\ \text{㉠} \\ x-3y=14 & \cdots\cdots\ \text{㉡} \end{cases}$

㉠$-$㉡을 하면 $4y=32$이므로 $y=8$

$y=8$을 ㉠에 대입하면 $x+8=46$이므로 $x=38$

따라서 현재 아빠의 나이는 38살이다.

06 걸어간 거리를 x km, 뛰어간 거리를 y km라 하면

$\begin{cases} x+y=4 \\ \dfrac{x}{3}+\dfrac{y}{5}=1 \end{cases}$ 에서 $\begin{cases} x+y=4 & \cdots\cdots\ \text{㉠} \\ 5x+3y=15 & \cdots\cdots\ \text{㉡} \end{cases}$

㉠$\times3-$㉡을 하면 $-2x=-3$이므로 $x=\dfrac{3}{2}$

$x=\dfrac{3}{2}$을 ㉠에 대입하면 $\dfrac{3}{2}+y=4$이므로 $y=\dfrac{5}{2}$

따라서 뛰어간 거리는 $\dfrac{5}{2}$ km, 즉 2.5 km이다.

07 3 %의 소금물의 양을 x g, 7 %의 소금물의 양을 y g이라 하면

$\begin{cases} x+y=200 \\ \dfrac{3}{100}x+\dfrac{7}{100}y=\dfrac{6}{100}\times200 \end{cases}$ 에서

$\begin{cases} x+y=200 & \cdots\cdots\ \text{㉠} \\ 3x+7y=1200 & \cdots\cdots\ \text{㉡} \end{cases}$

㉠$\times3-$㉡을 하면 $-4y=-600$이므로 $y=150$

$y=150$을 ㉠에 대입하면 $x+150=200$이므로 $x=50$

따라서 7 %의 소금물의 양은 150 g이다.

5 일차함수와 그 그래프

1. 일차함수의 뜻과 그래프

01 함수의 뜻
| 102~103쪽 |

01~07 표는 풀이 참조

| 01 ○ | 02 × | 03 ○ | 04 × | 05 ○ |
| 06 ○ | 07 ○ | | | |

08 (1)

x	1	2	3	4	5	…
y	2	4	6	8	10	…

(2) 함수이다. (3) $y=2x$

09 (1)

x	1	2	3	4	5	…
y	10	20	30	40	50	…

(2) 함수이다. (3) $y=10x$

10 (1)

x	1	2	3	4	5	…
y	5000	10000	15000	20000	25000	…

(2) 함수이다. (3) $y=5000x$

11 (1)

x	1	2	3	4	5	…
y	π	4π	9π	16π	25π	…

(2) 함수이다. (3) $y=\pi x^2$

12 (1)

x	1	2	3	4	5	…
y	90	45	30	22.5	18	…

(2) 함수이다. (3) $y=\dfrac{90}{x}$

13 ③, ⑤

01

x	1	2	3	4	5	…
y	400	800	1200	1600	2000	…

02

x	1	2	3	4	5	…
y	$-1, 1$	$-2, 2$	$-3, 3$	$-4, 4$	$-5, 5$	…

03

x	1	2	3	4	5	…
y	1	2	2	3	2	…

04

x	1	2	3	4	5	…
y	1, 2, 3, …	2, 4, 6, …	3, 6, 9, …	4, 8, 12, …	5, 10, 15, …	…

05

x	1	2	3	4	5	…
y	3	6	9	12	15	…

06

x	1	2	3	4	5	…
y	100	200	300	400	500	…

07

x	1	2	3	4	5	…
y	4	8	12	16	20	…

13 ③ $y=4x$ ⑤ $y=10x$

→ x의 값에 따라 y의 값이 하나로 정해지므로 y는 x의 함수이다.

---

02 함숫값
| 104~105쪽 |

01 4	02 0	03 -10	04 $-\dfrac{7}{2}$	05 4
06 -3	07 1	08 -6	09 3	10 $-\dfrac{2}{3}$
11 2	12 -5	13 -8	14 -2	15 $\dfrac{4}{3}$
16 4	17 5	18 -3	19 -6	20 4
21 -6	22 6	23 3	24 -1	25 -15
26 -2	27 -3	28 -2	29 -1	30 5
31 ②				

01 $f(2)=2\times2=4$

02 $f(0)=2\times0=0$

03 $f(-5)=2\times(-5)=-10$

04 $f\left(\dfrac{1}{4}\right)+f(-2)=2\times\dfrac{1}{4}+2\times(-2)=\dfrac{1}{2}+(-4)=-\dfrac{7}{2}$

05 $f(3)=\dfrac{12}{3}=4$

06 $f(-4)=\dfrac{12}{-4}=-3$

07 $\dfrac{1}{2}f(6)=\dfrac{1}{2}\times\dfrac{12}{6}=1$

08 $f(2)+f(-1)=\dfrac{12}{2}+\dfrac{12}{-1}=6+(-12)=-6$

09 $3a=9$이므로 $a=3$

10 $3a=-2$이므로 $a=-\dfrac{2}{3}$

11 $3a=6$이므로 $a=2$

12 $3a=-15$이므로 $a=-5$

13 $-\dfrac{8}{a}=1$이므로 $a=-8$

14 $-\dfrac{8}{a}=4$이므로 $a=-2$

15 $-\dfrac{8}{a}=-6$이므로 $a=\dfrac{4}{3}$

16 $-\dfrac{8}{a}=-2$이므로 $a=4$

18 $-3a=9$이므로 $a=-3$

19 $\dfrac{2}{3}a=-4$이므로 $a=-6$

20 $-2a=-8$이므로 $a=4$

21 $-a=6$이므로 $a=-6$

22 $\dfrac{a}{2}=3$이므로 $a=6$

23 $\dfrac{a}{-3}=-1$이므로 $a=3$

24 $4a=-4$이므로 $a=-1$

25 $2a=-10$이므로 $a=-5$
따라서 $f(x)=-5x$이므로 $f(3)=-5\times3=-15$

26 $-a=4$이므로 $a=-4$
따라서 $f(x)=-4x$이므로 $f\left(\dfrac{1}{2}\right)=-4\times\dfrac{1}{2}=-2$

27 $3a=9$이므로 $a=3$
따라서 $f(x)=3x$이므로 $f(-1)=3\times(-1)=-3$

28 $\dfrac{a}{4}=3$이므로 $a=12$
따라서 $f(x)=\dfrac{12}{x}$이므로 $f(-6)=\dfrac{12}{-6}=-2$

29 $-a=5$이므로 $a=-5$
따라서 $f(x)=-\dfrac{5}{x}$이므로 $f(5)=-\dfrac{5}{5}=-1$

30 $\dfrac{a}{-5}=-2$이므로 $a=10$
따라서 $f(x)=\dfrac{10}{x}$이므로 $f(2)=\dfrac{10}{2}=5$

31 $2a=-6$이므로 $a=-3$
즉 $f(x)=-3x$이므로 $f(b)=-3b=12$에서 $b=-4$
따라서 $a-b=-3-(-4)=1$

---

03 일차함수의 뜻
| 106~107쪽 |

01 ○ **02** × **03** × **04** ○ **05** ×
06 ○ **07** × **08** ○ **09** $y=600x$, ○
10 $y=x+10$, ○ **11** $y=24-x$, ○
12 $y=x^2$, × **13** $y=\dfrac{9}{x}$, ×
14 $y=5000-300x$, ○ **15** 5 **16** 1 **17** -5
18 3 **19** $\dfrac{8}{3}$ **20** 6 **21** -6 **22** -8
23 $-\dfrac{1}{2}$ **24** 1 **25** -2 **26** 12 **27** $-\dfrac{3}{2}$
28 -10 **29** 3 **30** ④

02 미지수 x가 분모에 있으므로 일차함수가 아니다.

03 이차항이 있으므로 일차함수가 아니다.

05 일차항이 없으므로 일차함수가 아니다.

06 $x+y=8$에서 $y=-x+8$이므로 일차함수이다.

07 $y+2x=2x+3y-7$에서 $y=\dfrac{7}{2}$이므로 일차함수가 아니다.

08 $x-3y=4x-2y-5$에서 $y=-3x+5$이므로 일차함수이다.

15 $f(2)=2\times2+1=5$

16 $f(0)=2\times0+1=1$

17 $f(-3)=2\times(-3)+1=-5$

18 $f(1)=-1+4=3$

19 $f\left(\dfrac{4}{3}\right)=-\dfrac{4}{3}+4=\dfrac{8}{3}$

20 $f(-2)=-(-2)+4=6$

21 $2f(6)=2\times\left(\dfrac{1}{3}\times6-5\right)=-6$

22 $f(-3)+f(9)=\left\{\dfrac{1}{3}\times(-3)-5\right\}+\left(\dfrac{1}{3}\times9-5\right)$
$\qquad\qquad\qquad=-6+(-2)=-8$

23 $f(0)-f\left(\dfrac{3}{2}\right)=\left(\dfrac{1}{3}\times0-5\right)-\left(\dfrac{1}{3}\times\dfrac{3}{2}-5\right)$
$\qquad\qquad\qquad=-5-\left(-\dfrac{9}{2}\right)=-\dfrac{1}{2}$

24 $a+1=2$에서 $a=1$

25 $-3a-4=2$에서 $-3a=6$, $a=-2$

26 $\dfrac{1}{4}a-1=2$에서 $\dfrac{1}{4}a=3$, $a=12$

27 $2a+1=-2$, $2a=-3$이므로 $a=-\dfrac{3}{2}$

28 $3\times(-1)-a=7$, $-3-a=7$이므로 $a=-10$

29 $3a-4=5$, $3a=9$이므로 $a=3$

30 $f(3)=6$이므로 $3a+b=6$ ······ ㉠

$f(-2)=1$이므로 $-2a+b=1$ ······ ㉡

㉠, ㉡을 연립하여 풀면 $a=1$, $b=3$이므로

$a+b=1+3=4$

참고 ㉠−㉡을 하면 $5a=5$이므로 $a=1$

$a=1$을 ㉠에 대입하면 $3+b=6$이므로 $b=3$

---

04 일차함수 $y=ax+b$의 그래프 (1) | 108~109쪽 |

01

x	⋯	-2	-1	0	1	2	⋯
y	⋯	-4	-2	0	2	4	⋯

02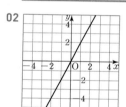

03

x	⋯	-2	-1	0	1	2	⋯
y	⋯	-5	-4	-3	-2	-1	⋯

04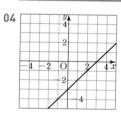

05

x	⋯	-2	-1	0	1	2	⋯
y	⋯	2	1	0	-1	-2	⋯

06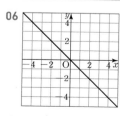

07

x	⋯	-2	-1	0	1	2	⋯
y	⋯	5	3	1	-1	-3	⋯

08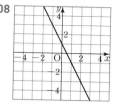

09 -1, 1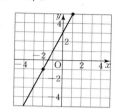

10 2, 1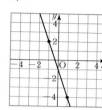

11 -1, 2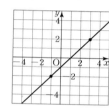

12 4, 2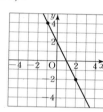

13 -5, 4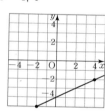

14 4, 4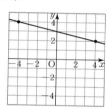

09 $y=2x+3$에서

$x=-2$를 대입하면 $y=2\times(-2)+3=-1$이므로

점 $(-2, -1)$을 지난다.

$y=5$를 대입하면 $5=2x+3$에서 $x=1$이므로

점 $(1, 5)$를 지난다.

10 $y=-3x-1$에서

$x=-1$을 대입하면 $y=-3\times(-1)-1=2$이므로

점 $(-1, 2)$를 지난다.

$y=-4$를 대입하면 $-4=-3x-1$에서 $x=1$이므로

점 $(1, -4)$를 지난다.

11 $y=x-1$에서

$y=-2$를 대입하면 $-2=x-1$에서 $x=-1$이므로

점 $(-1, -2)$를 지난다.

$x=3$을 대입하면 $y=3-1=2$이므로

점 $(3, 2)$를 지난다.

12 $y=-2x+2$에서

$x=-1$을 대입하면 $y=-2\times(-1)+2=4$이므로

점 $(-1, 4)$를 지난다.

$y=-2$를 대입하면 $-2=-2x+2$에서 $x=2$이므로
점 $(2, -2)$를 지난다.

13 $y=\dfrac{1}{2}x-4$에서

$x=-2$를 대입하면 $y=\dfrac{1}{2}\times(-2)-4=-5$이므로
점 $(-2, -5)$를 지난다.

$y=-2$를 대입하면 $-2=\dfrac{1}{2}x-4$에서 $x=4$이므로
점 $(4, -2)$를 지난다.

14 $y=-\dfrac{1}{4}x+3$에서

$x=-4$를 대입하면 $y=-\dfrac{1}{4}\times(-4)+3=4$이므로
점 $(-4, 4)$를 지난다.

$y=2$를 대입하면 $2=-\dfrac{1}{4}x+3$에서 $x=4$이므로
점 $(4, 2)$를 지난다.

05 일차함수 $y=ax+b$의 그래프 (2) | 110~111쪽 |

01 6	**02** -2	**03** 5	**04** 2	**05** $\dfrac{1}{3}$
06 $-\dfrac{3}{5}$				
07~08		**09~10**		

11 3	**12** -6	**13** 5	**14** -4
15 $y=x+4$		**16** $y=-\dfrac{2}{5}x-3$	
17 $y=4x+6$		**18** $y=-2x-4$	
19 $y=\dfrac{2}{3}x+4$		**20** $y=7x+3$	**21** ⑤

17 $y=4x+1+5$, 즉 $y=4x+6$

18 $y=-2x-3+(-1)$, 즉 $y=-2x-4$

19 $y=\dfrac{2}{3}x-2+6$, 즉 $y=\dfrac{2}{3}x+4$

20 $y=7x+5+(-2)$, 즉 $y=7x+3$

21 일차함수 $y=3x+4$의 그래프를 y축의 방향으로 -3만큼 평행
이동한 그래프를 나타내는 식은
$y=3x+4+(-3)$, 즉 $y=3x+1$
따라서 $a=3$, $b=1$이므로 $ab=3$

06 일차함수 $y=ax+b$의 그래프 위의 점 | 112~114쪽 |

01 ○	**02** ×	**03** ×	**04** ○	**05** ×
06 ○	**07** ○	**08** ×	**09** -1	**10** 2
11 1	**12** -1	**13** -4	**14** -10	**15** -1
16 1	**17** $-\dfrac{1}{2}$	**18** -8	**19** 14	**20** 3
21 6	**22** ④	**23** ○	**24** ×	**25** ×
26 ○	**27** ○	**28** ×	**29** ×	**30** ○
31 $y=x+3$		**32** 2	**33** $y=-4x+5$	
34 1	**35** $y=\dfrac{3}{4}x+2$		**36** -8	
37 $y=-\dfrac{1}{2}x-3$		**38** -5	**39** $y=-5x-7$	
40 3	**41** ④			

01 $y=4x+2$에 $x=1$, $y=6$을 대입하면
$6=4\times1+2$
따라서 점 $(1, 6)$은 주어진 그래프 위의 점이다.

02 $y=4x+2$에 $x=0$, $y=-2$를 대입하면
$-2\ne4\times0+2$
따라서 점 $(0, -2)$는 주어진 그래프 위의 점이 아니다.

03 $y=4x+2$에 $x=-1$, $y=2$를 대입하면
$2\ne4\times(-1)+2$
따라서 점 $(-1, 2)$는 주어진 그래프 위의 점이 아니다.

04 $y=4x+2$에 $x=-2$, $y=-6$을 대입하면
$-6=4\times(-2)+2$
따라서 점 $(-2, -6)$은 주어진 그래프 위의 점이다.

05 $y=-x-3$에 $x=2$, $y=1$을 대입하면
$1\ne-2-3$
따라서 점 $(2, 1)$은 주어진 그래프 위의 점이 아니다.

06 $y=-x-3$에 $x=-1$, $y=-2$를 대입하면
$-2=-(-1)-3$
따라서 점 $(-1, -2)$는 주어진 그래프 위의 점이다.

07 $y=-x-3$에 $x=0$, $y=-3$을 대입하면
$-3=0-3$
따라서 점 $(0, -3)$은 주어진 그래프 위의 점이다.

08 $y=-x-3$에 $x=3$, $y=0$을 대입하면
$0\ne-3-3$
따라서 점 $(3, 0)$은 주어진 그래프 위의 점이 아니다.

09 $y=5x+2$에 $x=a$, $y=-3$을 대입하면
$-3=5a+2$, $5a=-5$이므로 $a=-1$

10 $y=\dfrac{3}{4}x-1$에 $x=4$, $y=a$를 대입하면
$a=\dfrac{3}{4}\times4-1=2$

11 $y=-4x+3$에 $x=\frac{1}{2}$, $y=a$를 대입하면

$a=-4\times\frac{1}{2}+3=1$

12 $y=-x-6$에 $x=-5$, $y=a$를 대입하면

$a=-(-5)-6=-1$

13 $y=x+7$에 $x=a$, $y=3$을 대입하면

$3=a+7$이므로 $a=-4$

14 $y=\frac{4}{3}x-2$에 $x=-6$, $y=a$를 대입하면

$a=\frac{4}{3}\times(-6)-2=-10$

15 $y=-\frac{1}{2}x-5$에 $x=-8$, $y=a$를 대입하면

$a=-\frac{1}{2}\times(-8)-5=-1$

16 $y=ax-3$에 $x=-1$, $y=-4$를 대입하면

$-4=-a-3$이므로 $a=1$

17 $y=ax-6$에 $x=2$, $y=-7$을 대입하면

$-7=2a-6$이므로 $a=-\frac{1}{2}$

18 $y=-ax+7$에 $x=-2$, $y=-9$를 대입하면

$-9=2a+7$이므로 $a=-8$

19 $y=-3x+a$에 $x=4$, $y=2$를 대입하면

$2=-12+a$이므로 $a=14$

20 $y=\frac{1}{4}x-a$에 $x=8$, $y=-1$을 대입하면

$-1=\frac{1}{4}\times8-a$이므로 $a=3$

21 $y=5x-a$에 $x=1$, $y=-1$을 대입하면

$-1=5-a$이므로 $a=6$

22 $y=-2x+9$에 $x=2a$, $y=-a$를 대입하면

$-a=-4a+9$이므로 $3a=9$, $a=3$

23 $y=\frac{1}{2}x-3$에 $x=2$, $y=-2$를 대입하면

$-2=\frac{1}{2}\times2-3$

따라서 점 $(2, -2)$는 주어진 그래프 위의 점이다.

24 $y=\frac{1}{2}x-3$에 $x=-1$, $y=3$을 대입하면

$3\neq\frac{1}{2}\times(-1)-3$

따라서 점 $(-1, 3)$은 주어진 그래프 위의 점이 아니다.

25 $y=\frac{1}{2}x-3$에 $x=-2$, $y=-3$을 대입하면

$-3\neq\frac{1}{2}\times(-2)-3$

따라서 점 $(-2, -3)$은 주어진 그래프 위의 점이 아니다.

26 $y=\frac{1}{2}x-3$에 $x=6$, $y=0$을 대입하면

$0=\frac{1}{2}\times6-3$

따라서 점 $(6, 0)$은 주어진 그래프 위의 점이다.

27 $y=-3x$의 그래프를 y축의 방향으로 5만큼 평행이동한 그래프를 나타내는 식은 $y=-3x+5$

$y=-3x+5$에 $x=1$, $y=2$를 대입하면

$2=-3\times1+5$

따라서 점 $(1, 2)$는 주어진 그래프 위의 점이다.

28 $y=-3x+5$에 $x=-3$, $y=-4$를 대입하면

$-4\neq-3\times(-3)+5$

따라서 점 $(-3, -4)$는 주어진 그래프 위의 점이 아니다.

29 $y=-3x+5$에 $x=-2$, $y=6$을 대입하면

$6\neq-3\times(-2)+5$

따라서 점 $(-2, 6)$은 주어진 그래프 위의 점이 아니다.

30 $y=-3x+5$에 $x=4$, $y=-7$을 대입하면

$-7=-3\times4+5$

따라서 점 $(4, -7)$은 주어진 그래프 위의 점이다.

32 $y=x+3$에 $x=a$, $y=5$를 대입하면

$5=a+3$이므로 $a=2$

34 $y=-4x+5$에 $x=1$, $y=a$를 대입하면

$a=-4\times1+5=1$

36 $y=\frac{3}{4}x+2$에 $x=a$, $y=-4$를 대입하면

$-4=\frac{3}{4}a+2$이므로 $\frac{3}{4}a=-6$, $a=-8$

38 $y=-\frac{1}{2}x-3$에 $x=4$, $y=a$를 대입하면

$a=-\frac{1}{2}\times4-3=-5$

40 $y=-5x-7$에 $x=-2$, $y=a$를 대입하면

$a=-5\times(-2)-7=3$

41 $y=-3x+2$의 그래프를 y축의 방향으로 -5만큼 평행이동한 그래프를 나타내는 식은 $y=-3x-3$

$y=-3x-3$에 각 점의 좌표를 대입하면

① $9=-3\times(-4)-3$ 　　② $3=-3\times(-2)-3$

③ $0=-3\times(-1)-3$ 　　④ $6\neq-3\times1-3$

⑤ $-12=-3\times3-3$

따라서 그래프 위의 점이 아닌 것은 ④이다.

확인문제 | 115쪽 |

01 ④, ⑤ 02 ④ 03 ② 04 ② 05 ③ 06 ⑤

01 ④ $y=|x|$이므로 x의 값에 따라 y의 값이 하나로 정해지므로 y는 x의 함수이다.

⑤ $y=300-x$이므로 x의 값에 따라 y의 값이 하나로 정해지므로 y는 x의 함수이다.

02 $f(3)=-2$에서 $3a=-2$이므로 $a=-\dfrac{2}{3}$

즉 $f(x)=-\dfrac{2}{3}x$, $f(b)=4$에서

$-\dfrac{2}{3}b=4$이므로 $b=-6$

따라서 $ab=-\dfrac{2}{3}\times(-6)=4$

03 ② $2x-y+1=0$에서 $y=2x+1$이므로 일차함수이다.

⑤ $2x-3y=3(x-y)+5$를 정리하면 $x+5=0$이므로 일차함수가 아니다.

04 $y=-\dfrac{2}{3}x+1$에서 $x=-3$을 대입하면

$y=-\dfrac{2}{3}\times(-3)+1=3$이므로 그래프는 점 $(-3,\ 3)$을 지난다.

또 $x=3$을 대입하면 $y=-\dfrac{2}{3}\times3+1=-1$이므로 그래프는 점 $(3,\ -1)$을 지난다.

따라서 $y=-\dfrac{2}{3}x+1$의 그래프는 두 점 $(-3,\ 3)$, $(3,\ -1)$을 지나므로 ②이다.

05 $y=4x+1$에 각 점의 좌표를 대입하면

① $-7=4\times(-2)+1$ 　　② $-3=4\times(-1)+1$

③ $4\neq4\times1+1$ 　　④ $9=4\times2+1$

⑤ $13=4\times3+1$

따라서 그래프 위의 점이 아닌 것은 ③이다.

06 $y=5x+k$의 그래프를 y축의 방향으로 -4만큼 평행이동한 그래프를 나타내는 식은 $y=5x+k-4$

$y=5x+k-4$에 $x=-2$, $y=-9$를 대입하면

$-9=5\times(-2)+k-4$, $-9=k-14$이므로 $k=5$

2. 일차함수의 그래프의 절편과 기울기

01 일차함수의 그래프의 x절편과 y절편 | 116~117쪽 |

01 x절편: -2, y절편: -4 　02 x절편: -2, y절편: 2

03 x절편: 3, y절편: -1 　04 x절편: 4, y절편: 3

05 x절편: -1, y절편: 2 　06 x절편: -3, y절편: -4

07 x절편: 2, y절편: 6 　08 x절편: 4, y절편: -8

09 x절편: 2, y절편: 10 　10 x절편: -3, y절편: 3

11 x절편: -3, y절편: -9 　12 x절편: -14, y절편: 7

13 x절편: -8, y절편: -6 　14 2

15 $\dfrac{1}{2}$ 　16 4 　17 $\dfrac{1}{3}$ 　18 -3 　19 $-\dfrac{1}{2}$

20 ③

07 $y=-3x+6$에 $y=0$을 대입하면

$0=-3x+6$이므로 $x=2$

또 $x=0$을 대입하면 $y=6$

따라서 x절편은 2, y절편은 6이다.

08 $y=2x-8$에 $y=0$을 대입하면

$0=2x-8$이므로 $x=4$

또 $x=0$을 대입하면 $y=-8$

따라서 x절편은 4, y절편은 -8이다.

09 $y=-5x+10$에 $y=0$을 대입하면

$0=-5x+10$이므로 $x=2$

또 $x=0$을 대입하면 $y=10$

따라서 x절편은 2, y절편은 10이다.

10 $y=x+3$에 $y=0$을 대입하면

$0=x+3$이므로 $x=-3$

또 $x=0$을 대입하면 $y=3$

따라서 x절편은 -3, y절편은 3이다.

11 $y=-3x-9$에 $y=0$을 대입하면

$0=-3x-9$이므로 $x=-3$

또 $x=0$을 대입하면 $y=-9$

따라서 x절편은 -3, y절편은 -9이다.

12 $y=\dfrac{1}{2}x+7$에 $y=0$을 대입하면

$0=\dfrac{1}{2}x+7$이므로 $x=-14$

또 $x=0$을 대입하면 $y=7$

따라서 x절편은 -14, y절편은 7이다.

13 $y=-\dfrac{3}{4}x-6$에 $y=0$을 대입하면

$0=-\dfrac{3}{4}x-6$이므로 $x=-8$

또 $x=0$을 대입하면 $y=-6$

따라서 x절편은 -8, y절편은 -6이다.

14 $y=ax-4$에 $x=2$, $y=0$을 대입하면
$0=2a-4$이므로 $a=2$

15 $y=-ax+1$에 $x=2$, $y=0$을 대입하면
$0=-2a+1$이므로 $a=\dfrac{1}{2}$

16 $y=-2x+a$에 $x=2$, $y=0$을 대입하면
$0=-4+a$이므로 $a=4$

17 $y=ax+1$에 $x=-3$, $y=0$을 대입하면
$0=-3a+1$이므로 $a=\dfrac{1}{3}$

18 $y=-x+a$에 $x=-3$, $y=0$을 대입하면
$0=-(-3)+a$이므로 $a=-3$

19 $y=2ax-3$에 $x=-3$, $y=0$을 대입하면
$0=-6a-3$이므로 $a=-\dfrac{1}{2}$

20 그래프의 x절편과 y절편을 각각 구하면 다음과 같다.
① x절편: -1, y절편: -2
② x절편: $-\dfrac{1}{2}$, y절편: -1
③ x절편: -2, y절편: -2
④ x절편: -2, y절편: 2
⑤ x절편: -1, y절편: 2
따라서 x절편과 y절편이 같은 것은 ③이다.

02 x절편과 y절편을 이용하여 일차함수의 그래프 그리기

| 118~119쪽 |

01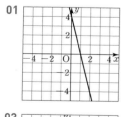

02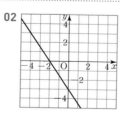

03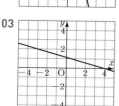

04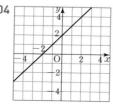

05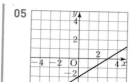

06 x절편: -3, y절편: 3
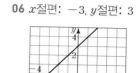

07 x절편: -1, y절편: -3
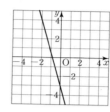

08 x절편: -4, y절편: 1
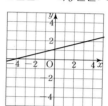

09 x절편: 2, y절편: 2
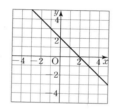

10 x절편: -2, y절편: 5
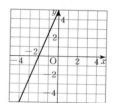

11 x절편: -3, y절편: -2
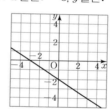

12 ③

06 $y=x+3$에 $y=0$을 대입하면 $0=x+3$이므로 $x=-3$
즉 x절편은 -3
또 $x=0$을 대입하면 $y=3$, 즉 y절편은 3
따라서 그래프는 두 점 $(-3, 0)$, $(0, 3)$을 지난다.

07 $y=-3x-3$에 $y=0$을 대입하면 $0=-3x-3$이므로 $x=-1$
즉 x절편은 -1
또 $x=0$을 대입하면 $y=-3$, 즉 y절편은 -3
따라서 그래프는 두 점 $(-1, 0)$, $(0, -3)$을 지난다.

08 $y=\dfrac{1}{4}x+1$에 $y=0$을 대입하면 $0=\dfrac{1}{4}x+1$이므로 $x=-4$
즉 x절편은 -4
또 $x=0$을 대입하면 $y=1$, 즉 y절편은 1
따라서 그래프는 두 점 $(-4, 0)$, $(0, 1)$을 지난다.

09 $y=-x+2$에 $y=0$을 대입하면 $0=-x+2$이므로 $x=2$
즉 x절편은 2
또 $x=0$을 대입하면 $y=2$, 즉 y절편은 2
따라서 그래프는 두 점 $(2, 0)$, $(0, 2)$를 지난다.

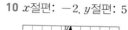

10 $y=\dfrac{5}{2}x+5$에 $y=0$을 대입하면

$0=\dfrac{5}{2}x+5$이므로 $x=-2$, 즉 x절편은 -2

또 $x=0$을 대입하면 $y=5$, 즉 y절편은 5

따라서 그래프는 두 점 $(-2,\,0)$, $(0,\,5)$를 지난다.

11 $y=-\dfrac{2}{3}x-2$에 $y=0$을 대입하면

$0=-\dfrac{2}{3}x-2$이므로 $x=-3$, 즉 x절편은 -3

또 $x=0$을 대입하면 $y=-2$, 즉 y절편은 -2

따라서 그래프는 두 점 $(-3,\,0)$, $(0,\,-2)$를 지난다.

12 $y=x+1$에 $y=0$을 대입하면

$0=x+1$이므로 $x=-1$, 즉 x절편은 -1

또 $x=0$을 대입하면 $y=1$, 즉 y절편은 1

따라서 그래프는 두 점 $(-1,\,0)$, $(0,\,1)$

을 지나므로 오른쪽 그림과 같다.

03 일차함수의 그래프와 좌표축으로 둘러싸인 도형의 넓이 | 120쪽 |

01 x절편: -2, y절편: 4, 넓이: 4

02 x절편: 3, y절편: -3, 넓이: $\dfrac{9}{2}$

03 x절편: -3, y절편: -5, 넓이: $\dfrac{15}{2}$

04 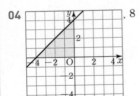 , 8

05 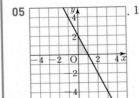 , 1

06 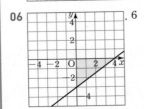 , 6

01 x절편은 -2이고 y절편은 4이므로 삼각형의 넓이는

$\dfrac{1}{2}\times|-2|\times|4|=4$

02 x절편은 3이고 y절편은 -3이므로 삼각형의 넓이는

$\dfrac{1}{2}\times|3|\times|-3|=\dfrac{9}{2}$

03 x절편은 -3이고 y절편은 -5이므로 삼각형의 넓이는

$\dfrac{1}{2}\times|-3|\times|-5|=\dfrac{15}{2}$

04 $y=x+4$에 $y=0$을 대입하면 $0=x+4$이므로 $x=-4$

즉 x절편은 -4

또 $x=0$을 대입하면 $y=4$, 즉 y절편은 4

따라서 삼각형의 넓이는 $\dfrac{1}{2}\times|-4|\times|4|=8$

05 $y=-2x+2$에 $y=0$을 대입하면 $0=-2x+2$이므로 $x=1$

즉 x절편은 1

또 $x=0$을 대입하면 $y=2$, 즉 y절편은 2

따라서 삼각형의 넓이는 $\dfrac{1}{2}\times|1|\times|2|=1$

06 $y=\dfrac{3}{4}x-3$에 $y=0$을 대입하면 $0=\dfrac{3}{4}x-3$이므로 $x=4$

즉 x절편은 4

또 $x=0$을 대입하면 $y=-3$, 즉 y절편은 -3

따라서 삼각형의 넓이는 $\dfrac{1}{2}\times|4|\times|-3|=6$

04 일차함수의 그래프의 기울기 | 121~124쪽 |

01

x	$\cdots$	-2	-1	0	1	2	$\cdots$
y	$\cdots$	-3	-1	1	3	5	$\cdots$

기울기: 2

02

x	$\cdots$	-2	-1	0	1	2	$\cdots$
y	$\cdots$	10	7	4	1	-2	$\cdots$

기울기: -3

03

x	$\cdots$	-2	-1	0	1	2	$\cdots$
y	$\cdots$	3	-1	-5	-9	-13	$\cdots$

기울기: -4

04

x	$\cdots$	-2	-1	0	1	2	$\cdots$
y	$\cdots$	-11	-5	1	7	13	$\cdots$

기울기: 6

<table>
<tr><td>05</td><td>x</td><td>…</td><td>−2</td><td>−1</td><td>0</td><td>1</td><td>2</td><td>…</td></tr>
<tr><td></td><td>y</td><td>…</td><td>13</td><td>8</td><td>3</td><td>−2</td><td>−7</td><td>…</td></tr>
</table>

기울기: −5

<table>
<tr><td>06</td><td>x</td><td>…</td><td>−2</td><td>−1</td><td>0</td><td>1</td><td>2</td><td>…</td></tr>
<tr><td></td><td>y</td><td>…</td><td>−9</td><td>−8</td><td>−7</td><td>−6</td><td>−5</td><td>…</td></tr>
</table>

기울기: 1

<table>
<tr><td>07</td><td>x</td><td>…</td><td>−2</td><td>−1</td><td>0</td><td>1</td><td>2</td><td>…</td></tr>
<tr><td></td><td>y</td><td>…</td><td>−4</td><td>−6</td><td>−8</td><td>−10</td><td>−12</td><td>…</td></tr>
</table>

기울기: −2

08 3	09 $-\dfrac{1}{4}$	10 $\dfrac{4}{3}$	11 $\dfrac{1}{2}$	12 1
13 −4	14 $-\dfrac{3}{5}$	15 1	16 −2	17 3
18 −6	19 $\dfrac{5}{2}$	20 $-\dfrac{1}{6}$	21 $\dfrac{3}{5}$	22 6
23 −8	24 −6	25 2	26 3	27 5
28 −10	29 $\dfrac{5}{4}$	30 $-\dfrac{7}{5}$	31 3	32 −2
33 1	34 $-\dfrac{9}{5}$	35 3	36 15	37 6
38 5	39 12	40 ⑤		

08 x의 값이 1만큼 증가할 때, y의 값은 3만큼 증가하므로
(기울기)$=\dfrac{3}{1}=3$

09 x의 값이 4만큼 증가할 때, y의 값은 1만큼 감소하므로
(기울기)$=-\dfrac{1}{4}$

10 x의 값이 3만큼 증가할 때, y의 값은 4만큼 증가하므로
(기울기)$=\dfrac{4}{3}$

11 x의 값이 4만큼 증가할 때, y의 값은 2만큼 증가하므로
(기울기)$=\dfrac{2}{4}=\dfrac{1}{2}$

12 x의 값이 4만큼 증가할 때, y의 값은 4만큼 증가하므로
(기울기)$=\dfrac{4}{4}=1$

13 x의 값이 1만큼 증가할 때, y의 값은 4만큼 감소하므로
(기울기)$=\dfrac{-4}{1}=-4$

14 x의 값이 5만큼 증가할 때, y의 값은 3만큼 감소하므로
(기울기)$=-\dfrac{3}{5}$

22 기울기는 2이므로 $\dfrac{(y\text{의 값의 증가량})}{3}=2$에서
(y의 값의 증가량)$=6$

23 기울기는 −4이므로 $\dfrac{(y\text{의 값의 증가량})}{2}=-4$에서
(y의 값의 증가량)$=-8$

24 x의 값의 증가량은 $3-1=2$이고 기울기가 −3이므로
$\dfrac{(y\text{의 값의 증가량})}{2}=-3$에서 ($y$의 값의 증가량)$=-6$

25 x의 값의 증가량은 $9-1=8$이고 기울기가 $\dfrac{1}{4}$이므로
$\dfrac{(y\text{의 값의 증가량})}{8}=\dfrac{1}{4}$에서 ($y$의 값의 증가량)$=2$

26 기울기는 6이므로 $\dfrac{18}{(x\text{의 값의 증가량})}=6$에서
(x의 값의 증가량)$=3$

27 기울기는 $\dfrac{1}{5}$이므로 $\dfrac{1}{(x\text{의 값의 증가량})}=\dfrac{1}{5}$에서
(x의 값의 증가량)$=5$

28 y의 값의 증가량은 $7-5=2$이고 기울기가 $-\dfrac{1}{5}$이므로
$\dfrac{2}{(x\text{의 값의 증가량})}=-\dfrac{1}{5}$에서 ($x$의 값의 증가량)$=-10$

29 (기울기)$=\dfrac{-2-(-7)}{3-(-1)}=\dfrac{5}{4}$

30 (기울기)$=\dfrac{-2-5}{2-(-3)}=-\dfrac{7}{5}$

31 (기울기)$=\dfrac{9-6}{4-3}=3$

32 (기울기)$=\dfrac{-3-5}{5-1}=\dfrac{-8}{4}=-2$

33 (기울기)$=\dfrac{-4-(-7)}{-1-(-4)}=\dfrac{3}{3}=1$

34 (기울기)$=\dfrac{-3-6}{2-(-3)}=-\dfrac{9}{5}$

35 (기울기)$=\dfrac{7-3}{a-1}=2$이므로
$4=2(a-1)$에서 $4=2a-2$, $a=3$

36 (기울기)$=\dfrac{9-a}{4-2}=-3$이므로
$9-a=-6$에서 $a=15$

37 (기울기)$=\dfrac{a-(-2)}{-4-(-6)}=4$이므로
$a+2=8$에서 $a=6$

38 (기울기)$=\dfrac{8-5}{a-(-1)}=\dfrac{1}{2}$이므로
$a+1=6$에서 $a=5$

39 (기울기)$=\dfrac{6-a}{5-(-3)}=-\dfrac{3}{4}$이므로

$4(6-a)=-24$에서 $24-4a=-24$, $a=12$

40 두 점 $(3, 2)$, $(5, 8)$을 지나는 일차함수의 그래프의 기울기는

$\dfrac{8-2}{5-3}=3$

따라서 기울기가 3인 것은 ⑤이다.

05 기울기와 y절편을 이용하여 일차함수의 그래프 그리기
| 125~126쪽 |

01
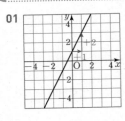

02
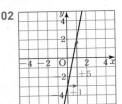

03
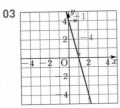

04
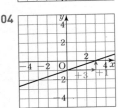

05
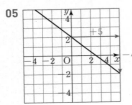

06 기울기: 3, y절편: -2
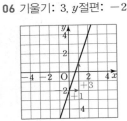

07 기울기: -2, y절편: 5
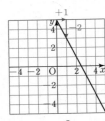

08 기울기: 4, y절편: 1
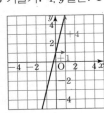

09 기울기: $-\dfrac{2}{3}$, y절편: -1
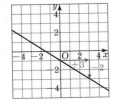

10 기울기: $\dfrac{1}{4}$, y절편: 2
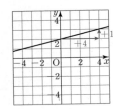

11 기울기: $-\dfrac{1}{2}$, y절편: 3　　**12** ②
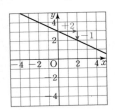

01 점 $(0, 1)$에서 x의 값이 1만큼 증가할 때, y의 값은 2만큼 증가하므로 그래프는 두 점 $(0, 1)$, $(1, 3)$을 지난다.

02 점 $(0, -3)$에서 x의 값이 1만큼 증가할 때, y의 값은 5만큼 증가하므로 그래프는 두 점 $(0, -3)$, $(1, 2)$를 지난다.

03 점 $(0, 4)$에서 x의 값이 1만큼 증가할 때, y의 값은 4만큼 감소하므로 그래프는 두 점 $(0, 4)$, $(1, 0)$을 지난다.

04 점 $(0, -1)$에서 x의 값이 3만큼 증가할 때, y의 값은 1만큼 증가하므로 그래프는 두 점 $(0, -1)$, $(3, 0)$을 지난다.

05 점 $(0, 2)$에서 x의 값이 5만큼 증가할 때, y의 값은 4만큼 감소하므로 그래프는 두 점 $(0, 2)$, $(5, -2)$를 지난다.

06 $y=3x-2$에서 기울기는 3이고, y절편은 -2이다.
이때 점 $(0, -2)$에서 x의 값이 1만큼 증가할 때, y의 값은 3만큼 증가하므로 그래프는 두 점 $(0, -2)$, $(1, 1)$을 지난다.

07 $y=-2x+5$에서 기울기는 -2이고, y절편은 5이다.
이때 점 $(0, 5)$에서 x의 값이 1만큼 증가할 때, y의 값은 2만큼 감소하므로 그래프는 두 점 $(0, 5)$, $(1, 3)$을 지난다.

08 $y=4x+1$에서 기울기는 4이고, y절편은 1이다.
이때 점 $(0, 1)$에서 x의 값이 1만큼 증가할 때, y의 값은 4만큼 증가하므로 그래프는 두 점 $(0, 1)$, $(1, 5)$를 지난다.

09 $y=-\dfrac{2}{3}x-1$에서 기울기는 $-\dfrac{2}{3}$이고, y절편은 -1이다.
이때 점 $(0, -1)$에서 x의 값이 3만큼 증가할 때, y의 값은 2만큼 감소하므로 그래프는 두 점 $(0, -1)$, $(3, -3)$을 지난다.

10 $y=\dfrac{1}{4}x+2$에서 기울기는 $\dfrac{1}{4}$이고, y절편은 2이다.
이때 점 $(0, 2)$에서 x의 값이 4만큼 증가할 때, y의 값은 1만큼 증가하므로 그래프는 두 점 $(0, 2)$, $(4, 3)$을 지난다.

11 $y=-\dfrac{1}{2}x+3$에서 기울기는 $-\dfrac{1}{2}$이고, y절편은 3이다.
이때 점 $(0, 3)$에서 x의 값이 2만큼 증가할 때, y의 값은 1만큼 감소하므로 그래프는 두 점 $(0, 3)$, $(2, 2)$를 지난다.

12 $y=2x-1$에서 기울기는 2이고, y절편은
-1이다. 즉 그래프는 두 점 $(0, -1)$,
$(1, 1)$을 지나므로 오른쪽 그림과 같다.
따라서 그래프는 제2사분면을 지나지 않
는다.

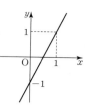

🔖 확인문제

| 127쪽 |

01 ② **02** ④ **03** ① **04** ③ **05** ③ **06** ①

01 $y=-3x+4$에 $y=0$을 대입하면

$0=-3x+4$이므로 $x=\dfrac{4}{3}$, 즉 x절편은 $\dfrac{4}{3}$

또 $x=0$을 대입하면 $y=4$, 즉 y절편은 4

따라서 $a=\dfrac{4}{3}$, $b=4$이므로

$\dfrac{b}{a}=4\times\dfrac{3}{4}=3$

02 $y=2x+7$에 $y=0$을 대입하면

$0=2x+7$이므로 $x=-\dfrac{7}{2}$, 즉 x절편은 $-\dfrac{7}{2}$

또 $x=0$을 대입하면 $y=7$, 즉 y절편은 7

따라서 그래프와 x축, y축으로 둘러싸인 삼각형의 넓이는

$\dfrac{1}{2}\times\left|-\dfrac{7}{2}\right|\times|7|=\dfrac{49}{4}$

03 $y=\dfrac{2}{5}x-2$에 $y=0$을 대입하면

$0=\dfrac{2}{5}x-2$이므로 $x=5$, 즉 x절편은 5

또 $x=0$을 대입하면 $y=-2$, 즉 y절편은 -2

따라서 $y=\dfrac{2}{5}x-2$의 그래프는 오른쪽 그
림과 같다.

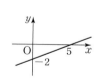

04 x의 값이 2만큼 증가할 때, y의 값은 3만큼 감소하는 그래프의
기울기는

$(기울기)=\dfrac{(y의\ 값의\ 증가량)}{(x의\ 값의\ 증가량)}=-\dfrac{3}{2}$

따라서 기울기가 $-\dfrac{3}{2}$인 것은 ③이다.

05 $(기울기)=\dfrac{-4-6}{3-(-2)}=\dfrac{-10}{5}=-2$

06 두 점 $(1, a)$, $(4, 6)$을 지나는 일차함수의 그래프의 기울기가
3이므로

$\dfrac{6-a}{4-1}=3$에서 $6-a=9$, $-a=3$

따라서 $a=-3$

3. 일차함수의 그래프의 성질과 활용

01 일차함수의 그래프의 성질

| 128~131쪽 |

01
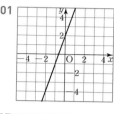
02 양수
03 위
04 증가
05 양수
06 양

07
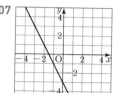
08 음수
09 아래
10 감소
11 음수
12 음

13 ㄱ, ㄷ, ㅁ **14** ㄴ, ㄹ, ㅂ **15** ㄴ, ㄹ, ㅂ
16 ㄱ, ㄷ, ㅁ **17** ㄱ, ㄹ, ㅂ **18** ㄴ, ㄷ, ㅁ
19 ㄱ, ㄹ, ㅂ **20** ㄴ, ㅁ, ㅂ **21** ㄱ, ㄷ, ㄹ
22 ㄱ, ㄷ, ㄹ **23** ㄱ, ㅁ **24** ㄴ, ㄷ, ㄹ, ㅂ
25 ③ **26** $a<0$, $b<0$ **27** $a<0$, $b>0$
28 $a>0$, $b<0$ **29** $a>0$, $b<0$ **30** $a<0$, $b>0$
31 $a<0$, $b<0$ **32** $a>0$, $b>0$

33
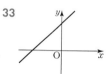

39 ②

25 ① $y=\dfrac{3}{4}x-9$에 $x=-4$, $y=-12$를 대입하면

$-12=\dfrac{3}{4}\times(-4)-9$

따라서 그래프는 점 $(-4, -12)$를 지난다.

② 기울기가 $\dfrac{3}{4}$이므로 그래프는 오른쪽 위로 향한다.

③ y절편이 -9이므로 y축과 음의 부분에서 만난다.

④ $y=\dfrac{3}{4}x-9$에 $y=0$을 대입하면 $0=\dfrac{3}{4}x-9$에서 $x=12$

즉 x절편은 12이다.
따라서 옳지 않은 것은 ③이다.

26 그래프가 오른쪽 아래로 향하므로 $a<0$
y축과 음의 부분에서 만나므로 $b<0$

27 그래프가 오른쪽 아래로 향하므로 $a<0$
y축과 양의 부분에서 만나므로 $b>0$

28 그래프가 오른쪽 위로 향하므로 $a>0$
y축과 음의 부분에서 만나므로 $b<0$

29 그래프가 오른쪽 위로 향하므로 $a>0$
y축과 양의 부분에서 만나므로 $-b>0$, 즉 $b<0$

30 그래프가 오른쪽 아래로 향하므로 $a<0$
y축과 음의 부분에서 만나므로 $-b<0$, 즉 $b>0$

31 그래프가 오른쪽 아래로 향하므로 $a<0$
y축과 양의 부분에서 만나므로 $-b>0$, 즉 $b<0$

32 그래프가 오른쪽 위로 향하므로 $a>0$
y축과 음의 부분에서 만나므로 $-b<0$, 즉 $b>0$

33 (기울기)$=a>0$이므로 그래프는 오른쪽 위로 향하고
(y절편)$=b>0$이므로 y축과 양의 부분에서 만난다.

34 (기울기)$=a<0$이므로 그래프는 오른쪽 아래로 향하고
(y절편)$=b>0$이므로 y축과 양의 부분에서 만난다.

35 (기울기)$=a<0$이므로 그래프는 오른쪽 아래로 향하고
(y절편)$=b<0$이므로 y축과 음의 부분에서 만난다.

36 $y=ax+b$에서 기울기는 a이고, y절편은 b이다.
(기울기)$=a<0$이므로 그래프는 오른쪽 아래로 향하고
(y절편)$=b>0$이므로 y축과 양의 부분에서 만난다.

37 $y=ax-b$에서 기울기는 a이고, y절편은 $-b$이다.
(기울기)$=a<0$이므로 그래프는 오른쪽 아래로 향하고
(y절편)$=-b<0$이므로 y축과 음의 부분에서 만난다.

38 $y=-ax+b$에서 기울기는 $-a$이고, y절편은 b이다.
(기울기)$=-a>0$이므로 그래프는 오른쪽 위로 향하고
(y절편)$=b>0$이므로 y축과 양의 부분에서 만난다.

39 $y=-ax-b$에서 기울기는 $-a$이고, y절편은 $-b$이다.
(기울기)$=-a>0$이므로 그래프는 오른쪽 위로 향하고 (y절편)$=-b<0$이므로 y축과 음의 부분에서 만나므로 그래프는 오른쪽 그림과 같다.
따라서 제2사분면을 지나지 않는다.

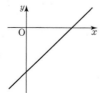

---

02 일차함수의 그래프의 평행 · 일치 | 132~133쪽 |

01 평	02 평	03 일	04 평	05 일
06 평	07 ㄱ, ㄹ	08 ㄴ, ㅂ	09 ㅁ	10 ㄷ
11 3	12 -4	13 -2	14 $\frac{1}{2}$	15 3
16 4	17 $a=-3$, $b=-7$		18 $a=-\frac{1}{2}$, $b=5$	
19 $a=3$, $b=2$		20 $a=2$, $b=-1$		
21 $a=\frac{1}{2}$, $b=-8$		22 ③		

03 $y=2(x-2)=2x-4$이므로 두 그래프가 일치한다.

04 $y=\frac{1}{3}(x-6)=\frac{1}{3}x-2$이므로 두 그래프가 평행하다.

05 $y=-(5x+1)=-5x-1$이므로 두 그래프가 일치한다.

06 $y=2\left(\frac{3}{2}x-1\right)=3x-2$, $y=3\left(x-\frac{1}{3}\right)=3x-1$이므로 두 그래프가 평행하다.

08 ㄴ. $y=-3\left(x-\frac{2}{3}\right)=-3x+2$이므로 ㅂ과 일치한다.

09 주어진 그래프의 기울기는 $\frac{3}{4}$이고 y절편은 3이므로 ㅁ과 평행하다.

10 주어진 그래프의 기울기는 $-\frac{2}{5}$이고 y절편이 2이므로 ㄷ과 일치한다.

13 두 그래프가 서로 평행하려면 기울기가 같아야 하므로
$-a=2$, 즉 $a=-2$

14 두 그래프가 서로 평행하려면 기울기가 같아야 하므로
$-\frac{1}{2}=-a$, 즉 $a=\frac{1}{2}$

15 $y=3(x-2)=3x-6$
두 그래프가 서로 평행하려면 기울기가 같아야 하므로 $a=3$

16 $y=\frac{4}{3}(3x-9)=4x-12$
두 그래프가 서로 평행하려면 기울기가 같아야 하므로 $a=4$

17 두 그래프가 일치하려면 기울기와 y절편이 각각 같아야 하므로
$a=-3$, $7=-b$
따라서 $a=-3$, $b=-7$

18 두 그래프가 일치하려면 기울기와 y절편이 각각 같아야 하므로
$\frac{1}{2}=-a$, $5=b$
따라서 $a=-\frac{1}{2}$, $b=5$

19 두 그래프가 일치하려면 기울기와 y절편이 각각 같아야 하므로
$\dfrac{a}{3}=1,\ -2=-b$
따라서 $a=3,\ b=2$

20 두 그래프가 일치하려면 기울기와 y절편이 각각 같아야 하므로
$2a=4,\ -b=1$
따라서 $a=2,\ b=-1$

21 두 그래프가 일치하려면 기울기와 y절편이 각각 같아야 하므로
$-\dfrac{5}{2}=-5a,\ -8=b$
따라서 $a=\dfrac{1}{2},\ b=-8$

22 두 그래프가 일치하려면 기울기와 y절편이 각각 같아야 하므로
$a=-6,\ b=-\dfrac{1}{3}$
따라서 $ab=(-6)\times\left(-\dfrac{1}{3}\right)=2$

03 기울기와 y절편을 알 때, 일차함수의 식 구하기
| 134~135쪽 |

01 $y=-5x+3$	**02** $y=\dfrac{3}{7}x-2$	**03** $y=-\dfrac{1}{5}x-7$
04 $y=6x+1$	**05** $y=-\dfrac{1}{2}x+5$	**06** $y=4x-8$
07 $y=2x+3$	**08** $y=3x-5$	**09** $y=-\dfrac{4}{3}x-1$
10 $y=3x+2$	**11** $y=-\dfrac{3}{5}x+8$	**12** $y=\dfrac{3}{2}x-3$
13 $y=2x+1$	**14** $y=-3x-4$	**15** $y=4x+5$
16 $y=-\dfrac{1}{5}x-3$	**17** $y=\dfrac{1}{2}x+6$	**18** $y=-\dfrac{4}{5}x-1$
19 $y=2x+2$	**20** $y=-x-5$	**21** $y=4x-8$
22 $y=-\dfrac{1}{3}x+7$	**23** ②	

07 (기울기)$=\dfrac{8}{4}=2$이므로 구하는 일차함수의 식은
$y=2x+3$

08 (기울기)$=\dfrac{3}{1}=3$이므로 구하는 일차함수의 식은
$y=3x-5$

09 (기울기)$=-\dfrac{4}{3}$이므로 구하는 일차함수의 식은
$y=-\dfrac{4}{3}x-1$

10 (기울기)$=\dfrac{6}{2}=3$이므로 구하는 일차함수의 식은
$y=3x+2$

11 (기울기)$=-\dfrac{3}{5}$이므로 구하는 일차함수의 식은
$y=-\dfrac{3}{5}x+8$

12 (기울기)$=\dfrac{9}{6}=\dfrac{3}{2}$이므로 구하는 일차함수의 식은
$y=\dfrac{3}{2}x-3$

19 주어진 그래프가 두 점 $(-2,\ 0),\ (0,\ 4)$를 지나므로
(기울기)$=\dfrac{4-0}{0-(-2)}=2$
따라서 구하는 일차함수의 식은 $y=2x+2$

20 주어진 그래프가 두 점 $(-3,\ 0),\ (0,\ -3)$을 지나므로
(기울기)$=\dfrac{-3-0}{0-(-3)}=-1$
따라서 구하는 일차함수의 식은 $y=-x-5$

21 주어진 그래프가 두 점 $(1,\ 0),\ (0,\ -4)$를 지나므로
(기울기)$=\dfrac{-4-0}{0-1}=4$
따라서 구하는 일차함수의 식은 $y=4x-8$

22 주어진 그래프가 두 점 $(6,\ 0),\ (0,\ 2)$를 지나므로
(기울기)$=\dfrac{2-0}{0-6}=-\dfrac{1}{3}$
따라서 구하는 일차함수의 식은 $y=-\dfrac{1}{3}x+7$

23 기울기가 1이고 y절편이 -3인 직선을 그래프로 하는 일차함수의 식은 $y=x-3$
$y=x-3$에 $x=a,\ y=2$를 대입하면
$2=a-3$이므로 $a=5$

04 기울기와 한 점을 알 때, 일차함수의 식 구하기
| 136~137쪽 |

01 $y=3x-7$	**02** $y=-4x-14$	**03** $y=5x-1$
04 $y=-\dfrac{2}{3}x+3$	**05** $y=\dfrac{1}{2}x+1$	**06** $y=-7x-3$
07 $y=3x-3$	**08** $y=-4x+1$	**09** $y=2x-4$
10 $y=-3x+9$	**11** $y=x-1$	**12** $y=-\dfrac{2}{5}x+10$
13 $y=3x-5$	**14** $y=-x+1$	**15** $y=2x+3$
16 $y=-\dfrac{3}{4}x+4$	**17** $y=\dfrac{1}{5}x-2$	**18** $y=-\dfrac{1}{2}x-4$
19 $y=\dfrac{1}{3}x+4$	**20** $y=-5x-7$	**21** $y=\dfrac{3}{2}x-6$
22 $y=-\dfrac{7}{4}x+1$	**23** ②	

01 구하는 일차함수의 식을 $y=3x+b$라 놓자.
$y=3x+b$에 $x=2$, $y=-1$을 대입하면
$-1=3\times2+b$이므로 $b=-7$
따라서 $y=3x-7$

02 구하는 일차함수의 식을 $y=-4x+b$라 놓자.
$y=-4x+b$에 $x=-3$, $y=-2$를 대입하면
$-2=-4\times(-3)+b$이므로 $b=-14$
따라서 $y=-4x-14$

03 구하는 일차함수의 식을 $y=5x+b$라 놓자.
$y=5x+b$에 $x=1$, $y=4$를 대입하면
$4=5\times1+b$이므로 $b=-1$
따라서 $y=5x-1$

04 구하는 일차함수의 식을 $y=-\dfrac{2}{3}x+b$라 놓자.
$y=-\dfrac{2}{3}x+b$에 $x=-3$, $y=5$를 대입하면
$5=-\dfrac{2}{3}\times(-3)+b$이므로 $b=3$
따라서 $y=-\dfrac{2}{3}x+3$

05 구하는 일차함수의 식을 $y=\dfrac{1}{2}x+b$라 놓자.
$y=\dfrac{1}{2}x+b$에 $x=6$, $y=4$를 대입하면
$4=\dfrac{1}{2}\times6+b$이므로 $b=1$
따라서 $y=\dfrac{1}{2}x+1$

06 구하는 일차함수의 식을 $y=-7x+b$라 놓자.
$y=-7x+b$에 $x=-1$, $y=4$를 대입하면
$4=-7\times(-1)+b$이므로 $b=-3$
따라서 $y=-7x-3$

07 (기울기)$=\dfrac{6}{2}=3$이므로 일차함수의 식을 $y=3x+b$라 놓자.
$y=3x+b$에 $x=2$, $y=3$을 대입하면
$3=3\times2+b$에서 $b=-3$
따라서 $y=3x-3$

08 (기울기)$=\dfrac{-4}{1}=-4$이므로 일차함수의 식을 $y=-4x+b$라 놓자.
$y=-4x+b$에 $x=1$, $y=-3$을 대입하면
$-3=-4\times1+b$에서 $b=1$
따라서 $y=-4x+1$

09 (기울기)$=\dfrac{8}{4}=2$이므로 일차함수의 식을 $y=2x+b$라 놓자.
$y=2x+b$에 $x=5$, $y=6$을 대입하면
$6=2\times5+b$에서 $b=-4$
따라서 $y=2x-4$

10 (기울기)$=\dfrac{-9}{3}=-3$이므로 일차함수의 식을 $y=-3x+b$라 놓자.
$y=-3x+b$에 $x=3$, $y=0$을 대입하면
$0=-3\times3+b$에서 $b=9$
따라서 $y=-3x+9$

11 (기울기)$=1$이므로 일차함수의 식을 $y=x+b$라 놓자.
$y=x+b$에 $x=-6$, $y=-7$을 대입하면
$-7=1\times(-6)+b$에서 $b=-1$
따라서 $y=x-1$

12 (기울기)$=-\dfrac{2}{5}$이므로 일차함수의 식을 $y=-\dfrac{2}{5}x+b$라 놓자.
$y=-\dfrac{2}{5}x+b$에 $x=5$, $y=8$을 대입하면
$8=-\dfrac{2}{5}\times5+b$에서 $b=10$
따라서 $y=-\dfrac{2}{5}x+10$

13 기울기가 3이므로 일차함수의 식을 $y=3x+b$라 놓자.
$y=3x+b$에 $x=2$, $y=1$을 대입하면
$1=3\times2+b$에서 $b=-5$
따라서 $y=3x-5$

14 기울기가 -1이므로 일차함수의 식을 $y=-x+b$라 놓자.
$y=-x+b$에 $x=-4$, $y=5$를 대입하면
$5=-1\times(-4)+b$에서 $b=1$
따라서 $y=-x+1$

15 기울기가 2이므로 일차함수의 식을 $y=2x+b$라 놓자.
$y=2x+b$에 $x=-3$, $y=-3$을 대입하면
$-3=2\times(-3)+b$에서 $b=3$
따라서 $y=2x+3$

16 기울기가 $-\dfrac{3}{4}$이므로 일차함수의 식을 $y=-\dfrac{3}{4}x+b$라 놓자.
$y=-\dfrac{3}{4}x+b$에 $x=4$, $y=1$을 대입하면
$1=-\dfrac{3}{4}\times4+b$에서 $b=4$
따라서 $y=-\dfrac{3}{4}x+4$

17 기울기가 $\dfrac{1}{5}$이므로 일차함수의 식을 $y=\dfrac{1}{5}x+b$라 놓자.
$y=\dfrac{1}{5}x+b$에 $x=10$, $y=0$을 대입하면
$0=\dfrac{1}{5}\times10+b$에서 $b=-2$
따라서 $y=\dfrac{1}{5}x-2$

18 기울기가 $-\dfrac{1}{2}$이므로 일차함수의 식을 $y=-\dfrac{1}{2}x+b$라 놓자.
$y=-\dfrac{1}{2}x+b$에 $x=-6$, $y=-1$을 대입하면

$-1=-\dfrac{1}{2}\times(-6)+b$에서 $b=-4$

따라서 $y=-\dfrac{1}{2}x-4$

19 주어진 그래프가 두 점 $(3,0)$, $(0,-1)$을 지나므로

$(기울기)=\dfrac{-1-0}{0-3}=\dfrac{1}{3}$

구하는 일차함수의 식을 $y=\dfrac{1}{3}x+b$라 놓자.

$y=\dfrac{1}{3}x+b$에 $x=3$, $y=5$를 대입하면

$5=\dfrac{1}{3}\times3+b$에서 $b=4$

따라서 $y=\dfrac{1}{3}x+4$

20 주어진 그래프가 두 점 $(1,0)$, $(0,5)$를 지나므로

$(기울기)=\dfrac{5-0}{0-1}=-5$

구하는 일차함수의 식을 $y=-5x+b$라 놓자.

$y=-5x+b$에 $x=-1$, $y=-2$를 대입하면

$-2=-5\times(-1)+b$에서 $b=-7$

따라서 $y=-5x-7$

21 주어진 그래프가 두 점 $(-2,0)$, $(0,3)$을 지나므로

$(기울기)=\dfrac{3-0}{0-(-2)}=\dfrac{3}{2}$

구하는 일차함수의 식을 $y=\dfrac{3}{2}x+b$라 놓자.

$y=\dfrac{3}{2}x+b$에 $x=4$, $y=0$을 대입하면

$0=\dfrac{3}{2}\times4+b$에서 $b=-6$

따라서 $y=\dfrac{3}{2}x-6$

22 주어진 그래프가 두 점 $(-4,0)$, $(0,-7)$을 지나므로

$(기울기)=\dfrac{-7-0}{0-(-4)}=-\dfrac{7}{4}$

구하는 일차함수의 식을 $y=-\dfrac{7}{4}x+b$라 놓자.

$y=-\dfrac{7}{4}x+b$에 $x=4$, $y=-6$을 대입하면

$-6=-\dfrac{7}{4}\times4+b$에서 $b=1$

따라서 $y=-\dfrac{7}{4}x+1$

23 기울기가 2이므로 일차함수의 식을 $y=2x+b$라 놓자.

$y=2x+b$에 $x=-2$, $y=-3$을 대입하면

$-3=2\times(-2)+b$에서 $b=1$

따라서 $y=2x+1$에 $y=0$을 대입하면

$0=2x+1$이므로 $x=-\dfrac{1}{2}$, 즉 x절편은 $-\dfrac{1}{2}$

05 두 점을 알 때, 일차함수의 식 구하기 | 138~139쪽 |

01 두 점 $(-3,-2)$, $(1,6)$을 지나므로

$(기울기)=\dfrac{6-(-2)}{1-(-3)}=2$

일차함수의 식을 $y=2x+b$라 놓자.

$y=2x+b$에 $x=1$, $y=6$을 대입하면

$6=2\times1+b$에서 $b=4$

따라서 $y=2x+4$

02 두 점 $(1,1)$, $(3,-7)$을 지나므로

$(기울기)=\dfrac{-7-1}{3-1}=-4$

일차함수의 식을 $y=-4x+b$라 놓자.

$y=-4x+b$에 $x=1$, $y=1$을 대입하면

$1=-4\times1+b$에서 $b=5$

따라서 $y=-4x+5$

03 두 점 $(-5,-3)$, $(-1,1)$을 지나므로

$(기울기)=\dfrac{1-(-3)}{-1-(-5)}=1$

일차함수의 식을 $y=x+b$라 놓자.

$y=x+b$에 $x=-1$, $y=1$을 대입하면

$1=-1+b$에서 $b=2$

따라서 $y=x+2$

04 두 점 $(2,-7)$, $(4,-3)$을 지나므로

$(기울기)=\dfrac{-3-(-7)}{4-2}=2$

일차함수의 식을 $y=2x+b$라 놓자.

$y=2x+b$에 $x=2$, $y=-7$을 대입하면

$-7=2\times2+b$에서 $b=-11$

따라서 $y=2x-11$

05 두 점 $(3,4)$, $(6,-2)$를 지나므로

$(기울기)=\dfrac{-2-4}{6-3}=-2$

일차함수의 식을 $y=-2x+b$라 놓자.

$y=-2x+b$에 $x=3$, $y=4$를 대입하면

$4=-2\times3+b$에서 $b=10$

따라서 $y=-2x+10$

06 두 점 $(1, 6)$, $(4, -3)$을 지나므로

(기울기)$=\dfrac{-3-6}{4-1}=-3$

일차함수의 식을 $y=-3x+b$라 놓자.

$y=-3x+b$에 $x=1$, $y=6$을 대입하면

$6=-3\times1+b$에서 $b=9$

따라서 $y=-3x+9$

07 두 점 $(-6, -2)$, $(-4, 8)$을 지나므로

(기울기)$=\dfrac{8-(-2)}{-4-(-6)}=5$

일차함수의 식을 $y=5x+b$라 놓자.

$y=5x+b$에 $x=-6$, $y=-2$를 대입하면

$-2=5\times(-6)+b$에서 $b=28$

따라서 $y=5x+28$

08 두 점 $(2, 3)$, $(6, 9)$를 지나므로

(기울기)$=\dfrac{9-3}{6-2}=\dfrac{3}{2}$

일차함수의 식을 $y=\dfrac{3}{2}x+b$라 놓자.

$y=\dfrac{3}{2}x+b$에 $x=2$, $y=3$을 대입하면

$3=\dfrac{3}{2}\times2+b$에서 $b=0$

따라서 $y=\dfrac{3}{2}x$

09 두 점 $(-7, 3)$, $(1, -5)$를 지나므로

(기울기)$=\dfrac{-5-3}{1-(-7)}=-1$

일차함수의 식을 $y=-x+b$라 놓자.

$y=-x+b$에 $x=1$, $y=-5$를 대입하면

$-5=-1+b$에서 $b=-4$

따라서 $y=-x-4$

10 두 점 $(-2, -1)$, $(3, 4)$를 지나므로

(기울기)$=\dfrac{4-(-1)}{3-(-2)}=1$

일차함수의 식을 $y=x+b$라 놓자.

$y=x+b$에 $x=3$, $y=4$를 대입하면

$4=3+b$에서 $b=1$

따라서 $y=x+1$

11 두 점 $(-1, 6)$, $(2, -3)$을 지나므로

(기울기)$=\dfrac{-3-6}{2-(-1)}=-3$

일차함수의 식을 $y=-3x+b$라 놓자.

$y=-3x+b$에 $x=-1$, $y=6$을 대입하면

$6=-3\times(-1)+b$에서 $b=3$

따라서 $y=-3x+3$

12 두 점 $(2, -2)$, $(3, 3)$을 지나므로

(기울기)$=\dfrac{3-(-2)}{3-2}=5$

일차함수의 식을 $y=5x+b$라 놓자.

$y=5x+b$에 $x=2$, $y=-2$를 대입하면

$-2=5\times2+b$에서 $b=-12$

따라서 $y=5x-12$

13 두 점 $(-5, 2)$, $(-3, -2)$를 지나므로

(기울기)$=\dfrac{-2-2}{-3-(-5)}=-2$

일차함수의 식을 $y=-2x+b$라 놓자.

$y=-2x+b$에 $x=-5$, $y=2$를 대입하면

$2=-2\times(-5)+b$에서 $b=-8$

따라서 $y=-2x-8$

14 두 점 $(-2, -3)$, $(1, 9)$를 지나므로

(기울기)$=\dfrac{9-(-3)}{1-(-2)}=4$

일차함수의 식을 $y=4x+b$라 놓자.

$y=4x+b$에 $x=-2$, $y=-3$을 대입하면

$-3=4\times(-2)+b$에서 $b=5$

따라서 $y=4x+5$

15 두 점 $(-3, 5)$, $(6, -1)$을 지나므로

(기울기)$=\dfrac{-1-5}{6-(-3)}=-\dfrac{2}{3}$

일차함수의 식을 $y=-\dfrac{2}{3}x+b$라 놓자.

$y=-\dfrac{2}{3}x+b$에 $x=-3$, $y=5$를 대입하면

$5=-\dfrac{2}{3}\times(-3)+b$에서 $b=3$

따라서 $y=-\dfrac{2}{3}x+3$

16 두 점 $(-4, -2)$, $(3, 1)$을 지나므로

(기울기)$=\dfrac{1-(-2)}{3-(-4)}=\dfrac{3}{7}$

일차함수의 식을 $y=\dfrac{3}{7}x+b$라 놓자.

$y=\dfrac{3}{7}x+b$에 $x=3$, $y=1$을 대입하면

$1=\dfrac{3}{7}\times3+b$에서 $b=-\dfrac{2}{7}$

따라서 $y=\dfrac{3}{7}x-\dfrac{2}{7}$

17 두 점 $(2, 3)$, $(6, 11)$을 지나므로

(기울기)$=\dfrac{11-3}{6-2}=2$

일차함수의 식을 $y=2x+b$라 놓자.

$y=2x+b$에 $x=2$, $y=3$을 대입하면

$3=2\times2+b$에서 $b=-1$

즉 $y=2x-1$이므로 y절편은 -1

따라서 y축과 만나는 점의 좌표는 $(0, -1)$이다.

06 x절편과 y절편을 알 때, 일차함수의 식 구하기

| 140~141쪽 |

01 $y=-x-3$	**02** $y=\dfrac{2}{5}x-2$	**03** $y=\dfrac{7}{4}x+7$
04 $y=-8x+8$	**05** $y=-2x-4$	**06** $y=\dfrac{3}{4}x+3$
07 $y=\dfrac{1}{2}x-1$	**08** $y=-\dfrac{3}{2}x+9$	**09** $y=-\dfrac{5}{3}x-5$
10 $y=-2x+8$	**11** $y=\dfrac{1}{2}x-2$	**12** $y=-\dfrac{1}{3}x+1$
13 $y=\dfrac{5}{2}x+5$	**14** $y=-\dfrac{3}{4}x-3$	**15** $y=6x+6$
16 $y=-\dfrac{1}{5}x-1$	**17** $y=\dfrac{2}{7}x-2$	**18** ③

01 두 점 $(-3, 0)$, $(0, -3)$을 지나므로

(기울기)$=\dfrac{-3-0}{0-(-3)}=-1$

따라서 구하는 일차함수의 식은 $y=-x-3$

02 두 점 $(5, 0)$, $(0, -2)$를 지나므로

(기울기)$=\dfrac{-2-0}{0-5}=\dfrac{2}{5}$

따라서 구하는 일차함수의 식은 $y=\dfrac{2}{5}x-2$

03 두 점 $(-4, 0)$, $(0, 7)$을 지나므로

(기울기)$=\dfrac{7-0}{0-(-4)}=\dfrac{7}{4}$

따라서 구하는 일차함수의 식은 $y=\dfrac{7}{4}x+7$

04 두 점 $(1, 0)$, $(0, 8)$을 지나므로

(기울기)$=\dfrac{8-0}{0-1}=-8$

따라서 구하는 일차함수의 식은 $y=-8x+8$

05 두 점 $(-2, 0)$, $(0, -4)$를 지나므로

(기울기)$=\dfrac{-4-0}{0-(-2)}=-2$

따라서 구하는 일차함수의 식은 $y=-2x-4$

06 (기울기)$=\dfrac{3-0}{0-(-4)}=\dfrac{3}{4}$이고 y절편은 3이므로

구하는 일차함수의 식은 $y=\dfrac{3}{4}x+3$

07 (기울기)$=\dfrac{-1-0}{0-2}=\dfrac{1}{2}$이고 y절편은 -1이므로

구하는 일차함수의 식은 $y=\dfrac{1}{2}x-1$

08 (기울기)$=\dfrac{9-0}{0-6}=-\dfrac{3}{2}$이고 y절편은 9이므로

구하는 일차함수의 식은 $y=-\dfrac{3}{2}x+9$

09 (기울기)$=\dfrac{-5-0}{0-(-3)}=-\dfrac{5}{3}$이고 y절편은 -5이므로

구하는 일차함수의 식은 $y=-\dfrac{5}{3}x-5$

10 (기울기)$=\dfrac{8-0}{0-4}=-2$이고 y절편은 8이므로

구하는 일차함수의 식은 $y=-2x+8$

11 두 점 $(4, 0)$, $(0, -2)$를 지나므로

(기울기)$=\dfrac{-2-0}{0-4}=\dfrac{1}{2}$이고 y절편은 -2이다.

따라서 구하는 일차함수의 식은 $y=\dfrac{1}{2}x-2$

12 두 점 $(3, 0)$, $(0, 1)$을 지나므로

(기울기)$=\dfrac{1-0}{0-3}=-\dfrac{1}{3}$이고 y절편은 1이다.

따라서 구하는 일차함수의 식은 $y=-\dfrac{1}{3}x+1$

13 두 점 $(-2, 0)$, $(0, 5)$를 지나므로

(기울기)$=\dfrac{5-0}{0-(-2)}=\dfrac{5}{2}$이고 y절편은 5이다.

따라서 구하는 일차함수의 식은 $y=\dfrac{5}{2}x+5$

14 두 점 $(-4, 0)$, $(0, -3)$을 지나므로

(기울기)$=\dfrac{-3-0}{0-(-4)}=-\dfrac{3}{4}$이고 y절편은 -3이다.

따라서 구하는 일차함수의 식은 $y=-\dfrac{3}{4}x-3$

15 두 점 $(-1, 0)$, $(0, 6)$을 지나므로

(기울기)$=\dfrac{6-0}{0-(-1)}=6$이고 y절편은 6이다.

따라서 구하는 일차함수의 식은 $y=6x+6$

16 두 점 $(-5, 0)$, $(0, -1)$을 지나므로

(기울기)$=\dfrac{-1-0}{0-(-5)}=-\dfrac{1}{5}$이고 y절편은 -1이다.

따라서 구하는 일차함수의 식은 $y=-\dfrac{1}{5}x-1$

17 두 점 $(7, 0)$, $(0, -2)$를 지나므로

(기울기)$=\dfrac{-2-0}{0-7}=\dfrac{2}{7}$이고 y절편은 -2이다.

따라서 구하는 일차함수의 식은 $y=\dfrac{2}{7}x-2$

18 두 점 $(2, 0)$, $(0, -6)$을 지나므로

(기울기)$=\dfrac{-6-0}{0-2}=3$이고 y절편은 -6이다.

구하는 일차함수의 식은 $y=3x-6$

① $-15=3\times(-3)-6$ ② $-12=3\times(-2)-6$

③ $-6\neq3\times(-1)-6$ ④ $-3=3\times1-6$

⑤ $3=3\times3-6$

따라서 직선 $y=3x-6$ 위에 있지 않은 점은 ③이다.

07 일차함수의 활용
| 142~145쪽 |

01 (1)
x(분)	0	1	2	3	4	…
y(cm)	30	28	26	24	22	…

(2) $2x$ cm (3) $y=30-2x$ (4) 4 cm (5) 15분

02 (1) $y=3x+15$ (2) 27 cm (3) 12개

03 (1) $y=12x+150$ (2) 246 cm (3) 15년

04 (1) $-6x$ ℃ (2) $y=28-6x$ (3) -8 ℃ (4) 5 km

05 (1) $y=5x+30$ (2) 55 ℃ (3) 14분

06 (1) $y=80-2x$ (2) 40 ℃ (3) 22분

07 (1) 2 L (2) $2x$ L (3) $y=2x+20$ (4) 44 L (5) 140분

08 (1) $y=60-4x$ (2) 48 L (3) 15분

09 (1) $y=100-0.4x$ (2) 28 L (3) 250 km

10 (1) $60x$ km (2) $y=240-60x$ (3) 120 km (4) 3시간

(5) 4시간

11 (1) $y=16-8x$ (2) 12 km (3) 2시간

12 (1) $y=90-3x$ (2) 54 m (3) 30초

01 (4) $y=30-2x$에 $x=13$을 대입하면

$y=30-2\times13=4$

따라서 13분 후 양초의 길이는 4 cm이다.

(5) $y=30-2x$에 $y=0$을 대입하면

$0=30-2x$에서 $x=15$

따라서 양초가 완전히 타는 데 걸리는 시간은 15분이다.

02 (1) 추 x개를 매달았을 때 늘어난 길이는 $3x$ cm이므로

$y=3x+15$

(2) $y=3x+15$에 $x=4$를 대입하면

$y=3\times4+15=27$

따라서 추 4개를 매달았을 때 용수철의 길이는 27 cm이다.

(3) $y=3x+15$에 $y=51$을 대입하면

$51=3x+15$, $3x=36$이므로 $x=12$

따라서 용수철의 길이가 51 cm일 때 매달려 있는 추는 모두 12개이다.

03 (1) 10년에 120 cm씩 자라므로 1년에 12 cm씩 자란다.

따라서 x년 후 나무가 자란 높이는 $12x$ cm이므로

$y=12x+150$

(2) $y=12x+150$에 $x=8$을 대입하면

$y=12\times8+150=246$

따라서 8년 후 나무의 높이는 246 cm이다.

(3) $y=12x+150$에 $y=330$을 대입하면

$330=12x+150$, $12x=180$이므로 $x=15$

따라서 나무의 높이가 330 cm가 되는 것은 15년 후이다.

04 (3) $y=28-6x$에 $x=6$을 대입하면

$y=28-6\times6=-8$

따라서 지면으로부터 높이가 6 km인 지점의 기온은 -8 ℃이다.

(4) $y=28-6x$에 $y=-2$를 대입하면

$-2=28-6x$, $6x=30$이므로 $x=5$

따라서 기온이 -2 ℃인 지점은 지면으로부터 5 km 높이이다.

05 (1) $y=$ (처음 온도)$+$ (x분 후 올라간 온도)이므로

$y=5x+30$

(2) $y=5x+30$에 $x=5$를 대입하면

$y=5\times5+30=55$

따라서 5분 후 물의 온도는 55 ℃이다.

(3) $y=5x+30$에 $y=100$을 대입하면

$100=5x+30$, $5x=70$이므로 $x=14$

따라서 물의 온도가 100 ℃가 되는 것은 14분 후이다.

06 (1) 2분마다 4 ℃씩 물의 온도가 내려가므로 1분마다 2 ℃씩 물의 온도가 내려간다.

따라서 x분마다 $2x$ ℃씩 물의 온도가 내려가므로

$y=80-2x$

(2) $y=80-2x$에 $x=20$을 대입하면

$y=80-2\times20=40$

따라서 20분 후 물의 온도는 40 ℃이다.

(3) $y=80-2x$에 $y=36$을 대입하면

$36=80-2x$, $2x=44$이므로 $x=22$

따라서 물의 온도가 36 ℃가 되는 것은 22분 후이다.

07 (4) $y=2x+20$에 $x=12$를 대입하면

$y=2\times12+20=44$

따라서 12분 후 물탱크에 들어 있는 물의 양은 44 L이다.

(5) $y=2x+20$에 $y=300$을 대입하면

$300=2x+20$, $2x=280$이므로 $x=140$

따라서 물탱크에 물을 가득 채우는 데 걸리는 시간은 140분이다.

08 (2) $y=60-4x$에 $x=3$을 대입하면

$y=60-4\times3=48$

따라서 3분 후 물탱크에 들어 있는 물의 양은 48 L이다.

(3) $y=60-4x$에 $y=0$을 대입하면

$0=60-4x$, $4x=60$이므로 $x=15$

따라서 물탱크에서 물을 모두 빼내는 데 걸리는 시간은 15분이다.

09 (1) 10 km를 가는 데 4 L의 연료를 사용하므로 1 km를 가는
데 0.4 L의 연료를 사용한다.

따라서 x km를 가는 데 $0.4x$ L의 연료를 사용하므로

$y=100-0.4x$

(2) $y=100-0.4x$에 $x=180$을 대입하면

$y=100-0.4\times180=28$

따라서 180 km를 달린 후 남은 연료의 양은 28 L이다.

(3) $y=100-0.4x$에 $y=0$을 대입하면

$0=100-0.4x$, $4x=1000$이므로 $x=250$

따라서 자동차는 250 km까지 달릴 수 있다.

10 (3) $y=240-60x$에 $x=2$를 대입하면

$y=240-60\times2=120$

따라서 2시간 후 남은 거리는 120 km이다.

(4) $y=240-60x$에 $y=60$을 대입하면

$60=240-60x$, $60x=180$이므로 $x=3$

따라서 남은 거리가 60 km일 때 걸린 시간은 3시간이다.

(5) $y=240-60x$에 $y=0$을 대입하면

$0=240-60x$, $60x=240$이므로 $x=4$

따라서 B 지점에 도착할 때까지 걸린 시간은 4시간이다.

11 (2) (30분)$=\left(\dfrac{1}{2}시간\right)$이므로 $y=16-8x$에 $x=\dfrac{1}{2}$ 을 대입하면

$y=16-8\times\dfrac{1}{2}=12$

따라서 30분 후 남은 거리는 12 km이다.

(3) $y=16-8x$에 $y=0$을 대입하면

$0=16-8x$이므로 $x=2$

따라서 도서관에 도착할 때까지 걸린 시간은 2시간이다.

12 (2) $y=90-3x$에 $x=12$를 대입하면

$y=90-3\times12=54$

따라서 12초 후 엘리베이터의 높이는 54 m이다.

(3) $y=90-3x$에 $y=0$을 대입하면

$0=90-3x$이므로 $x=30$

따라서 엘리베이터가 지상에 도착할 때까지 걸린 시간은 30
초이다.

확인문제

| 146쪽 |

01 ⑤ **02** ② **03** ④ **04** ③ **05** ④ **06** ①

01 ③ $y=-\dfrac{1}{3}x+4$에 $y=0$을 대입하면

$0=-\dfrac{1}{3}x+4$, $x=12$

따라서 x축과 만나는 점의 좌표는 $(12, 0)$이다.

---

④ $y=-\dfrac{1}{3}x+4$에 $x=3$, $y=3$을 대입하면

$3=-\dfrac{1}{3}\times3+4$

따라서 $y=-\dfrac{1}{3}x+4$의 그래프는 점 $(3, 3)$을 지난다.

⑤ $y=-\dfrac{1}{3}x+4$의 그래프는 오른쪽

그림과 같으므로 제3사분면을 지나

지 않는다.

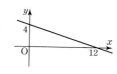

따라서 옳지 않은 것은 ⑤이다.

02 $y=-ax+b$의 그래프가 오른쪽 아래로 향하므로

(기울기)$=-a<0$, 즉 $a>0$

또 y축과 음의 부분에서 만나므로 (y절편)$=b<0$

03 $a<0$, $b<0$이므로 일차함수 $y=ax-b$에서

(기울기)$=a<0$, (y절편)$=-b>0$

따라서 일차함수 $y=ax-b$의 그래프로 알맞은 것은 ④이다.

04 ② $y=\dfrac{1}{4}(2x-4)=\dfrac{1}{2}x-1$

③ $y=\dfrac{1}{4}(x-8)=\dfrac{1}{4}x-2$

④ $y=-4(x+2)=-4x-8$

따라서 일차함수 $y=\dfrac{1}{4}x+5$의 그래프와 평행한 그래프는 기

울기가 $\dfrac{1}{4}$이므로 ③이다.

05 주어진 그래프는 두 점 $(-2, 0)$, $(0, 3)$을 지나므로

(기울기)$=\dfrac{3-0}{0-(-2)}=\dfrac{3}{2}$

따라서 구하는 일차함수의 식은 $y=\dfrac{3}{2}x-2$

$y=\dfrac{3}{2}x-2$에 $y=0$을 대입하면 $0=\dfrac{3}{2}x-2$에서 $x=\dfrac{4}{3}$

따라서 x절편은 $\dfrac{4}{3}$이다.

06 주어진 표에서 처음 양초의 길이는 20 cm이고, 1분마다 3 cm
씩 줄어들므로 $y=20-3x$

$y=20-3x$에 $x=6$을 대입하면

$y=20-3\times6=2$

따라서 6분 후 남은 양초의 길이는 2 cm이다.

6 일차함수와 일차방정식

1. 일차함수와 일차방정식

01 미지수가 2개인 일차방정식의 그래프 | 148쪽 |

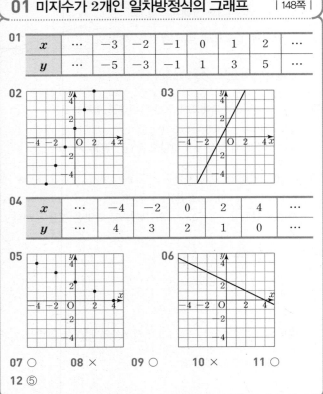

01

x	...	-3	-2	-1	0	1	2	...
y	...	-5	-3	-1	1	3	5	...

04

x	...	-4	-2	0	2	4	...
y	...	4	3	2	1	0	...

07 ○ **08** × **09** ○ **10** × **11** ○
12 ⑤

07 $3x-y-5=0$에 $x=1$, $y=-2$를 대입하면
$3\times1-(-2)-5=0$
따라서 점 $(1, -2)$는 그래프 위의 점이다.

08 $3x-y-5=0$에 $x=2$, $y=-1$을 대입하면
$3\times2-(-1)-5=2\neq0$
따라서 점 $(2, -1)$은 그래프 위의 점이 아니다.

09 $3x-y-5=0$에 $x=-1$, $y=-8$을 대입하면
$3\times(-1)-(-8)-5=0$
따라서 점 $(-1, -8)$은 그래프 위의 점이다.

10 $3x-y-5=0$에 $x=-3$, $y=4$를 대입하면
$3\times(-3)-4-5=-18\neq0$
따라서 점 $(-3, 4)$는 그래프 위의 점이 아니다.

11 $3x-y-5=0$에 $x=-2$, $y=-11$을 대입하면
$3\times(-2)-(-11)-5=0$
따라서 점 $(-2, -11)$은 그래프 위의 점이다.

12 $ax-y+2=0$에 $x=-1$, $y=-3$을 대입하면
$a\times(-1)-(-3)+2=0$
$-a+5=0$이므로 $a=5$

02 일차함수와 일차방정식의 관계 | 149~150쪽 |

01 $y=-x-4$ **02** $y=-3x-5$ **03** $y=5x-1$
04 $y=\frac{1}{2}x-\frac{3}{2}$ **05** $y=-\frac{1}{4}x+\frac{3}{2}$ **06** $y=\frac{3}{2}x+2$
07 $y=-2x+3$ **08** 기울기: 1, x절편: -3, y절편: 3
09 기울기: -2, x절편: $\frac{1}{3}$, y절편: $\frac{2}{3}$
10 기울기: $-\frac{1}{2}$, x절편: -4, y절편: -2
11 기울기: $\frac{5}{2}$, x절편: 2, y절편: -5
12 기울기: -3, x절편: $\frac{7}{3}$, y절편: 7
13 기울기: $-\frac{1}{3}$, x절편: 9, y절편: 3
14 ㄴ, ㄷ **15** ㄱ, ㄹ **16** ㄴ **17** ㄱ, ㄷ **18** ○
19 ○ **20** × **21** ○ **22** ○ **23** ×
24 ○ **25** ○ **26** × **27** ⑤

08 $x-y+3=0$에서 $y=x+3$
$y=0$일 때, $0=x+3$이므로 $x=-3$
따라서 기울기는 1, x절편은 -3, y절편은 3이다.

09 $6x+3y-2=0$에서 $y=-2x+\frac{2}{3}$
$y=0$일 때, $0=-2x+\frac{2}{3}$이므로 $x=\frac{1}{3}$
따라서 기울기는 -2, x절편은 $\frac{1}{3}$, y절편은 $\frac{2}{3}$이다.

10 $x+2y+4=0$에서 $y=-\frac{1}{2}x-2$
$y=0$일 때, $0=-\frac{1}{2}x-2$이므로 $x=-4$
따라서 기울기는 $-\frac{1}{2}$, x절편은 -4, y절편은 -2이다.

11 $5x-2y-10=0$에서 $y=\frac{5}{2}x-5$
$y=0$일 때, $0=\frac{5}{2}x-5$이므로 $x=2$
따라서 기울기는 $\frac{5}{2}$, x절편은 2, y절편은 -5이다.

12 $3x+y-7=0$에서 $y=-3x+7$
$y=0$일 때, $0=-3x+7$이므로 $x=\frac{7}{3}$
따라서 기울기는 -3, x절편은 $\frac{7}{3}$, y절편은 7이다.

13 $-x-3y+9=0$에서 $y=-\frac{1}{3}x+3$
$y=0$일 때, $0=-\frac{1}{3}x+3$이므로 $x=9$
따라서 기울기는 $-\frac{1}{3}$, x절편은 9, y절편은 3이다.

14~17 ㄱ. $y=-2x+6$

ㄴ. $y=x-3$

ㄷ. $y=\dfrac{1}{3}x+2$

ㄹ. $y=-\dfrac{4}{5}x-2$

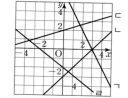

18 $4x+2y-8=0$에서 $y=-2x+4$이므로 $y=-2x+1$의 그래프와 평행하다.

19 $y=-2x+4$에 $y=0$을 대입하면

$0=-2x+4$, $x=2$, 즉 x절편은 2이다.

20 $y=-2x+4$에 $x=0$, $y=-4$를 대입하면

$-4\ne-2\times0+4$

따라서 점 $(0,\ -4)$를 지나지 않는다.

21 $y=-2x+4$의 그래프는 오른쪽 그림과 같으므로 제1, 2, 4사분면을 지난다.

22 $2x-3y+6=0$에서 $y=\dfrac{2}{3}x+2$이므로 $y=\dfrac{2}{3}x+2$의 그래프와 일치한다.

23 $y=\dfrac{2}{3}x+2$에 $x=0$을 대입하면 $y=2$, 즉 y절편은 2이다.

24 기울기가 $\dfrac{2}{3}$이므로 오른쪽 위로 향하는 직선이다.

25 $y=\dfrac{2}{3}x+2$에 $x=3$, $y=4$를 대입하면

$4=\dfrac{2}{3}\times3+2$

따라서 점 $(3,\ 4)$를 지난다.

26 $y=\dfrac{2}{3}x+2$의 그래프는 오른쪽 그림과 같으므로 제4사분면을 지나지 않는다.

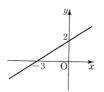

27 $2x+y-7=0$에서 $y=-2x+7$

① $y=0$을 대입하면 $0=-2x+7$이므로 $x=\dfrac{7}{2}$

따라서 x절편은 $\dfrac{7}{2}$이다.

② y절편이 7이므로 y축과 양의 부분에서 만난다.

③ 기울기가 -2이므로 x의 값이 증가할 때, y의 값은 감소한다.

④ $y=-2x+7$에 $x=2$, $y=3$을 대입하면

$3=-2\times2+7$

따라서 점 $(2,\ 3)$을 지난다.

⑤ $y=-2x+7$의 그래프는 오른쪽 그림과 같으므로 제3사분면을 지나지 않는다.

따라서 옳지 않은 것은 ⑤이다.

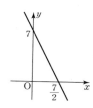

03 방정식 $x=p$, $y=q$의 그래프 | 151~153쪽 |

01 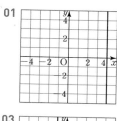 **02**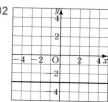

03 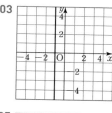 **04**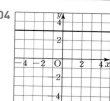

05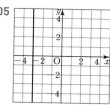

06 $x=3$	**07** $y=-2$	**08** $x=-2$	**09** $y=4$
10 $x=-3$	**11** ㄷ, ㄹ	**12** ㄱ, ㄴ	**13** $x=-1$
14 $y=4$	**15** $x=2$	**16** $y=6$	**17** $x=1$
18 $y=-4$	**19** $x=0$	**20** 3	**21** 2
22 7	**23** -2	**24** -6	**25** 4
26 3	**27** 1	**28** ④	

20 두 점의 x좌표가 같으므로 $a=3$

21 두 점의 y좌표가 같으므로 $4=2a$에서 $a=2$

22 두 점의 x좌표가 같으므로 $a-2=5$에서 $a=7$

23 두 점의 y좌표가 같으므로 $-5=3a+1$에서
$3a=-6$, $a=-2$

24 두 점의 x좌표가 같으므로 $-4=a+2$에서
$a=-6$

25 두 점의 y좌표가 같으므로 $3=2a-5$에서
$2a=8$, $a=4$

26 두 점의 x좌표가 같으므로 $4a-7=a+2$에서
$3a=9$, $a=3$

27 두 점의 y좌표가 같으므로 $-a-1=a-3$에서
$-2a=-2$, $a=1$

28 $ax-4=2$의 그래프가 점 $(3, 0)$을 지나므로
$ax-4=2$에 $x=3$을 대입하면
$3a-4=2$에서 $3a=6$, $a=2$

---

04 연립방정식의 해와 일차함수의 그래프 | 154~155쪽 |

01 $x=-2$, $y=3$ **02** $x=4$, $y=2$
03 $x=1$, $y=1$
04 $x=-1$, $y=-1$ **05** $x=2$, $y=-1$

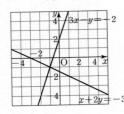 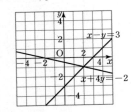

06 $x=3$, $y=3$ **07** $x=-1$, $y=4$

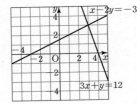 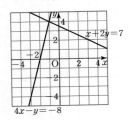

08 $(-1, -2)$ **09** $(8, -1)$
10 $(6, -7)$ **11** $(-6, -4)$
12 $a=1$, $b=-3$ **13** $a=-1$, $b=1$
14 $a=2$, $b=-4$ **15** $a=3$, $b=5$
16 ⑤

---

08 ㉠+㉡을 하면 $2x=-2$에서 $x=-1$
$x=-1$을 ㉠에 대입하면 $-1+y=-3$에서 $y=-2$
따라서 두 일차방정식의 그래프의 교점의 좌표는
$(-1, -2)$

09 ㉠-㉡을 하면 $y=-1$
$y=-1$을 ㉠에 대입하면 $x-3=5$에서 $x=8$
따라서 두 일차방정식의 그래프의 교점의 좌표는
$(8, -1)$

10 ㉠$\times2$-㉡을 하면 $x=6$
$x=6$을 ㉠에 대입하면 $12+y=5$에서 $y=-7$
따라서 두 일차방정식의 그래프의 교점의 좌표는
$(6, -7)$

11 ㉠$\times3$-㉡$\times2$를 하면 $-7y=28$에서 $y=-4$
$y=-4$를 ㉠에 대입하면 $2x+20=8$에서 $x=-6$
따라서 두 일차방정식의 그래프의 교점의 좌표는
$(-6, -4)$

12 두 그래프의 교점의 좌표는 $(-3, 3)$이므로
$x-ay=-6$에 $x=-3$, $y=3$을 대입하면
$-3-3a=-6$, $-3a=-3$이므로 $a=1$
$3x+2y=b$에서 $x=-3$, $y=3$을 대입하면
$b=-9+6=-3$

13 두 그래프의 교점의 좌표는 $(-1, -4)$이므로
$ax+y=-3$에 $x=-1$, $y=-4$를 대입하면
$-a-4=-3$, $a=-1$
$3x-y=b$에 $x=-1$, $y=-4$를 대입하면
$b=-3+4=1$

14 두 그래프의 교점의 좌표는 $(3, 2)$이므로
$x+ay=7$에 $x=3$, $y=2$를 대입하면
$3+2a=7$, $2a=4$이므로 $a=2$
$2x-5y=b$에 $x=3$, $y=2$를 대입하면
$b=6-10=-4$

15 두 그래프의 교점의 좌표는 $(2, -1)$이므로
$ax+2y=4$에 $x=2$, $y=-1$을 대입하면
$2a-2=4$, $2a=6$이므로 $a=3$
$2x+by=-1$에 $x=2$, $y=-1$을 대입하면
$4-b=-1$, $b=5$

16 두 그래프의 교점의 좌표는 $(-1, 2)$이므로
$x+ay=1$에 $x=-1$, $y=2$를 대입하면
$-1+2a=1$, $a=1$
$bx+y=3$에 $x=-1$, $y=2$를 대입하면
$-b+2=3$, $b=-1$
따라서 $a-b=2$

05 연립방정식의 해의 개수와 두 그래프의 위치 관계

| 156~157쪽 |

01 한 개

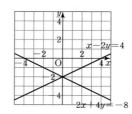

02 해가 무수히 많다.

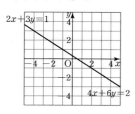

03 해가 없다.

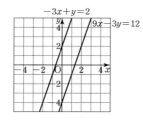

04 ㄱ, ㄴ

05 ㄹ

06 ㄷ

07 $a=1$, $b\neq3$

08 $a=4$, $b=-6$

09 $a=8$, $b\neq6$

10 $a=-\dfrac{1}{2}$, $b\neq-20$

11 $a=3$, $b\neq-16$

12 $a=-1$, $b=1$

13 $a=1$, $b=10$

14 $a=-3$, $b=12$

15 $a=5$, $b=4$

16 ①

04~06
ㄱ. $\begin{cases} 2x-y=1 \\ x-y=-2 \end{cases} \rightarrow \begin{cases} y=2x-1 \\ y=x+2 \end{cases} \rightarrow$ 해가 한 개이다.

ㄴ. $\begin{cases} 2x-y=3 \\ 2x+y=-3 \end{cases} \rightarrow \begin{cases} y=2x-3 \\ y=-2x-3 \end{cases} \rightarrow$ 해가 한 개이다.

ㄷ. $\begin{cases} 2x-4y=8 \\ x-2y=4 \end{cases} \rightarrow \begin{cases} y=\dfrac{1}{2}x-2 \\ y=\dfrac{1}{2}x-2 \end{cases} \rightarrow$ 해가 무수히 많다.

ㄹ. $\begin{cases} x-2y=5 \\ x-2y=-3 \end{cases} \rightarrow \begin{cases} y=\dfrac{1}{2}x-\dfrac{5}{2} \\ y=\dfrac{1}{2}x+\dfrac{3}{2} \end{cases} \rightarrow$ 해가 없다.

07 $\begin{cases} ax-2y=1 \\ 3x-6y=b \end{cases}$ 의 해가 없으므로 $\dfrac{a}{3}=\dfrac{-2}{-6}\neq\dfrac{1}{b}$

$\dfrac{a}{3}=\dfrac{-2}{-6}$에서 $a=1$, $\dfrac{-2}{-6}\neq\dfrac{1}{b}$에서 $b\neq3$

08 $\begin{cases} x+ay=-3 \\ 2x+8y=b \end{cases}$ 의 해가 없으므로 $\dfrac{1}{2}=\dfrac{a}{8}\neq\dfrac{-3}{b}$

$\dfrac{1}{2}=\dfrac{a}{8}$에서 $a=4$, $\dfrac{1}{2}\neq\dfrac{-3}{b}$에서 $b\neq-6$

09 $\begin{cases} ax-2y=12 \\ 4x-y=b \end{cases}$ 의 해가 없으므로 $\dfrac{a}{4}=\dfrac{-2}{-1}\neq\dfrac{12}{b}$

$\dfrac{a}{4}=\dfrac{-2}{-1}$에서 $a=8$, $\dfrac{-2}{-1}\neq\dfrac{12}{b}$에서 $b\neq6$

10 $\begin{cases} x+ay=-10 \\ 2x-y=b \end{cases}$ 의 해가 없으므로 $\dfrac{1}{2}=\dfrac{a}{-1}\neq\dfrac{-10}{b}$

$\dfrac{1}{2}=\dfrac{a}{-1}$에서 $a=-\dfrac{1}{2}$, $\dfrac{1}{2}\neq\dfrac{-10}{b}$에서 $b\neq-20$

11 $\begin{cases} -ax+5y=8 \\ 6x-10y=b \end{cases}$ 의 해가 없으므로 $\dfrac{-a}{6}=\dfrac{5}{-10}\neq\dfrac{8}{b}$

$\dfrac{-a}{6}=\dfrac{5}{-10}$에서 $a=3$, $\dfrac{5}{-10}\neq\dfrac{8}{b}$에서 $b\neq-16$

12 $\begin{cases} ax-y=-1 \\ x+y=b \end{cases}$ 의 해가 무수히 많으므로 $\dfrac{a}{1}=\dfrac{-1}{1}=\dfrac{-1}{b}$

$\dfrac{a}{1}=\dfrac{-1}{1}$에서 $a=-1$, $\dfrac{-1}{1}=\dfrac{-1}{b}$에서 $b=1$

13 $\begin{cases} 2x+ay=5 \\ 4x+2y=b \end{cases}$ 의 해가 무수히 많으므로 $\dfrac{2}{4}=\dfrac{a}{2}=\dfrac{5}{b}$

$\dfrac{2}{4}=\dfrac{a}{2}$에서 $a=1$, $\dfrac{2}{4}=\dfrac{5}{b}$에서 $b=10$

14 $\begin{cases} ax-4y=-3 \\ 9x+by=9 \end{cases}$ 의 해가 무수히 많으므로 $\dfrac{a}{9}=\dfrac{-4}{b}=\dfrac{-3}{9}$

$\dfrac{a}{9}=\dfrac{-3}{9}$에서 $a=-3$, $\dfrac{-4}{b}=\dfrac{-3}{9}$에서 $b=12$

15 $\begin{cases} -ax+y=2 \\ 20x-by=-8 \end{cases}$ 의 해가 무수히 많으므로 $\dfrac{-a}{20}=\dfrac{1}{-b}=\dfrac{2}{-8}$

$\dfrac{-a}{20}=\dfrac{2}{-8}$에서 $a=5$, $\dfrac{1}{-b}=\dfrac{2}{-8}$에서 $b=4$

16 $\begin{cases} x-3y=2 \\ 4x-12y=a \end{cases}$ 의 해가 없으므로 $\dfrac{1}{4}=\dfrac{-3}{-12}\neq\dfrac{2}{a}$

따라서 $\dfrac{1}{4}\neq\dfrac{2}{a}$에서 $a\neq8$

확인문제

| 158쪽 |

01 ① **02** ③ **03** ③ **04** ② **05** ④ **06** ⑤

01 $x+2y-6=0$에서 $y=-\dfrac{1}{2}x+3$

$y=0$을 대입하면 $0=-\dfrac{1}{2}x+3$에서 $x=6$

즉 기울기는 $-\dfrac{1}{2}$, x절편은 6, y절편은 3이므로

$a=-\dfrac{1}{2}$, $b=6$, $c=3$

따라서 $abc=-9$

02 $3x-y-1=0$에서 $y=3x-1$

① $y=0$을 대입하면 $0=3x-1$에서 $x=\dfrac{1}{3}$

따라서 x절편은 $\dfrac{1}{3}$이다.

② y절편이 -1이므로 y축과 음의 부분에서 만난다.

③, ④ 기울기가 3이므로 x의 값이 증가할 때, y의 값도 증가하고, 오른쪽 위로 향하는 그래프이다.

⑤ $y=3x-1$의 그래프는 오른쪽 그림과 같으므로 제2사분면을 지나지 않는다.

따라서 옳지 않은 것은 ③이다.

03 그래프는 점 $(0, 3)$을 지나고 x축에 평행하므로 방정식은
$y=3$

따라서 이 그래프 위의 점은 y좌표가 3이므로 주어진 보기 중에서 그래프 위의 점은 ③이다.

04 두 점의 x좌표가 같으므로
$a=2a+5$, $a=-5$

05 두 그래프의 교점의 좌표는 $(4, b)$이므로
$x+y=1$에 $x=4$, $y=b$를 대입하면
$4+b=1$이므로 $b=-3$
즉 교점의 좌표는 $(4, -3)$
$ax+y=5$에 $x=4$, $y=-3$을 대입하면
$4a-3=5$, $4a=8$이므로 $a=2$
따라서 $a+b=-1$

06 $\begin{cases} ax-3y=2 \\ 4x+6y=b \end{cases}$의 해가 무수히 많으므로 $\dfrac{a}{4}=\dfrac{-3}{6}=\dfrac{2}{b}$

$\dfrac{a}{4}=\dfrac{-3}{6}$에서 $a=-2$, $\dfrac{-3}{6}=\dfrac{2}{b}$에서 $b=-4$

따라서 $\dfrac{b}{a}=2$

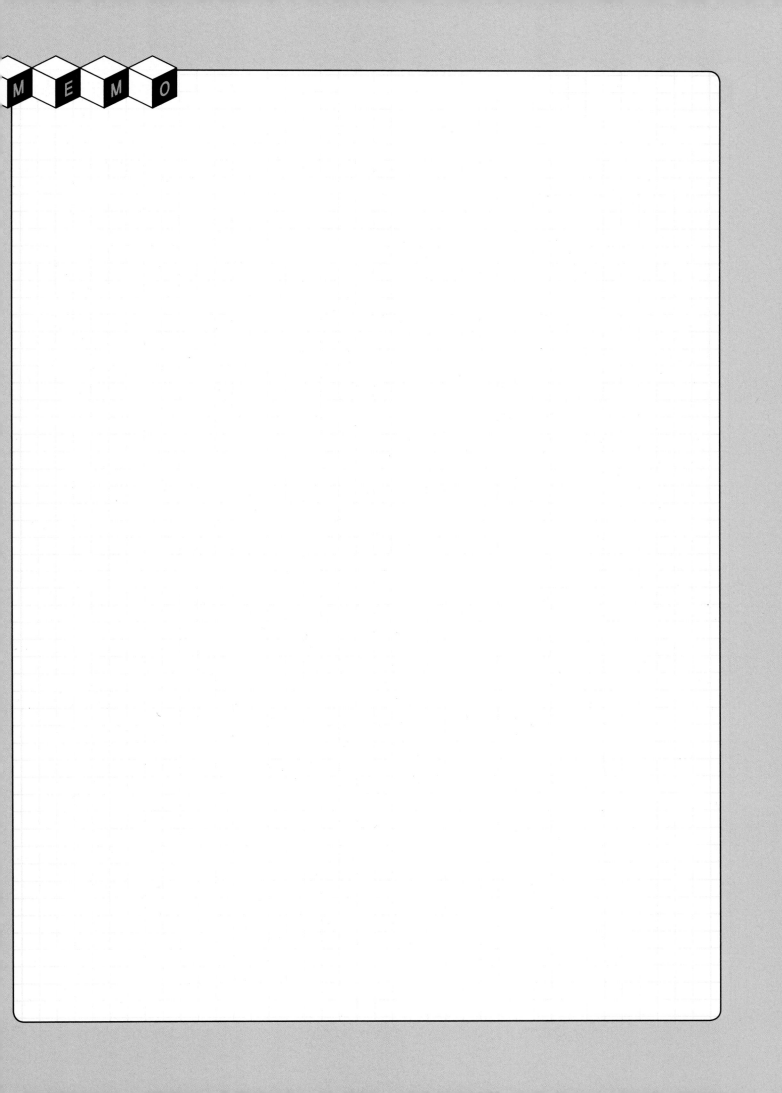

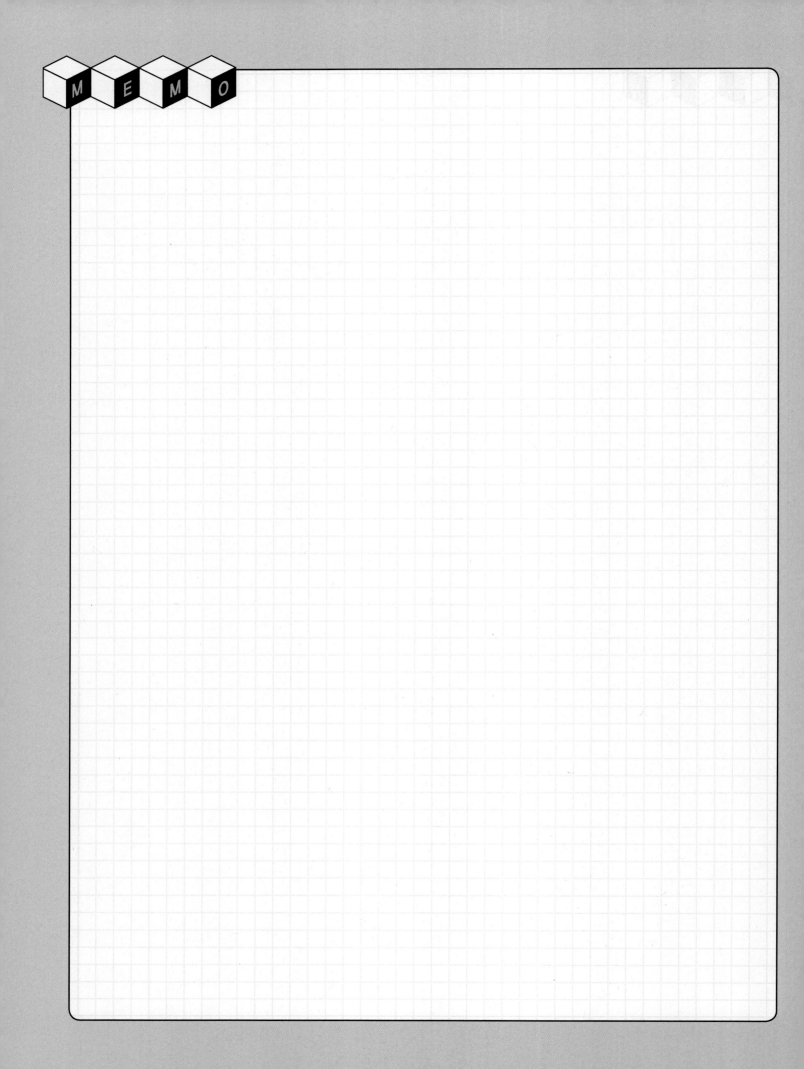

MEMO

MEMO

MEMO

중학 수학의 기초력 강화

연산 3 엡실론

교육부 X EBS

교육부와 함께 더 완벽해진 EBS중학

수준별 맞춤 학습

"수준별 맞춤 학습"이란?

수준별 콘텐츠 제공을 통한 **개인 맞춤형 교육 환경 실현**을 위해
교육부와 EBS가 함께 제작하는 **학습 콘텐츠 및 서비스**를 뜻합니다.

1

수준별 강의

#기초, 기본, 발전, 단계별

개인 학습 수준에 따른 수준별,
단계별 학습 콘텐츠 제작
EBS 중학을 활용한
개별 맞춤 학습 가능

2

대규모 신규 제작

#기존 4배

2021년 약 3,000편의
'수준별 맞춤 학습' 콘텐츠
제작 예정

3

교재 활용 지원

#PDF 뷰어 서비스

'수준별 맞춤 학습'의 모든 교재·
콘텐츠를 대상으로
교재 뷰어 서비스 제공

4

자막 제공

#청각장애 학생 학습권 보장

'수준별 맞춤 학습'의
모든 강좌에 자막을 제공

5

화면해설

#시각장애 학생 학습권 보장

기본 개념 강좌에
화면 해설 제공

6

학습 관리 멘토

#학습 관리 서비스 지원

가정 내 학습 지원을 받기
어려운 학생을 대상으로
학습 관리 멘토를 지원

EBS CLASS ⓔ 와 '한동일'의 콜라보

EBS CLASS ⓔ

한국인 최초
바티칸 변호사의
공부 철학

한동일의
공부법

한동일 지음

"나는 공부하는 노동자입니다"

30년 공부 끝에
로마 로마나 700년 역사상 930번째 변호사가 된
한동일의 특별한 공부법

30만 독자가 선택한 초대형 베스트셀러 『라틴어 수업』 2탄

한동일 지음 | 328쪽 | 값15,000원

<동아시아 최초 바티칸 변호사>

30만 독자가 선택한
초대형 베스트셀러
『라틴어 수업』 2탄

초중고를 졸업하고 신학교와 대학원에서 10년,
로마에 유학 가서 10년,
도합 30년 넘게 공부한 한동일 변호사.
그에게 공부한다는 것,
살아간다는 것은 과연 무엇일까?

오늘의 키워드로 읽는 EBS 지식채널 ⓔ

2,800여 편의 방송에 압축된 '살아 있는 지식'을 만나다!

1인 가구 600만 시대
혼자 사는 즐거움을 위해

1인용 인생 계획

내일을 위한
기록을 남기다

기억하는 인간

밀레니얼 세대가 맞이할
'다가오는 경제'

밀레니얼 경제

지금은 코로나 시대,
생존의 조건을 묻다

살아남은 자의 조건